"十四五"职业教育国家规划教材

"十二五"职业教育国家规划教材 修订版

经全国职业教育教材审定委员会审定

物流系统规划与设计

第4版

主　编　李　杰　方仲民

参　编　刘淑静　和　娅

　　　　王海娟　黄　欢

机械工业出版社

本书是"十二五"职业教育国家规划教材修订版，详细地讲述了物流系统规划及其相关知识。全书共分3个模块10个单元，包括物流系统、物流系统规划的战略与需求分析、物流规划仿真技术、物流节点规划与设计、物流运输系统规划与设计、物流网络规划与设计、物流信息系统规划与设计、一体化供应链设计、物流运营组织系统规划与设计、智能仓储系统规划与设计。本书内容丰富，注重理论与实践相结合，既可作为高职院校学生的教材，也可作为物流从业人员的培训教材。

图书在版编目（CIP）数据

物流系统规划与设计/李杰，方仲民主编．—4版．—北京：机械工业出版社，2021.10
（2025.2重印）

"十二五"职业教育国家规划教材：修订版

ISBN 978-7-111-69237-9

Ⅰ．①物…　Ⅱ．①李…　②方…　Ⅲ．①物流—系统工程—高等职业教育—教材
Ⅳ．①F252

中国版本图书馆CIP数据核字（2021）第198997号

机械工业出版社（北京市百万庄大街22号　邮政编码100037）

策划编辑：孔文梅　　责任编辑：孔文梅　张美杰
责任校对：梁　倩　　责任印制：邓　博

北京盛通印刷股份有限公司印刷

2025年2月第4版第12次印刷

184mm×260mm・15.5印张・333千字

标准书号：ISBN 978-7-111-69237-9

定价：49.00元

电话服务　　　　　　　　　网络服务

客服电话：010-88361066　　机　工　官　网：www.cmpbook.com
　　　　　010-88379833　　机　工　官　博：weibo.com/cmp1952
　　　　　010-68326294　　金　书　　网：www.golden-book.com
封底无防伪标均为盗版　　机工教育服务网：www.cmpedu.com

关于"十四五"职业教育
国家规划教材的出版说明

为贯彻落实《中共中央关于认真学习宣传贯彻党的二十大精神的决定》《习近平新时代中国特色社会主义思想进课程教材指南》《职业院校教材管理办法》等文件精神，机械工业出版社与教材编写团队一道，认真执行思政内容进教材、进课堂、进头脑要求，尊重教育规律，遵循学科特点，对教材内容进行了更新，着力落实以下要求：

1. 提升教材铸魂育人功能，培育、践行社会主义核心价值观，教育引导学生树立共产主义远大理想和中国特色社会主义共同理想，坚定"四个自信"，厚植爱国主义情怀，把爱国情、强国志、报国行自觉融入建设社会主义现代化强国、实现中华民族伟大复兴的奋斗之中。同时，弘扬中华优秀传统文化，深入开展宪法法治教育。

2. 注重科学思维方法训练和科学伦理教育，培养学生探索未知、追求真理、勇攀科学高峰的责任感和使命感；强化学生工程伦理教育，培养学生精益求精的大国工匠精神，激发学生科技报国的家国情怀和使命担当。加快构建中国特色哲学社会科学学科体系、学术体系、话语体系。帮助学生了解相关专业和行业领域的国家战略、法律法规和相关政策，引导学生深入社会实践、关注现实问题，培育学生经世济民、诚信服务、德法兼修的职业素养。

3. 教育引导学生深刻理解并自觉实践各行业的职业精神、职业规范，增强职业责任感，培养遵纪守法、爱岗敬业、无私奉献、诚实守信、公道办事、开拓创新的职业品格和行为习惯。

在此基础上，及时更新教材知识内容，体现产业发展的新技术、新工艺、新规范、新标准。加强教材数字化建设，丰富配套资源，形成可听、可视、可练、可互动的融媒体教材。

教材建设需要各方的共同努力，也欢迎相关教材使用院校的师生及时反馈意见和建议，我们将认真组织力量进行研究，在后续重印及再版时吸纳改进，不断推动高质量教材出版。

机械工业出版社

前　言

本书自出版以来就深受广大师生的欢迎，第2版被评为"普通高等教育'十一五'国家级规划教材"，第3版被评定为"十二五"职业教育国家规划教材。

为了强化对学生在物流系统规划设计方面的技能培养，编者在编写本书的过程中进行了大胆的改革和创新，运用二维码对本书相关资源进行立体化构建，读者在学习书本知识的同时，通过二维码可以直接访问相关链接，帮助读者获取更多扩展知识。本书以学生的爱国主义精神、劳动精神、工匠精神、高质量发展理念培养为核心，以物流系统规划设计知识、能力、素质全面提升为目标，以物流系统设计、物流系统咨询、物流管理优化等就业方向为指引，理论联系实际，通过多样化的设计来进行知识建构，达到提高学生针对智能、绿色物流系统的综合分析问题、解决问题的能力，开阔学生现代物流专业视野的目的。

本书以高质量发展是全面建设社会主义现代化国家的首要任务为核心，在物流系统规划与设计过程中始终贯穿绿色物流、智能物流、数字物流等物流产业的绿色发展、高质量发展理念，促进人与自然和谐共生，推动社会发展的绿色化、低碳化、智能化。本书由河北交通职业技术学院教师与物流企业管理技术人员共同编写，在编写过程中得到中外运冀发物流有限公司、北京中物汇智科技有限公司等企业的指导。结合企业生产实践项目，将企业应用内容与相关理论工具、高质量发展、绿色发展理念进行融合，内容既有教学理论又有物流企业绿色高效生产实践案例，取自于工，用之于学，有利于高职院校技术技能人才培养目标的实现。本书对物流系统规划与高质量发展融合的主要内容、主要作业实施流程等问题进行了较为详尽的分析、阐述和探讨，详细地叙述了现代物流系统规划设计的方法、实施步骤及系统评估标准，运用系统仿真技术进行物流系统规划与设计，并重点介绍了目前我国智能物流、绿色物流高质量发展的规划案例，力求使读者对本书内容有更加全面的理解和掌握。

本书的修订工作具体分工如下：李杰负责第三、五、七、十单元，方仲民负责第一、四单元，刘淑静负责第二单元，和娅负责第八单元，王海娟负责第九单元，黄欢负责第六单元。本书二维码课程资源制作分工如下：李杰负责第三、十单元，刘淑静负责第二、四单元，和娅负责第七、八单元，王海娟负责第一、九单元，黄欢负责第五、六单元。本书由李杰、方仲民担任主编，刘淑静、和娅、王海娟、黄欢为参编。河北中外运冀发物流有限公司李宁、贡海强、魏玉华、刘岩、赵永恺等企业管理人员给予了大量指导。

本书配有电子课件等教师用配套教学资源，凡使用本书的教师均可登录机械工业出版社教育服务网www.cmpedu.com下载。咨询可致电：010-88379375，服务QQ：945379158。

编者在编写本书过程中，参阅了大量文献资料，借鉴了国内外众多学者的研究成果，在此向有关作者一并致谢。由于编者水平所限，书中难免有疏漏之处，敬请广大读者批评指正。

编　者

二维码索引

序号	名称	二维码	页码	序号	名称	二维码	页码
1	物流系统概述		2	8	另辟蹊径：发力新一代柔性物流自动化解决方案		59
2	无人送货车		6	9	物流网络规划设计		71
3	中国智慧物流五大新发展理念		15	10	物流节点的类型		86
4	物流系统规划的战略层级		21	11	配送中心选址的原则及影响因素		99
5	物流需求分析指标		30	12	运输方式的选择		128
6	多穿密集存储系统运营仿真		41	13	京东物流无人车		136
7	货到人拣选系统仿真设计演示		44	14	物流信息概述		148

（续）

序号	名称	二维码	页码	序号	名称	二维码	页码
15	物流信息共享平台		151	18	物流运营组织的形式		186
16	一体化供应链设计的原则		164	19	智慧物流系统数字孪生仿真演示		212
17	供应链合作关系设计流程		171	20	我国首个微型挖掘机产线AGV柔性物流系统规划应用成功		226

目 录

前言
二维码索引

Module 1

模块一

物流系统规划基础

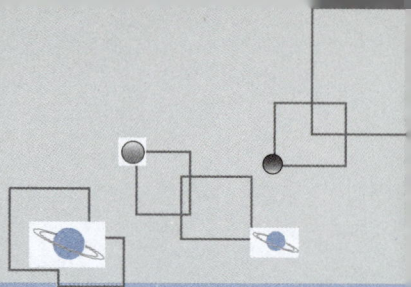

单元一

物流系统

素质目标
- 树立物流从业者的团队协作意识
- 培养爱岗敬业、吃苦耐劳的精神

知识目标
- 理解物流系统的概念、组成要素
- 掌握物流系统的特点、功能
- 了解物流系统的国内外发展历程

能力目标
- 能够准确地区分物流系统与一般系统
- 能较系统地表述物流系统的发展轨迹

1.1 物流系统概述

物流系统概述

随着现代科学技术的迅猛发展，全球经济一体化的趋势加强，各国都面临前所未有的机遇和挑战。现代物流作为一种先进的组织方式和管理技术，被广泛认为是除降低物资消耗、提高劳动生产率以外的又一重要利润源泉，在国民经济和社会发展中发挥着重要作用。如何准确理解物流系统规划理论和方法以及物流系统设计合理化等问题是十分重要的，为此，不同国家的学者对物流理论及实践进行了广泛的研究，试图从不同角度认识物流系统的本质，从而推进物流管理和物流技术的创新，以适应经济发展的需要。

1.1.1 物流系统的概念

系统是由两个或两个以上相互区别并相互联系的要素，为了达到一定的目的，以一定的方式结合起来而形成的整体。

物流系统就是若干相互关联、相互作用的物流要素组成的能够完成物流活动、具有物流功能的有机整体。这里的物流活动主要包括运输、存储、装卸、包装、流通加工、配送、信息处理等。

运输车辆、运输管理、仓储设备、仓储管理的简单相加并不是物流系统。例如，储运活动若只拥有上述资源，并不能称其为物流系统。因为在储运活动中，运输资源和仓储资源的配置要相互协调；车辆选型、车辆配置数量要考虑仓库规模；仓库搬运设备的选择不仅要考虑仓库作业需要，而且必须考虑运输货物的批量、单元装卸特点；运输调度方案要考虑仓库的作业能力、仓储成本；制定库存策略要考虑运输的经济性等。但若各组成要素之间没有建立有机联系，运输和仓储活动是孤立的，就不能称其为系统。

上述要素能否组成物流系统，关键在于运输与仓储活动能否在一个共同的目标下经过权衡达到较优的配合，进行设施设备的合理配置，采用合适的管理方法将运输和仓储等活动集成起来，使系统整体达到最优。

1.1.2 物流系统的组成要素

物流系统的组成要素因需要完成的物流活动不同而有所差异。采购活动一般只在生产物流中出现，集货活动一般只在第三方物流中出现，因为需要完成的任务不同，要素配置也有差异。但一般来说，物流系统的组成要素有以下几种：

1. 人力资源

人力资源是核心要素，它包括参与物流活动的所有人员，如供应商、仓储商、运输商等。提高这些人员的素质是建立一个合理化的物流系统并使之有效运转的根本。

2. 物流设施

物流设施是具有物流相关功能和提供物流服务的场所，是组织物流系统运输的基础物质条件，包括物流节点（仓库、车站、港口等）及物流线路（铁路、公路、水路、航空等）。

3. 物流设备

物流设备是指完成物流功能的各种运输、仓储、搬运、包装等设备工具，如货架、传送带、车辆等。

4. 资金

资金要素也很重要。首先，物流系统规划与设计本身就是一个资金投入的过程；另外，实现交换的物流过程实际上也是资金流动过程，同时物流服务本身也是需要以货币为媒介的。在物流系统中重视资金的因素主要是出于降低物流成本、提高经济效益等方面的考虑，它既是物流系统设计与管理的出发点，也是物流系统设计与管理的归宿。其主要内容有：物流成本的计算与控制、物流经济效益指标体系的建立、资金的筹措与运用、提高经济效益的方法等。

5. 信息

信息是物流系统的神经中枢，信息网络是掌握和传递物流信息的手段，是提高物流系统运行效率的基础。它包括通信设备及线路、计算机及网络设备等。

6. 组织管理

组织管理是物流系统的智力要素，它起着组织、领导、协调、指挥以及保障物流系统按照既定方向运行等作用。

事实上，物流系统非常庞大，组成要素也很多，而且物流系统要素的构成非常复杂，常常处于分散状态。而物流系统要求所有的要素必须协调配合，因此，为了实现物流系统整体最优，必须对所有的物流要素进行集成。

1.1.3　物流系统的功能

物流系统的功能是指物流系统所具有的物流服务能力，它们相互组合、有序运作，形成物流系统的功能。一般认为物流系统具有如下功能：

1. 运输功能

运输是物流的核心业务之一，也是物流系统的一个重要功能。它包括供应及销售物流中的车、船、飞机等方式的运输，生产物流中的管道、传送带等方式的运输。对运输活动的管理，要求选择经济效果最好的运输方式及联运方式，合理确定运输路线，以满足准时、迅速、低成本的要求。选择何种运输手段对于提高物流效率具有十分重要的意义。在确定运输手段时，必须权衡运输系统要求的运输服务和运输成本，这可以以运输机具的服务特性作为判断的基准，包括运费、运输时间、频度、运输能力、货物的安全性、时间的准确性、适用性、伸缩性、网络性等。

2. 仓储功能

物流系统的仓储功能包括对进入物流系统的货物进行堆放、保管、保养、维护等活动。其中，保管是其主要功能。对仓储保管活动的管理，要求正确确定库存数量，明确仓库以流通为主还是以储备为主，合理确定仓储保管制度和流程，对库存物品采取有区别的管理方式，力求提高仓储管理水平和保管效率，降低损耗，加速货物和资金的周转。仓储的作用主要表现在两个方面：①完好地保证货物的使用价值和价值，②为将货物配送给用户，在物流中心进行必要的加工活动而进行的保存。随着经济的发展，物流由少品种、大批量进入多品种、小批量或多批次、小批量的时代，仓储功能从重视保管效率逐渐转变为重视如何才能顺利地进行发货和配送作业。

3. 装卸搬运功能

物流系统的装卸搬运功能主要包括对货物的输送、保管、包装、流通加工等物流作业活动进行衔接的中间环节，在保管、流通等活动中为进行检验、维护、保养等所进行的装卸活动，以及伴随装卸活动发生的小搬运活动。在物流活动中，装卸搬运活动是频繁发生的，因而是产品造成损坏的重要原因。对装卸搬运活动的管理，主要是确定最恰当的装卸方式，力求减少装卸搬运次数，合理配置及使用装卸搬运设备，做到省时、省力、高速、高效以及减少货物损失，获得最佳的经济效果。

4. 流通加工功能

流通加工又称流通过程的辅助加工活动，这种加工活动不仅存在于社会流通过程中，也存在于企业内部的流通过程中。此处所指的流通加工，是指在物流过程中进行的辅助加工活动。企业物资部门、商业部门为了弥补生产过程中加工程度的不足，更有效地满足用户或本企业的需求，更好地衔接产需，往往需要进行这种加工活动。

5. 包装功能

物流系统中包装包括产品的出厂包装，生产过程中在制品、半成品的包装以及在物流过程中的换装、分装、再包装等活动。产品包装活动的管理，要根据物流方式和销售要求来确定。是以商业包装为主还是以工业包装为主，要全面考虑包装对产品是否起到保护作用，是否可以提高装运效率，是否便于拆装以及废包装的回收及处理是否合理等因素。包装管理还应根据物流全过程的经济效果，具体决定包装材料、包装强度、包装尺寸及包装方式。

6. 配送功能

配送是物流进入最终阶段，以配货、送货形式最终完成社会物资流动并最终实现资源配置的活动。配送活动一直被看作运输活动的一个重要组成部分，是一种运输形式。过去未将其单独作为物流系统实现的功能，未看成是独立的功能要素，而是将其作为运输中的末端运输对待。但是，配送作为一种现代流通方式，集经营、服务、社会集中库存、分拣、装卸搬运于一身，已不再是单单一种送货运输所能包含的了。

7. 信息处理功能

信息处理功能要素对物流系统起着融会贯通的作用，通过信息的指导，才能保证物流系统各项活动灵活运转。物流系统的设计越是有效，它对信息的准确性就越敏感。信息流反映了一个物流系统的动态运转过程，不准确的信息和作业过程中的延迟都会对物流活动的效率产生不利影响。因此，物流信息的质量和及时性是决定物流作业效率高低的关键因素。而物流系统的有机统一，正是信息把物流过程各环节的活动联系起来的结果。

1.1.4　物流系统的特征

物流系统虽然是新的系统体系，但它具有一般系统所共有的特点，即整体性、相关性、目的性、动态性，同时，物流系统是一个十分复杂的系统，其所拥有的复杂的系统要素、复杂的系统关系等，使物流系统又有其自身的特点，其系统共性与自身特性具体表现为以下几个方面：

（一）物流系统与一般系统的共性特点

1. 整体性
物流系统是由物流设施、物流设备、信息、资金等要素组成的有机整体。

2. 相关性
物流系统内部的各组成要素是相互联系、相互作用的，如包装把运输、装卸、仓储等要素有机联系起来；信息处理贯穿于整个物流活动全过程等。在实际操作中，物流系统各要素密不可分。

3. 目的性
目的是指系统所要完成的任务，是系统存在的原因。物流系统的目的是节约劳动耗费，提高经济效益。

4. 动态性

一般的物流系统总是连接多个生产企业和用户，随着需求、供应、渠道、价格的变化，系统内的要素及系统的运行也经常发生变化。这就是说，社会物资的生产状况、社会物资的需求变化、资源变化、企业间的合作关系都随时随地地影响着物流，使物流受到社会生产和社会需求的广泛制约。物流系统是一个具有满足社会需要、适应环境能力的动态系统。社会环境的不断变化，使人们必须对物流系统的各要素不断地进行修改、完善，这就要求物流系统具有足够的灵活性与可变性。在有较大社会变化的情况下，物流系统要重新进行系统的设计。就物流系统的发展历史来说，随着经济发展水平的变化和物流自身的发展变化，物流系统经历着由最初的人工物流逐渐向机械物流、自动化物流、集成物流、智能型物流转变的过程。

（二）物流系统自身的特性

1. 广阔性

物流既包括生产过程中的物流活动，又包括流通过程中的物流活动。所以，物流系统的范围是很广的。它始于生产厂家的原材料购进，经过生产过程形成可供销售的成品、半成品，将其运送至成品仓库后，经过分拣运送到各流通中心（中间仓库），再转销给消费者（生活消费者或生产消费者），或从成品仓库直接运送给消费者。从生产经营过程来看，物流系统包括三个方面：供应物流、在制品物流以及分销物流，如图1-1所示。可见，物流系统横跨生产、流通和消费三个领域，具有边界的广阔性。

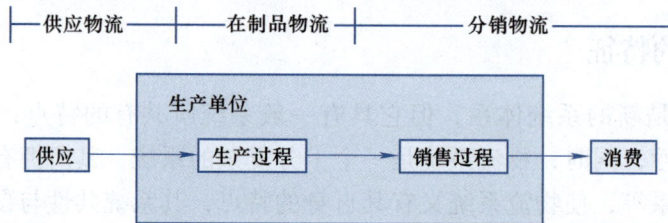

图1-1　物流系统简图

2. 智能性

物流作业过程中的大量运筹和决策，如库存水平的确定、运输（搬运）线路的选择、自动导向车的运行轨迹和作业控制、自动分拣机的运行、物流配送中心经营管理的决策支持等问题都需要借助于大量的知识才能解决，物流智能化是不可回避的技术难题。为了提高物流系统的运行水平，物流智能化已成为物流系统的一个显著特征。

无人送货车

仓库机器设备电子信息化能够实现物流分拣、仓储集约化；智能机器人减少分拣失误、提高工作效率，最终实现分拣专业化；航空专线、高铁专线、快铁专线、海运专线、公路专线的建设，实现物流配送的快速、专业；GPS定位系统为专线的顺畅运输提供保障；另外，无人机航线建设，实现智能化物流一对一、点到家的精准配送。

3. 可分性

无论其规模多么庞大，物流系统都可以分解成若干个相互联系的子系统。这些子系统的多少和层次的级数，是随着人们对物流的认识和研究的深入而不断扩充的。以企业物流系统为例，一方面，根据运行环节的不同，可以将物流系统划分为以下几个子系统：包装系统、装卸系统、运输系统、储存系统、流通加工系统、配送系统、信息系统等；另一方面，该系统又是更大系统，如区域物流系统、国际物流系统等的构成要素。系统与子系统之间、子系统与子系统之间，存在着时间和空间上及资源利用方面的联系，同时也存在着总目标、总费用以及总运行结果等方面的相互联系。

4. 复杂性

物流活动的对象——物资，遍及全部社会物质资源，资源的大量化和多样化带来了物流的复杂化。从物质资源来看，品种成千上万，数量极大；从参与物流活动的人员上看，需要数以百万计的庞大队伍；从资金占用来看，占用着大量的流动资金；从物资供应点来看，遍及城乡各地。这些人力、物力、财力资源的组织和合理利用，是一个非常复杂的问题。

物流活动的全过程始终贯穿着大量的物流信息。物流系统要通过这些信息把子系统有机地联系起来。如何把信息收集全、处理好，并使之指导物流活动，也是非常复杂的事情。

物流系统的边界是广阔的，其范围横跨生产、流通、消费三大领域。这一庞大的范围，给物流系统的组织设计带来了很大的困难，而且随着科学技术的进步、生产的发展、物流技术水平的提高，物流系统的边界范围还将不断地向内深化、向外扩张。

5. 多目标性

物流系统的总目标是实现宏观和微观的经济效益最大化。但是，系统要素间有着非常强的"背反"现象，通常称之为"效益背反"。"效益背反"是指物流的若干功能要素之间存在着损益的矛盾，即某一个功能要素进行优化或获取利益的同时，必然会存在另一个或另几个功能要素的利益损失，反之也如此。这是一种此长彼消、此盈彼亏的现象。"效益背反"现象在物流领域中非常普遍，是这一领域内部矛盾的反映和表现。虽然许多领域都存在这种现象，但在物流领域中，这个问题似乎尤为突出。"效益背反"说有许多有力的实证予以支持，例如仓储问题，假定其他成本因素不变，为了节约仓储成本，就会尽量减少仓库据点、减少库存量，但这样势必会使库存补充变得频繁，必然要增加运输次数与运输距离，从而无形中增加了运输费用。又如包装问题，为了节约包装成本，就会简化包装、降低包装强度，但这样势必会降低仓库的保管效率，同时也会在装卸搬运过程中出现破损现象，造成搬运效率低下，从而无形中增加了仓储与搬运的成本。所有这些相互矛盾的问题，普遍存在于物流系统中。而物流系统又恰恰要求在这些矛盾中运行，要使物流系统在各方面满足人们的要求，显然要建立物流多目标函数，并在多目标中求得物流的最佳效果。

近年来，我国在现代物流业快速发展的同时，加大了对物流技术、物流标准化、物流一体化等方面建设的力度，物流成本逐年下降，逐步从物流大国走向物流强国，并重点推动了一批大型央企进入世界级供应链运营企业行列。

1.2 物流系统的演变

1.2.1 国外物流发展历程

物流的发展不仅与社会经济和生产力的发展水平有关，也与科学技术的发展水平有关。按照时间先后顺序，国外物流的发展大体上经历了四个阶段。

1. 20世纪初至20世纪50年代

20世纪初，在北美和西欧一些国家，随着工业化进程的加快以及大批量生产和销售的实现，人们开始意识到降低物资采购及产品销售成本的重要性。1901年，J.F·格罗韦尔（J.F.Growell）在美国政府报告《关于农产品的配送》中，第一次论述了对农产品配送成本产生影响的各种因素，拉开了人们对物流认识的序幕。1927年，R.博尔索迪（R.Borsodi）在《流通时代》一书中首次用Logistics来称呼物流，为后来的物流概念奠定了基础。从实践发展的角度来看，1941—1945年第二次世界大战期间，美国军事后勤活动的组织为后来人们对物流的认识提供了重要的实证依据，推动了战后对物流活动的研究以及实业界对物流的重视。1946年美国正式成立了美国运输与物流协会（American Society of Transportation and Logistics），这是美国第一个关于对专业运输者进行考察和认证的组织。这一时期可以说是美国物流的萌芽和初始阶段。总的来讲，在20世纪60年代以前，美国大多数企业对于物流的管理意识很薄弱，甚至忽视这方面的管理。在此期间，美国物流的各项职能被分散在企业的各个职能部门中，造成本来连续的物流过程被割裂开来。而各部门有限的职责使得管理者往往只追求本部门效率的提高，不顾及整个组织范围内成本的降低。物流业务发生的成本归进了各个不同的成本中心，很难综合计算出物流成本的实际水平，造成企业成本居高不下。

日本物流观念的形成虽然比美国晚，但发展迅速。日本自1956年从美国引入物流概念以来，在对国内物流进行调研的基础上，将物流称为"物的流通"。至1965年，物流一词正式被日本的理论界和实业界全面接受。此时，欧洲各国为了降低产品成本，开始重视工厂范围内物流过程中的信息传递，对传统的物料搬运进行变革，对厂内的物流进行必要的规划，以寻求物流合理化的途径。在这一阶段，储存与运输相分离，各自独立经营，可以说是欧洲物流的初级阶段。

2. 20世纪60—70年代

20世纪60年代以后，世界经济环境发生了深刻的变化。科学技术的发展，尤其是管理科学的进步，生产方式、组织规模化生产的改变，大大促进了物流的发展。在这一时期，物流逐渐为管理学界所重视，企业界也开始注意到物流在经济发展中的作用，将改进物流管理作为激发企业活力的重要手段。这一阶段是物流快速发展的重要时期。

在美国，现代市场营销观念的形成使企业意识到客户满意是实现企业利润的唯一手段，客户服务成为经营管理的核心要素，物流在为客户提供服务上起到很重要的作用。很多企业为了进行有效的成本集中管理，将物流管理分为物资管理和配送管理两个功能部分。前者包括与生产有关的原材料、半成品、零配件及废旧物料的采购、加工、仓储、搬运、回收复用等活动的计划、组织和控制。尤其要指出的是，他们将生产时间表的制订也纳入了物流职能部门，使物流与生产充分地结合在一起。后者的重点在于产成品从生产线到用户的移动过程中发生的运输、仓储、流通、加工、包装、订单处理、需求预测和用户服务等活动。物流，特别是配送得到了快速的发展。1960年，美国雷神公司建立了最早的配送中心，结合航空运输系统为美国市场提供物流服务。1963年，美国成立了国家实物配送管理委员会（National Council of Physical Distribution Management），后更名为国家物流管理协会，该协会将各方面的专家集中起来，提供教育、培训活动，这一组织是世界上第一个物流专业人员组织。可以看到，随着物流理论和实践的发展，营销及销售部门的有些业务也被纳入了物流职能中。为了实现这一转变，企业在组织结构上做了大量的调整，如扩展传统采购部门的职责，成立一体化的配送部门。物流管理者的职位也由此提升，出现了"物流主管"的头衔，物流业务由副总裁级的高级管理人员来监督和控制。

值得指出的是，除减少了成本压力外，更多的企业开始注意到用户服务也是物流管理的目标之一，如何实现在一定的用户服务水平下降低成本成为企业的重要课题。另外，计算机用于生产和数据处理，MRP软件的出现成了必不可少的前提条件。

20世纪60年代中期至20世纪70年代初是日本经济高速增长、商品大量生产和大量销售的年代。随着这一时期生产技术向机械化、自动化方向发展以及销售体制的不断改善，物流已成为企业发展的制约因素。日本政府在1965年的《中期5年经济计划》中，强调了要实现物流的现代化。具体措施是日本政府开始在全国范围内进行高速道路网、港口设施、流通聚集地等基础设施的建设。这一时期是日本物流的大发展时期，原因在于社会各方面对物流的落后和物流对经济发展的制约性都有了共同的认识。

20世纪70年代是欧洲经济快速发展的时期。随着商品生产和销售的进一步扩大、多个工厂联合的企业集团和大公司的出现、物流需求的增多，工厂内部的物流已不能满足企业集团对物流的要求，因而形成了基于工厂集成的物流。仓库已不再是静止、封闭的储存设施，而是动态的物流配送中心。

3. 20世纪70—80年代

20世纪70—80年代，物流管理的内容从企业内部延伸到企业外部，物流管理的重点转移到对物流的战略研究上。企业开始超越现有的组织机构界限而注重外部关系，将供货商（提供成品或运输服务等）、分销商以及用户等纳入管理的范围，利用物流管理建立和发展与供货商及用户的稳定的、良好的、双赢的、互助合作伙伴式的关系，形成了一种联合影响力量，以赢得竞争的优势。物流管理已经意味着企业应用先进的技术，站在更高的层次上管理这些关系。电子数据交换、准时制生产、配送计划以及其他物流技术的不断涌现、应用与发展，为物流管理提供了强有力的技术支持和保障。

20世纪70年代末，物流活动的经营环境有了巨大变化，表现在一系列旧有的、传统的规章制度的松动为物流业的迅速发展提供了广阔的前景。最突出的表现是美国对交通运输业实行了放松管制政策，这一改革促进了运输企业向全面物流服务提供商转变，尤其到了放松管制的后期，市场上存在的物流服务项目越来越多，第三方物流服务商以全方位物流服务提供者的面孔脱颖而出，社会物流力量基本形成，生产企业开始考虑与承运人建立一种长期的伙伴关系，以期降低物流成本、共同受益。1988年，美国物流管理协会将物流定义为：物流是以满足客户需求为目的，为提高原料、在制品、制成品以及相关信息从供应到消费的流动和存储的效率和效益，并对其进行的计划、执行（实现）和控制的过程。这一定义反映了物流实践的发展，也进一步揭示了物流的本质。随着上述趋势的发展，相应地出现了综合物流管理的概念，并得到了广泛的认可和应用。这一观念的引入，使企业内部逐步改变了传统的财务、采购、销售、市场、研发等企业分解式管理的思维方式，代之以系统整合的思想。它表明物流协作化与专业化已成为今后物流发展的主要方向。

在物流理论上，这一时期随着物资需求计划（MRP）、配送需求计划（DRP）、看板管理以及准时制生产方式（Just In Time，JIT）等先进管理方法的开发及其在物流管理中的运用，人们逐渐认识到需要从生产经营的全过程来把握物流管理，而计算机等现代科技的发展，又为物流全面管理提供了技术基础和手段。

在这一阶段，日本经济发展迅速，并进入了以消费为主导的时代。虽然物流量大大增加，但由于经营成本的增加使企业利润并没有得到所期望的提高。因此，降低经营成本特别是降低物流成本成为经营战略中的重要目标，这一时期也称为物流合理化时代。此时，在企业内出现了专业物流部门，用系统的观点开展降低物流成本的活动，同时物流子公司也开始兴起。物流合理化主要是改变以往将物流作为商品蓄水池或集散地的观念，而在经营管理层次上发挥物流的作用。这集中反映在"物流利润源学说"，即物流成为企业增加利润的重要来源。很显然，"物流利润源学说"揭示了现代物流的本质，使物流能在战略和管理上统筹企业生产、经营的全过程，并推动物流现代化的发展。此时，日本全国范围内的物流联网也在蓬勃发展，其宗旨是推进订货、发货等业务的快捷化，削减物流人员，降低劳动力成本。以大型零售店为中心的网上订货、发货系统的应用在这一时期最为活跃，成为物流合理化在技术上的反映。

随着经济和流通的发展，欧洲各国许多不同类型的企业（厂商、批发业者、零售业者）也在进行物流革新，建立相应的物流系统。其目的是通过供应链实现物流服务的差别化，发挥各自的优势与特色。由于流通渠道中各经济主体都拥有不同的物流系统，必然会在经济主体的接点处产生矛盾。为了解决这个问题，20世纪80年代欧洲开始探索一种新的联盟型或合作式的物流新体系——综合物流供应，即在商品流通过程中加强企业间的合作，改变原来各企业分散的物流管理方式，通过合作形式来实现原来不可能达到的物流效率，创造的成果由参与的企业共同分享。这一时期，欧洲的制造业已采用准时制生产方式，客户的物流服务需求已发展到要求同一天供货或服务，因此，综合物流的供应链管理进一步得到加强。这一时期物流需求信息直接从仓库获取，通过传真方式进行信息交换，产品跟踪采用条码扫描，信息处理的软硬件平台是客户/服务器模式和购买商品化的软件包。值得一提的是，这一时期欧洲第三方物流开始兴起。

4. 20世纪90年代至今

20世纪90年代以来，随着新经济和现代信息技术的迅速发展，现代物流的内容也在不断地丰富和发展。信息技术的进步使人们更加认识到物流体系的重要性，现代物流的发展被提到重要日程上来。同时，信息技术特别是网络技术的发展，也为物流发展提供了强有力的支撑，使物流向信息化、网络化、智能化的方向发展。这不仅使物流企业和工商企业建立了更为密切的关系，同时物流企业也为各客户提供了更高质量的物流服务。电子商务的发展，将像杠杆一样撬起传统产业和新兴产业，成为企业决胜未来市场的重要工具。

20世纪80年代末，美国出现了一些新情况。随着人们对物流管理认识的提高、经济环境的改善、产业结构的升级和科学技术的迅猛发展，物流理论和实践开始向纵深发展。首先，企业为获得更大的竞争优势纷纷兼并、重组，精简业务和机构。与此同时，各个企业的物流部门之间也进行合并或重组，这对企业物流来说是管理和组织上的全面变革。其次，随着国际贸易的增长，跨国业务对物流管理提出了新的要求，即在远距离的市场运作中保证物流成本的节约，同时，市场也不断要求企业降低成本，在时间和质量上增强竞争力。

日本进入20世纪80年代中期以后，物流合理化的观念面临着进一步变革的要求。尤其是20世纪90年代日本泡沫经济的崩溃，使以前那种大量生产、大量销售的生产经营体系出现了很多问题。为此，日本政府制定了一个具有重要影响力的《综合物流施策大纲》（以下简称《大纲》）。这个大纲是日本物流现代化发展的指针，对于日本物流管理的发展具有重要历史意义。《大纲》中提出了日本物流发展的基本目标和具体保障措施，其中，特别强调了物流系统要实现信息化、标准化以及实施无纸贸易。在这一时期，欧洲一些跨国公司纷纷在国外特别是在劳动力价格比较低廉的亚洲地区建立生产基地。欧洲物流企业的需求信息直接从客户消费地获取，信息交换使用EDI（Electronic Data Interchange）系统，产品跟踪应用了射频识别技术，信息处理广泛应用了互联网和物流服务方提供的软件。这一时期，基于互联网和电子商务的电子物流在欧洲兴起，以满足客户越来越苛刻的物流需求。

国际物流的支点离不开运输与仓储。而要适应当今国际竞争快节奏的特点，仓储和运输都要求现代化，要求通过实现高度的机械化、自动化、标准化来提高物流的速度和效率。国际物流运输的最主要方式是海运，有一部分是空运，但它还会渗透在其国内的其他一部分运输，因此，国际物流要求建立起集海运、空运、铁路运输、陆运于一体的"立体化"运输体系，来实现快速便捷的"一条龙"服务。为了提高物流的便捷化程度，当前世界各国都在采用先进的物流技术，开发新的运输和装卸机械，大力改进运输方式，比如应用现代化的物流手段和方式，发展集装箱运输、托盘技术等。美国的物流效率之所以高，原因在于美国的物流模式善于将各种新技术有机融入具体物流运作中，因而能在世界上率先实现高度的物流集成化和便利化。这也使从事物流的企业，利润和投资收益持续增加，进而诱发新的研究开发投资，形成良性循环。总之，融合了信息技术与交通运输现代化手段的国际物流，对世界经济运行将继续产生积极的影响。

1.2.2　我国物流发展的六个阶段

自新中国成立以来，我国的物流发展经历了六个阶段。

1. 第一阶段（1950—1954年）——开始创建阶段

在这一阶段，我国刚从半封建、半殖民地制度的桎梏中解放出来，经过全国人民的共同奋斗，国民经济开始恢复。当时，社会经济发展缓慢，科学技术也很落后，工业生产和交通运输正在逐步恢复和建设，人们的购买力很低，商业也不景气，这些都影响着我国物流的发展。因此，在大部分流通部门，只根据物流业务的需要，兴建一些仓库或租用民房储存商品，购置一部分车辆用于运输，在一些企业里建立了储运部、汽车队等。在行政部门则设置了储运局或储运处、储运科来管理这项工作。同时，在各大区和一些省、市的商业、物资、粮食、外贸等流通系统还建立了少量的仓储公司或储运公司，它们就是我国早期创建的专业性的物流企业，不过这种独立经营的物流企业并不多，而且绝大多数附属于各专业公司成批发展的仓库和汽车队，至于工业生产部门，这时的物流问题尚未摆上议事日程。

2. 第二阶段（1955—1965年）——初期发展阶段

在这一阶段，国民经济在恢复的基础上有了较快的发展，工农业生产增长很快，交通运输建设进展较快，城乡物资交流日益兴旺，社会商品流通也不断扩大，因此，我国物流业也得到了相应的发展。特别是商业、物资、粮食、外贸等流通部门，相继在一些大中城市建立了储运公司、仓储公司和外运公司等"商物分离型"的专业性的大中型物流企业，以及附属于各专业公司、批发站的储运部、中转站和仓库等"商物合一型"的小型物流企业。这样，以国有大中型物流企业为主，以小型物流企业为辅，形成了一个互相联系、覆盖全国的物流网络。在交通部门的大力支持和密切协作下，这些物流企业从20世纪50—70年代担负着我国的主要物流任务。

3. 第三阶段（1966—1976年）——停滞阶段

在这一阶段，物流业和其他行业一样，处于维持现状或停滞状态，个别地方物流企业甚至连原来的一些设施也遭到了不同程度的破坏，物流理论和物流实践基本上处于停滞状态。然而，与此同时，国际上的物流理论和物流实践正在大力地发展。

4. 第四阶段（1977—1992年）——恢复和快速发展阶段

在这一阶段，我国确定了建设四个现代化的宏伟目标，在20世纪80年代开始实施第六个、第七个五年计划，工农业生产得到了迅速发展，交通运输也加快了建设。同时，随着国内商品流通和国际贸易的不断扩大，物流业也取得了长足的发展。现代物流的概念及管理方式开始被引入我国。运输业、仓储业、包装业的发展较快，兴建了大量的铁路、公路、港口、码头、仓库、机场等，这不仅增加了物流设施，而且提高了物流技术装备水平。除专业性的流通部门和物流企业不断增加外，生产企业也开始重视物流合理化的研究。与此同时，不仅国有物流企业得到了发展和壮大，而且还出现了集体和个体的物流企业和储运专业户。这一时期出现了国有、集体、个体一齐上，大、中、小并举兴办物流企业的局面。除各流通部门专业性的物流企业不断增加外，生产部门也开始重视物流问题，并设置了物流研究室、物流技术部等。

在交通运输方面，相关部门增设了铁路、公路、港口、码头，增加了车辆，改进了技术，提高了车速，部分区段实现了电气化、高速化，开展了集装箱运输、散装运输和联合运输等。这些都为物流业的进一步发展创造了有利条件。

此外，有关部门和学术团体积极、有效地开展国内、国际物流学术交流活动，促进了我国加快吸收国外先进的物流理念和技术。同时，物流业也和其他行业一样，随着改革的潮流，坚持开放搞活，加强横向联合，逐步打破部门、地区的界限，向专业化、社会化发展，为社会提供了更好的服务。外贸部门也积极开展物流对外服务，使物流向国际化方向迈进。

5. 第五阶段（1993～2013年）——向标准化、国际化发展阶段

1993年11月，党的十四届三中全会通过《中共中央关于建立社会主义市场经济体制若干问题的决定》，我国经济建设进入了一个新的历史发展阶段。二十多年来，国民经济有了高速的增长。尤其是高科技的发展和应用，带动了工农业生产和交通运输业的发展以及流通产业的改革和变化。

随着改革开放的进一步深化，我国逐步实现了物流系统建设向标准化和国际化方向发展。全国性物流信息系统正在建立，并确立了要建立全国统一、开放、竞争、有序的大市场、大流通，实现物流社会化、现代化、合理化的目标。

2013年7月3日，国务院常务会议原则通过《中国（上海）自由贸易试验区总体方案》，建设上海自由贸易试验区，包括可进行离岸贸易、金融采用低税率等，而在试验区内符合资格的企业，其15%的营业税可全免。这是顺应全球经贸发展新趋势，更积极、主动地对外开放的重大举措；并为保税物流和国际物流的发展带来新机遇。（第二批自贸区——天津、广东、福建已先后获批挂牌）。截至2020年9月21日，我国已批准设立了包括中国（上海）自由贸易试验区、中国（广东）自由贸易试验区、中国（天津）自由贸易试验区等共计21个自贸区。

《全国物流园区发展规划（2013—2020年）》（简称《规划》），明确了全国物流园区的发展目标和总体布局，为物流园区发展画出"路线图"。

中国已经成为有全球影响力的物流大国和全球最大的物流市场。铁路货物发送量、铁路货物周转量、公路货运量、港口吞吐量、集装箱吞吐量、快递量均居世界第一，民航货运量居世界第二。2021年世界十大港口排名中，中国共占了7个，而世界最大的港口是中国的上海港，可以说我国在港口方面是有的极大优势的。

中国北斗卫星导航系统是中国自主建立、独立运行的国家重要空间基础设施。

以5G为基础的万物互联被一些专家称作第三次现代化革命。从国际技术标准、技术专利、工程能力这三个指标来看，中国的5G技术全球领先。

由上述内容可知，不同国家的物流发展都经历了从忽视到重视、从经验到科学、从自发到自觉的认识过程，我们可以从中找到一些规律性的东西来参考和借鉴。

6. 第六阶段（2013年至今）——智慧物流技术引领发展阶段

我国物流发展进入技术驱动时期，旧动能不足以支撑物流产业的发展，新动能逐渐替代旧动能。理念创新引领物流发展，随着物联网技术、大数据技术、人工智能技术、云计算技术的日趋成熟，伴随智慧物流的提出、多式联运的熟练运用、无车承运人的合法化等创新理念逐步渗透物流的各个环节。

海尔集团提出"人单合一"概念，推动内部"自组织、自驱动"小微创业。菜鸟网络推动"新物流"革命，提出大数据、智能、协同，服务"新零售"战略。京东物流提出"下一代物流"解决方案，将主要呈现短链、智慧、共生三大特征。

物流枢纽构建，"最后一公里"配送的优化，无人港口（洋山、青岛、厦门）的大

胆假设等设计方案不断创新。2017年，国务院印发《新一代人工智能发展规划》（国发〔2017〕35号），强调大力发展智能物流，人工智能助力智慧物流技术发展。

无人仓、无人车、无人机（UAV）、物流机器人、云仓等各项国际领先技术的应用，都是大数据和人工智能的科技驱动。京东物流首个全流程无人仓投入使用，顺丰速运建设大型物流无人机总部基地，菜鸟网络在雄安新区建设"智慧物流未来中心"，圆通速递牵头设立物流领域首个国家工程实验室。

2016年，国内已经实现了日均过亿的物流包裹发送量，物流系统的处理能力处于国际领先水平。未来物流需求增长缓慢，人力开始逐步解放，增长趋势向生态化发展，物流发展朝着质量高、技术强等标准稳步发展。

当前物流产业强调多领域协调发展，物联网、区块链等新型技术布局整个供应链的可视化。现代物流业发展由量向质迁移，处于技术转型阶段。随着客户对物流服务质量和档次需求的不断提升，以及消费结构升级和移动互联网等新型流通业态的兴起，物流服务业的支撑作用比以往任何时候都显得更为重要。

伴随着我国改革开放的不断深入，国民经济发展取得了一系列长足的进步，物流产业开始引领世界物流技术发展，我国也跻身物流产业发达国家行列。我国的物流服务效率高且物流服务体验佳，但是物流成本相对于发达国家还有一定差距。我们以新时代中国特色社会主义思想为指导，不忘初心，牢记使命，把建设"物流强国"作为新时代我国物流业发展的新目标，务实创新，砥砺前行，全力推动适应新时代经济发展特点和要求的物流业创新发展。

单元小结

物流系统的功能是指物流系统所具有的物流服务能力，其各部分相互组合、有序运作，形成物流系统的整体。我国正从一个经济大国迈向经济强国，物流管理必须从粗放型的增长方式转向集约型的发展方式。了解物流系统的特点，尤其是掌握物流系统的复杂性与多目标性特征，为合理地设置物流系统网络奠定了基础。

案例分析

A公司物流系统的核心业务是什么？物流系统如何支撑A公司的战略发展需求？

A公司的物流系统

A公司是一家在香港和纽约同时上市的省级电信运营商，资产规模近400亿元，现有员工近2万人，主要经营移动电话通信（包括话音、数据、多媒体等）、固定电话通信（包括语音、数据等）、数据通信、网元出租、呼叫中心、视讯、虚拟专网、IP电话及互联网接入服务等业务，另外还具备基于所有电信业务的施工资质和施工能力。

A公司移动电话客户总数超过5 000万户，家庭用户超700万户，政企用户超14万户，移动电话客户市场份额始终保持行业内第一，占比超七成，始终占据着移动通信市场主导运营商地位，是一家财务稳健、充满发展潜力的持续成长性公司。

该企业物流主要用于满足通信工程、网络维护、市场营销物资的仓储、运输需求，产生于物资需求，结束于物资使用。2020年，A公司所属物流系统出入库超9万单，管理运营近7 000种物料，每月平均库存价值约5亿元。

为实现A公司更好地服务客户的理念，针对该企业物流系统，公司围绕以下方面进行规划发展。

1. 满足区域需求，合理规划仓储布局

以省内各地市（区）的经济发展情况、物流行业的发展情况、物资库存、物流集中度以及各地市库房间的物理距离、客户需求量等多维度数据为基础，构建指标体系；以多维度供求平衡整合为分析依据，构建区域仓储布局优化模型，确定不同区域仓储的层次划分；以供应和需求满足程度进行预测分析，以确定不同层次物流节点间供应满足状态联系的紧密程度，从而确定区域性核心物流中心及其重点辐射的其他物流中心。

2. 产品分类，逐级管控

运用仓储ABC分类法，纳入物资类型、价值、采购频次、需求程度、通用程度、突发程度等因素，针对物资进行分类、分级综合分析，将现有5 000种物料划分类型、层级，并制定不同的管控策略，以实现控制库存、保障供应的目的。

从需求分析、补货流程、订货点、安全库存、订货量、库存控制策略审批、库存控制策略执行、动态反馈调整等多方面进行优化和设计，合理设置系统控制策略，降低库存水平，加快物资周转，减少库存积压和报废。

3. 数据整合，打造一体化信息管理平台

根据信息来源的不同，物流需整合集中的信息主体可分为内部信息主体和外部信息主体两种，即市场部门、采购部门、物流部门和应用部门四个内部信息主体（市场部门也可能是应用部门）与供应商、合作单位、施工单位、销售单位四个外部信息主体，涉及需求征集、下单采购、供应商到货、信息核对、实物入库、储存、出库拣选、实物出库、应用9个主要环节，以产品库存周期管理理念为基本前提，针对出入库量、周转率、呆滞率、入库与出库偏离度、不同在库时长占比、成本占比等进行数据分析，故需基于数据分析和管理流程搭建物流专业区域一体化综合管理平台。

中国智慧物流
五大新发展理念

课后习题

A. 理论训练题

一、判断题

1. 物流系统的"效益背反"指的是物流的若干功能要素之间存在着损益的矛盾，即某

一个功能要素进行优化或获取利益的同时，必然会存在另一个或另几个功能要素的利益损失，反之也如此。（　　　）

2. 物流设备主要包括通信设备及通信电路、计算机及互联网设备等。（　　　）

3. 在物流系统的组成要素中，人的要素是核心要素。（　　　）

4. 物流系统的边界是广阔的，其范围横跨生产、流通、消费三大领域。（　　　）

5. 1901 年，R. 博尔索迪（R.Borsodi）在《流通时代》一书中首次用 Logistics 来称呼物流。（　　　）

二、单项选择题

1. 不属于物流系统基本功能要素的有（　　　）。

　　A. 运输　　　　　B. 保险　　　　　C. 装卸搬运　　　D. 信息处理

2. （　　　）的功能是指物流系统所具有的物流服务能力，它们相互组合、有序运作，形成物流系统的功能。

　　A. 物流系统　　　B. 物流运输　　　C. 仓储　　　　　D. 流通加工

3. 物流系统是（　　　）系统。

　　A. 简单　　　　　B. 静态　　　　　C. 复杂　　　　　D. 单目标

4. 我国国家标准《物流术语》中有这样一个表述："独立于供需双方为客户提供专项或全面的物流系统设计或系统运营的物流服务模式"，这个表述指的是（　　　）。

　　A. 第一方物流　　B. 第二方物流　　C. 第三方物流　　D. 第四方物流

5. 不属于现代物流业主体行业的是（　　　）。

　　A. 铁路运输业　　B. 通信业　　　　C. 制造业　　　　D. 配送业

三、多项选择题

1. 物流系统具有的独特系统性质是（　　　）。

　　A. 整体性　　　　B. 智能性　　　　C. 可分性　　　　D. 目的性
　　E. 多目标性

2. 国美的物流系统可分为（　　　）部分。

　　A. 生产　　　　　B. 销售　　　　　C. 配送　　　　　D. 加工
　　E. 集货

3. 从生产经营过程来看，物流系统包括（　　　）。

　　A. 供应物流　　　B. 在制品物流　　C. 分销物流　　　D. 仓储物流
　　E. 配送物流

4. 根据"效益背反"理论，在物流系统中，若想节约仓储成本，则应（　　　）。

　　A. 减少仓库点　　B. 减少库存量　　C. 增加库存量　　D. 增加仓库点
　　E. 增加运输费用

5. 第三方物流系统的活动包括（　　　）。

　　A. 生产活动　　　B. 运输活动　　　C. 仓储活动　　　D. 配送活动
　　E. 信息处理活动

四、简答题

1. 物流系统的特点有哪些?

2. 简述我国物流的发展历程。

B. 技能训练题

实训目标: 收集一个物流规划的案例,了解企业物流系统情况。

实训准备: 实训需可联网的计算机、打印机、文具等,要求设计问卷。

实训步骤:

(1)分组:8~10人为一组,成员进行分工。

(2)设计调查问卷,做好调研准备工作。

(3)深入企业进行实际调研,发放调查问卷。

(4)整理资料,撰写调查报告。

模块二

物流系统规划需求分析
与仿真技术

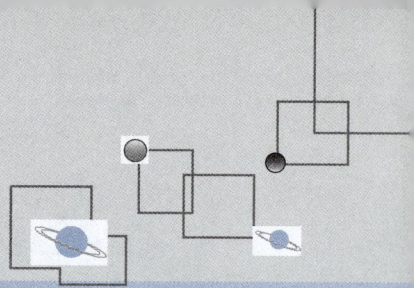

单元二

物流系统规划的战略与需求分析

素质目标

- 培育精益求精的工匠精神
- 培养学生的创新思考能力和动手能力

知识目标

- 了解物流系统规划战略的特点
- 初步掌握物流系统规划的战略层级
- 掌握物流系统需求预测方法

能力目标

- 能够运用物流系统规划的战略进行简单规划
- 能够对物流系统需求进行简单预测

2.1 物流系统规划的战略分析

战略，即运用系统论等整体思维方法，帮助组织在一定时期内和一定条件下，获取并确认局部或整体的竞争性成长优势的全过程。所谓物流战略，广义上是指为寻求物流的可持续发展，就物流发展目标以及达成目标的途径与手段而制定的长远性、全局性的规划与谋略。狭义上来看，物流战略则是指企业在充分了解市场环境和物流环境及分析自身物流条件的基础上，为适应未来环境的变化，以求得长期生存和不断发展，对企业物流发展目标、实现物流发展目标的途径和手段所进行的总体谋划。

物流系统是一个复杂的系统，随着对物流及供应链管理在企业的竞争力和获利性上的重要性的认识提高，物流战略逐步被推向了企业战略的核心地位，科学、合理的战略规划对提高物流系统运营效率、降低物流成本、提高客户服务满意度等都具有重要作用。

物流系统规划的战略分析，即通过提高流程价值和客户服务进而实现竞争优势的统一、综合和集成的计划过程，通过对物流服务的未来需求进行预测和对整个供应链的资源进行管理，从而提高客户满意度。

2.1.1　物流系统规划的战略层级

如果企业仅仅是追求生存，可以不考虑战略规划；如果考虑可持续发展，必须要重视战略规划。所以，要获得高水平的物流绩效，实现客户的买方价值和企业的战略价值，必须了解企业物流系统各个构成部分如何协调运转与整合，并进行相应的物流规划的战略设计。企业物流战略通常表现在以下五个重要层次上，这五个层次构成物流战略环形图，确立了企业设计物流战略的框架。

（1）物流设计层。企业建设物流系统，首先是为了实现企业的战略，所以必须先确立物流规划与管理对企业总体战略的协助作用。而企业现代物流的发展必须借助两大平台和两大系统，即基础设施平台和信息平台、信息网络系统和物流配送系统的建设。在进行企业物流设计之初必须进行企业资源能力的分析，充分利用过去和现在的渠道、设施以及其他各种资源来完善企业的总体战略，并以最少的成本和最快的方式建设两大平台和两大系统。

（2）物流经营层。物流活动存在的唯一目的是向内部和外部客户提供及时准确的交货服务，接受服务的客户始终是形成物流需求的核心与动力。所以，客户服务是制定物流战略的关键。而且，要执行一项营销战略，必须要考察企业在与争取客户和保持客户有关的过程中的所有活动，而物流活动就是这些关键能力之一，可以被开发成核心战略。

（3）物流结构层。物流系统的结构设计包括渠道结构设计和设施网络结构设计。企业的物流系统首先应该满足客户的服务需求，而物流系统的渠道结构和设施网络结构提供了满足这些需求的物质基础。

物流系统的渠道结构设计，包括确定为达到期望的服务水平而需执行的活动与职能，以及渠道中执行这些活动与职能的成员。渠道结构设计需要在渠道目标的制定、渠道长度和宽度的评价、市场、产品、企业以及中间商因素的研究、渠道成员的选择及职责、渠道合作等方面认真分析与判断，因为体系一旦实施，常常无法轻易地改变。随着客户需求变化和竞争者的自我调整，渠道战略必须再评价，以维持或增强市场地位。

企业物流设施的网络结构设计，要解决的问题有：设施的功能、成本、数量、地点、服务对象、存货类型及数量、运输选择、管理运作方式（自营或向第三方外筹）等。网络战略必须与渠道战略以给客户价值最大化的方式进行整合。因此，对现有的仓储业务、库存配置方针、运输管理业务、管理程序、人员组织和体系等进行革新是明智之举。在动态的、竞争的市场环境中，也需要不断地修正设施网络以适应供求基本结构变化。

（4）物流职能层。物流职能层主要包括运输、仓储和物料管理，是对企业物流作业管理的分析与优化。运输规划包括承运人选择、运输合理化、货物集并、装载计划、路线确定及安排、车辆管理、回程运输或承运绩效评定等方面的考虑；仓储方面的考虑包括设施布置、货物装卸搬运技术选择、生产效率、安全、规章制度的执行等；在物料管理中，分析可以着重于预测、库存控制、生产进度计划和采购上的最佳运作与提高。

（5）物流执行层。企业物流战略规划的最后一层为执行层，包括支持物流的信息系统、指导日常物流运作的方针与程序、设施设备的配置及维护以及组织与人员问题。其中，物流信息系统和组织结构设计是最为重要的内容。物流信息系统是一体化物流思想的实现手段和现代物流作业的支柱。没有先进的信息系统，企业将无法有效地管理成本、提供优良的客户服务和获得物流运作的高绩效。

当今企业要保持竞争力，必须把信息基础结构的作用延伸到需求计划、管理控制、决策分析等方面，并将信息的可得性、准确性、及时性、灵活性、应变性等特点结合在一起，还要注意到与渠道成员之间的连接。企业需要以全新的思维认识组织一体化、供应链整合、虚拟组织、动态联盟、战略联盟、战略伙伴、企业流程再造、敏捷制造等发生在组织管理领域的变革。同时，物流管理也要对变革做出积极的反应。一个整合、高效的组织对提高物流绩效是很重要的。一体化的物流管理并不意味着将分散于各职能部门中的物流活动集中起来，单一的组织结构并非对所有的企业都是适宜的，关键在于物流活动之间的协调配合，要避免各职能部门追求局部物流绩效的最大化。

2017年10月，国务院办公厅出台了《关于积极推进供应链创新与应用的指导意见》，明确提出：到2020年，培育100家左右的全球供应链领先企业，重点产业的供应链竞争力进入世界前列，中国成为全球供应链创新与应用的重要中心。2020年4月10日，商务部等8部门联合印发《关于进一步做好供应链创新与应用试点工作的通知》，旨在发挥供应链创新与应用试点工作在推动复工复产、稳定全球供应链、助力脱贫攻坚等方面的重要作用，积极应对市场新需求、新业态、新模式加快发展给供应链创新与应用工作提出的新要求，重点加强供应链安全建设、加快推进供应链数字化和智能化发展，从而加快我国向供应链强国迈进的步伐。

2.1.2 物流系统规划的战略目标

物流系统规划的战略目标，是由整个物流系统的使命引起的，为整个物流系统设置了可见和可达到的未来，是物流战略规划中各项策略制定的基本依据。由于物流系统规划涉及生产系统、仓储系统、配送系统、运输系统，以及在整个供应链环境中面向信息化的物流系统的一体化设计与管理，因此其基本战略目标有以下四种：

1. 最小总成本目标

最小总成本目标是指在一体化物流系统中，寻求最低的固定成本及变动成本的组合。

2. 最优服务目标

充分满足市场终端客户需求，以最优质的服务占领物流市场。

3. 最大利润目标

各个物流子系统皆以追求最大利润为目标，优化设计，使物流系统满足需求。

4. 最大竞争优势目标

根据波特的"五力模型"考虑如何获取竞争优势，从市场的角度来讲，与主要的供应商建立战略合作伙伴关系，以满足主要客户需求为目标，实施有效的物流管理战略，合理的物流系统规划设计是基础。

2.1.3 物流系统规划战略的特点

物流系统规划将对象视为一个相互联系的有机整体，从全局的观点出发，进行全面的综合分析，从整体上进行宏观控制。物流系统规划战略具有以下特点：

1. 综合性

物流系统规划的涉及面非常广，需要有各方共同遵循的目标与原则。物流涉及生产领域、流通领域、消费及后消费领域，这些领域在各自的发展规划中，都包含有局部的与物流有关的规划。物流系统规划的方法涉及数学、运筹学、管理学、经济学以及城市规划、交通规划、工程建设等多个技术领域。因此，物流系统规划是综合性的规划。

2. 动态性

物流系统本身及其所处环境的复杂多变，决定了物流系统规划的动态性。从宏观上看，与物流业有关的社会经济政策的不断调整、城市建设和发展的不断推进以及国际政治经济的风云变化要求物流系统的规划有适应变化发展的空间和能力；从微观上看，物流企业内部的发展不仅受宏观政策的影响，还受科学技术发展的影响，政策和技术的刺激促使物流企业生产管理、基础设施和科技含量不断变化。因此，进行物流系统规划要有发展的、动态的眼光。

3. 过程性

物流业的发展要经过萌芽期、起步期、发展期，再逐步走向成熟期。物流系统规划战略要注重物流业发展各阶段的发展过程，制订相应的发展目标、发展方案和实施办法。

2.1.4　物流系统规划的战略内容

（一）客户服务水平战略

企业提供的客户服务水平比任何其他因素对系统设计的影响都要大：服务水平较低，可以在较少的存储地点集中存货，利用较廉价的运输方式；服务水平高则恰恰相反，但当服务水平接近上限时，物流成本的上升比服务水平上升更快。因此，物流战略规划的首要任务是确定适当的客户服务水平。

（二）设施选址战略

存储点及供货点的地理分布构成物流规划的基本框架。其内容主要包括：确定设施的数量、地理位置、规模，并分配各设施所服务的市场范围，这样就确定了产品到市场之间的线路。好的设施选址应考虑所有的产品移动过程及相关成本，包括从工厂、供货商或港口经中途储存后到达客户所在地的产品移动及成本。通过不同的渠道来满足客户需求，如直接由工厂、供货商或港口或选定的储存点供货等，则会影响总的分拨成本。寻求成本最低的需求分配方案或利润最高的需求分配方案是选址战略的核心所在。

（三）库存战略

库存战略是指管理库存的方式。将库存分配到储存点和通过补货自发拉动库存代表着两种战略。其他方面的决策内容还包括：产品系列中的不同品种分别选在工厂、地区性仓库或基层仓库存放，以及运用各种方法来管理永久性存货的库存水平。由于企业采用的具体政策将影响设施选址决策，因此必须在物流战略规划中予以考虑。

1. 拉动式库存管理思想

拉动式库存管理思想认为，每一个存储点（如一个仓库）都独立于渠道中其他所有的仓库，预测需求、决定补货量时都只考虑本地点的因素，而不直接考虑各个仓库不同的补货量和补货时间对采购工厂成本节约的影响，但该方法却可以对每个库存点的库存进行精确控制。拉动式库存管理思想在供应渠道的零售环境中特别普遍，超过60%的耐用消费品和近40%的非耐用消费品都采用该方法补货。

2. 推动式库存管理思想

如果各地点的库存单独进行决策，那么补货批量和补货时间不一定能够与生产批量、经济采购量或最小订货量很好地协调起来。因此，许多企业选择根据每个存储点的预测需求、可用的空间或其他一些标准分配补货量。其中，库存水平的设定是根据整个仓库系统的情况统一决定的。当采购或生产的规模经济效益超过拉动式管理法实现的最低总库存水平带来的收益时，就可以采用推动式库存管理法。此外，为了更好地进行整体控制，可以集中管理库存，利用生产和采购规模经济来决定库存水平以降低成本，在总体需求的基础上进行预测，然后分摊到每个存储点来提高准确性。

（四）运输战略

运输包括运输方式、运输批量和运输时间以及路线的选择。这些决策受仓库与客户以及仓库与工厂之间距离的影响，反过来又会影响仓库选址决策。库存水平也会通过影响运输批量来影响运输决策。

客户服务水平战略、设施选址战略、库存战略和运输战略是物流系统规划的主要内容，因为这些决策都会影响企业的赢利能力、现金流和投资回报率。其中每个决策都与其他决策互相联系。规划时必须对彼此之间存在的背反关系予以考虑。

2.1.5　物流系统规划的战略选择

对增加服务的市场营销建议接受或拒绝是战略定位的选择，管理层通常要考虑一系列战略方案，除最小总成本外，至少还有四个其他战略可以选择使用：服务最大化、利润最大化、竞争优势最大化和资产配置最小化。每个战略通常要求独特的物流系统设计。

（一）服务最大化

服务最大化战略很难实施，一个意在提供最大化服务的系统每2～4h持续地发送商品，这样的系统将设计重点从成本转移到可用性和发送绩效。对于最大化服务，每个设施服务区域的极限取决于所要求发送的能力和运输线路布局的影响。服务于同一个客户的最小成本和最大化服务系统之间的总成本变化是相当大的。

（二）利润最大化

企业希望在物流系统规划中达到利润最大化。理论上，每个仓库的服务区域是由为与仓库设施距离不同的客户提供服务的最小利润所决定的。客户距离服务区域中心越远，物流成本通常越高。这个成本的发生不仅仅是由于距离，还由于在仓库服务区域周围客户密度较低。如果在某一位置上，服务于周围客户获得的利润已是最小可接受的毛利，将服务区域进一步延伸就变得无利可图了。

增设仓库所得的实际服务收益根据不同的商业情况可能会有变化，通常情况下，每增设一个设施，其服务收益将越来越小。增设每一个仓库所增加的收益，反映了为实现更快的发货而增加的成本。该成本可用来评估增设仓库对提高服务水平的价值。给定一个成本与服务的关系范围，管理层就具有足够的信息来制定客户服务战略。

（三）最大竞争优势最大化

特定情况下，指导物流系统规划的最优战略也许是选择最大的竞争优势。为使竞争优势最大化而修正系统的方法有很多，下面列举两种可以用来修正系统设计的方法。

1. 提供选择性的服务项目

之所以需要修正系统，通常是由于要通过改进服务，防止客户被竞争对手挖走。管理层需要关注关键客户的期望是如何得到满足的。如果现存的服务政策是仅用95%的库存，24小时向42%的客户送货，则必须注意要保证最优质的客户能得到最好的服务。

例如，假设某公司是一个典型的大规模市场占有者，20%的客户购买其80%的产品，进一步假设这组关键客户分别位于75个不同的目的地。战略定位的关键在于决定这75个关键客户是否包括在接受24小时送货的42%的客户中。期望在同等客户地理分布条件下，一个单独客户被包括在42%的所有客户中的概率约为50%。换句话说，预期将是：平均有40～45个核心客户将接受24小时的服务。

一旦核心客户位置被分隔，确认这些客户将接受的服务是一个相当简单的过程，将核心客户作为关键发送认定，即可对预期的标准服务进行评估。表2-1所示的是从这样一个评估过程所得出的结果。在这个例子中，接受24小时配送服务的核心客户的实际数目是53。这样，虽然所有的客户中42%接受24小时服务，而核心客户中70%能接受这项服务。另外，重复以上分析过程，可得知未接受到最好服务核心客户的数量。在这个分析中，接受60小时送货的核心客户有2个。

表2-1 核心客户评估结果

全部核心客户	每相应间隔小时接受服务的核心客户数目			
	24小时	36小时	48小时	60小时
75	53	16	4	2

如果管理层愿意，可通过修正能力来适应客户。向所有核心客户提供24小时服务的系统成本可以分解出来，管理层要对细分服务政策的成本进行平衡。合理的方案是向现今尚未接受到24小时送货服务的核心客户提供溢价运输服务。

某些系统的改善可类似于列举的那样对核心客户那样进行评估。管理层希望将服务提供给能带来最大利润的客户，可以对客户或者最具成长潜力的非客户进行评估。另外，企业也可能希望评估由于向主要竞争对手的最好客户提供卓越服务而增加的成本。虽然这种改善可能会增加总成本并减少短期利润，但是从长远来看将会大大改善竞争地位。

2. 进行合理的高成本定位

为获得竞争优势，可以适当增设一定数量的仓库。这种用推高成本来修正系统设计的方法，从长期来看是经济合理的。这种情况特别适合较小的物流企业，小公司的灵活性使它们能在不断变化的物流市场上做出重要的投资决策去吸引新兴的市场。大型物流企业的尾大不掉以及大型仓库的增设缓慢，使其系统设计的修正往往滞后于物流市场的需求。

在增设仓库时通常应考虑以下条件：若存在与本企业有竞争关系的规模较大企业，要避免实施此类当地化仓库布局。这种针对主要市场的仓库布局措施，对于用高成本与规模较小的竞争对手展开竞争是有利的；生产企业为满足本地化需求，可以布局较小规模仓储设施或采用直营物流系统实施物流服务。第一种情况会使得物流服务的成本接近最低。第二种情况会为了获取竞争优势，而形成较高的成本和较低的利润。

（四）资产配置最小化

要保持最大灵活性的企业可以使用可变成本物流要素，如公共仓库和租用运输。资产配置最小化战略也许会比投入资产以得到规模经济这一战略的总物流成本更高。然而，该战略的风险将会更小，并可增加总体的灵活性。

总之，从物流系统规划的战略选择看，总成本最小及相关的起点服务为执行成本与服务敏感度分析提供了理想的舞台。

2.2 物流系统需求分析

2.2.1 物流系统需求分析的含义特征及分类

（一）物流系统需求分析的含义

物流系统需求分析是指用定性或定量的方法对物流系统的运输、存储、装卸搬运、包装、流通加工、配送等作业量进行预测分析。物流系统需求分析包含了当前物流市场和潜在物流市场的需求分析。

物流需求是流量而非存量，即在一段时间内而非某一时点上所发生的量，没有时间限制来笼统地谈物流需求是没有意义的。

从物流的发展规律来看，现代物流服务的需求包括量和质两个方面，即从物流规模和物流服务质量中综合反映出物流的总体需求。物流规模是物流活动中运输、储存、包装、装卸搬运和流通加工等作业量的总和。当前在没有系统的社会物流量统计的情况下，由于货物运输是物流过程中实现位移的中心环节，用货物运输量的变化趋势来衡量社会物流规模的变化趋势是最接近实际的。物流服务质量是物流服务效果的集中反映，可以用物流时间、物流费用、物流效率来衡量，其变化突出表现在减少物流时间、降低物流成本、提高物流效率等方面。为了清晰地反映社会经济活动对物流活动的需求，在物流需求分析中还应考虑物流需求的地域范围、渠道特性、时间的准确性、物流供应链的稳定性以及客户服务的可得性和可靠性等方面。

物流需求分析的目的在于保证物流服务的供给与需求之间的相对平衡，使社会物流活动保持较高的效率与效益。在一定时期内，当物流能力供给不能满足物流需求时，将对需求产生抑制作用；当物流能力供给超过物流需求时，将不可避免地造成供给的浪费。因此，物流需求是物流能力供给的基础，物流需求分析的社会经济意义也在于此。借助于定性和定量的分析手段，了解社会经济活动对于物流能力供给的需求强度，进行有效的需求管理，引导社会投资有目的地进入物流服务领域，将有利于合理规划和建设物流基础设施、改进物流供给系统。

物流需求分析是将物流需求与产生需求的社会经济活动进行相关分析的过程。由于物流活动日益渗透到生产、流通、消费等社会经济活动之中，与社会经济的发展存在着密切的联系，是社会经济活动的重要组成部分，因而物流需求与社会经济发展有着密切的相关性，社会经济发展是影响物流需求的主要因素。

(二) 物流系统需求分析的特征

首先，对物流系统需求的分析具有时间和空间的合并性分析特征，即进行了物流系统时间方面的需求分析后还要分解为不同地区的物流需求。物流包括产品的运输、库存、包装、装卸搬运、流通加工等各个环节，既涉及产品的时间效用，又涉及产品的空间效用，物流管理者不仅需要知道物流需求随时间的变化规律，还要知道其空间的需求，并根据企业物流的预计需求量规划仓库的位置及库容等。其次，对物流系统需求的分析还具有物流系统各作业项目的拆解性分析特征。

一方面，由于物流的功能包括了运输、库存、包装、装卸搬运、流通加工等，因此对物流系统的需求进行分析，包含了上述几个方面的物流作业的分析。另一方面，针对一个具体的物流系统，在对其进行需求分析之前，首先应分析该物流系统是处于一个供应链中服务于供应链的下游企业，还是独立于供应链的为社会大众服务的物流系统，如宅急便物流系统与专门供应某一类企业的第三方物流系统，它们的物流需求模式是不同的。

在对物流系统需求进行预测之前，首先要明确物流需求预测的对象，所要预测的是运输作业量还是配送作业量。根据物流系统运输作业的特点，分析其运输的地域范围、货物的包装形式、与之适应的装卸作业方式，在明确了上述各项内容后，对运输作业量进行预测，按所预测出的运输作业量进一步分析，即可得出所对应的包装需要量和装卸作业需要量。

不同的产品具有不同的物流需求模式。在设计企业的物流系统时，物流管理人员会为不同的产品确定不同的服务水平，相应的物流需求就会呈现出不同的模式。产品需求特点会直接体现为物流需求的规律性与不规律性。通常，刚刚投入市场、还处于投入期和成长期的产品，其市场需求不稳定，客户是一个较小的群体，相应的物流需求也是不平稳的，难以找到一般的规律对其进行概括。而进入成熟期的产品，市场分布稳定，销售量会随着季节、时间的变化呈现出一定的趋势，其相应的物流服务也会呈现出某种趋势，能够采用一定的方法对其进行预测。与产品相关的各个因素，如原材料、分销方式、销售渠道等都会对物流需求产生影响。

（三）物流系统需求的分类

物流系统需求与产品或服务的销售（或采购）数量直接相关。产品方面的估计一般由营销、市场或专门的计划人员完成。通常物流管理者主要是制订库存控制或车辆调度之类的短期计划，包括对提前期、价格和物流成本等进行预测，并不需要单独为企业做综合预测。物流系统需求特性不同，预测方法也不同。

例如，对制造业来说，物流预测是要根据生产规划或计划估计未来的需求，用来指导存货定位，满足预期的客户需求。生产计划制订好以后，物流管理部门便根据市场所需要的不同型号的产品、客户的个性化需求（如颜色等要求）开始做物料计划。再将物料计划送至供应商，供应商就会按照所需要的品种、时间、地点将物料送到。一般在大型的跨国公司中，所有的物料都应该先集中在物料配送中心，再根据生产线的需要送到生产线进行生产或装配。这个过程中产生的物流系统需求多为派生需求。

如果需求来自许多客户，而且各客户之间彼此独立，需求量只构成企业物流总量的一小部分，此时的需求就具有随机性，被称为独立需求。第三方物流企业的物流服务需求就是一种市场需求，具有一定的独立性。

2.2.2 物流系统需求预测方法

物流系统需求预测可以根据预测对象、预测条件的不同而选择不同的定性或定量预测方法。对于独立需求，采用统计预测的方法会有较好的效果，多数短期预测模型都要求预测对象是独立随机的；对于派生需求，只要最终产品的需求确定，就可以得出非常准确的派生需求的预计值。

（一）定性预测方法

定性预测法主要是利用直观材料，依靠管理者的个人经验和综合分析能力，对未来的发展方向和趋势做出推断，其优点是直观、简单、适应性强。

如果影响物流需求预测的相关信息是模糊、主观、无法量化的，而且相关的历史数据很少，或是与当前的预测相关程度很低，往往只能选择定性的方法进行预测。由于我国企业对物流的认识起步较晚，物流方面的统计工作尚不完善，而且也没有适当的数据可以使用，定性预测方法在一定范围内将会得到较多使用，而且中期到长期的预测更多选用此方法。

1. 德尔菲法

德尔菲法又名专家意见法或专家函询调查法，是依据系统的程序，采用匿名发表意见的方式，即团队成员之间不得互相讨论，不发生横向联系，只能与调查人员产生联系，反复地填写问卷，以集结问卷填写人的共识及收集各方意见。该种方法可用来构造团队沟通流程，应对复杂任务和难题，且不受地区人员的限制，应用广泛，费用较低，尤其是在如今通信更加便捷的情况下，可以加快预测速度和节约预测费用。由于可以分别对不同的专业人士进行调查，能够得到各种不同的观点和意见，在历史资料不足或不可测因素较多时尤为适用，如长期预测或对新产品的预测。

这种方法也存在着一定的不足，预测结果取决于专家的学识、经验、心理状态和对预测问题感兴趣的程度，易受主观因素影响。如果所预测的产品或客户群分散于不同地区，由于聘请的专家可能对具体情况不熟悉，预测结果有时可能不完整或不切合实际。

2. 主观概率法

物流需求属于不确定事件，一般不能在相同的条件下重复试验，主要依靠决策者在掌握的信息条件下根据自身的认识水平，对有关事件做出主观的判断，这样往往会以某一个数值作为事件发生的可能性的量度，通常称之为主观概率。在主观概率的基础之上做出预测就称为主观概率法。例如，某企业的物流管理者认为未来3年内物流市场需求增长的可能性为80%，这就是一个主观的判断。

（二）定量预测方法

定量预测方法需要有较为翔实的数据作为基础，预测方法的复杂程度也大不一样。一般来讲，物流管理者不必考虑太过复杂的预测方法。因为预测信息，尤其是销售预测是企业各部门都需要的，预测活动常常是由企业的营销、规划或经济分析部门进行的。中期或长期的物流需求预测通常是由其他部门提供给物流管理者。物流管理者的工作一般仅限于协助库存控制、运输计划、仓库装卸计划及类似活动的管理部门做短期预测。而且大量的实证研究表明，没有哪种预测方法具有明显的优势，模型的预测精度也不会因为模型的复杂程度增加而自动提高。根据方法的复杂性、潜在作用和数据的可得性，物流管理者只需具体考虑几种预测方法。由于定量预测方法在相关课程中已经有所阐述，在此不再赘述。

2.3　物流需求分析指标

为了掌握物流需求，在确定物流需求分析内容的基础上，要建立一套物流需求分析的指标体系。只有确定了物流需求分析指标，才能有的放矢地去获取数据，才能对其相关影响因素进行分析，才能采取措施来保证分析的准确性。确定物流需求分析内容，通俗地讲就是确定物流需求分析要分析哪些内容、从哪些方面来分析。分析指标是分析内容的外在表示（如量化指标是分析内容的数量表示），即用定性或定量指标来表达要分析的内容。因此在确定了物流需求分析内容的基础上，建立物流需求分析指标体系，才能准确把握物流需求，为基础设施、设备的系统建设提供依据。

2.3.1　物流需求指标设计原则

（一）绝对量与相对量互补原则

绝对量反映客观事物的规模、水平、大小。相对量是两个绝对量的比值，可以反映一定经济条件下的经济规律。物流需求的绝对量反映了一定时期物流需求的规模，但没有反映出这种规模同时期的经济发展水平。物流需求的绝对量与经济发展水平的比值则反映了在一定经济发展条件下，物流需求变化的规律。二者各有利弊，相互补充，缺一不可。

（二）双重功能原则

由于物流需求的指标具有评价标准和控制标准双重功能，在设计指标体系时，须具备下列三个条件：

1. 定量性

评估指标体系的每一个指标都应尽量定量。客观世界是复杂多变的，只有加以定量才能有所把握，才能分析评估，定量性也是为了适应建立模型进行数学处理的需要。对于缺乏数据的指标，要么改用其他相关指标，要么利用专家意见，进行软数据的硬化。

2. 可比性

每一个指标都应该是确定的、可以比较的。所谓比较，包括三方面的含义，即指标可以在不同的方案间、不同的范围内、不同的时间点上（或等长的时间间隔）进行比较。

3. 可查性

任何指标都应该是相对稳定的，可以通过一定的途径、一定的方法观察到。物流系统是极其复杂的，并不是所有的现象都可以调查测量。任何易变、振荡、发散及无法把握的指标都不能列入物流需求分析指标体系。

（三）静态与动态兼顾原则

流量和存量的分析是静态分析，反映了一定时间点上变量的水平。趋势分析、增量分析和投入产出分析都是动态分析，变量的动态特征是变量变化规律的主要方面。

（四）理论性与科学性相统一原则

目前我国物流服务市场还处于供小于求的状态，所以社会物流服务的发生量或者说物流服务费用的发生量并没有反映物流需求的实际量。但从供需均衡角度来看，物流服务的发生量与物流需求的实际量具有相似的规律。对物流服务的趋势研究和增量研究，能够在一定程度上说明物流需求特定的说服性和科学性。

2.3.2 物流需求的数量指标

1. 运输量

物流需求分析指标

物流活动的核心内容是运输，运输量从一个角度可以反映出物流的规模，表现为三方面：①发生量，即伴随着本地区生产的产品销往外埠而产生的运输量，包括整车运输量和零担运输量；②吸引量，即伴随着本地区吸引的外埠产品销往本地区而产生的运输量；③中转量，即以本地区为中转基地，其他产销地之间的运输量。其中，前两项指标直接与区域内批发市场的规模有关，重点在大型批发市场，即年交易额在亿元以上的批发市场。

同时还应分析各种运输方式下运输量的比例。这一数据对区域物流规划中物流方式的规划直接相关，涉及的主要指标有民航运输量、公路运输量、水路运输量、铁路运输量以及集装箱运输量在总运输量中的比例。这几个指标可以反映出各种物流方式物流量是否失衡，是在区域物流规划中应关注的重要指标。在规划中可以按照各种物流运输方式的特点协调其主要服务类型，合理规划和布局各种物流运输方式，以达到各种物流运输体系的协调与共同发展，共同构筑起适应新经济要求的高效率的物流运输体系。

2. 仓储量

物流是一个综合概念，它是由各个不同环节组成的，所以仅用运输量一个指标难以反映出物流总量规模。因此，在物流规划中还应分析物流需求中的仓储量，即社会经济活动对仓储的需求量。仓储量分析需要一些数据，从统计资料中只能获得库存额的相关数据，可以在分析物流费用时使用，但还需进一步了解仓库空置率，仓库功能情况，传统型仓库的数量，是否准备或正在转型，新建的现代化仓库的数量、面积、结构、设施、设备、位置分布等，从而计算出仓库容积和仓库占地面积等指标。通过这些指标，可以计算出物流中心和配送中心对仓库的需求量以及其规模。

3. 装卸搬运量、包装量、流通加工量

装卸搬运、包装和流通加工是物流的重要环节，也是物流服务的重要增值环节。目前的增值服务主要有货物拆拼箱、重新贴签/重新包装、包装/分类/并货/零部件配套、产品退货管理、组装/配件组装、测试和修理等，这些增值服务功能较单一，水平还比较薄弱。需要很好地考察和分析地区物流增值服务的发展情况，并与全国的平均水平做比较。在区域物流规划中同样也要对装卸搬运量、包装量、流通加工量进行分析，但是这些物流需求量在目前情况下是比较难进行分析的，因为目前缺乏有关这方面的数据。

4. 配送量

在进行区域物流规划时，不管是面对城市居民的日常生活用品的配送，还是面对企事业单位的配送都是一项重要的内容。在确定不同类型的配送中心的规模时，必须对配送量进行详细的分析。物流需求中的配送量与许多因素有关，因此在分析这一指标时应首先分析城市化水平与城市居民的消费水平。

城市化水平可用城市化人口比例即非农业人口占总人口的比重来表示。较高的城市化水平促进了区域经济的发展，人均可支配收入的平均增长速度加快，城市居民购买力增强，多样化、个性化和高度化的生活需求逐步显现，带动了城市居民生活所需小商品配送量的增长。这一指标影响着城市内的商品配送量的大小。所谓城市内的商品配送量，是指城市内的物流中心到用户之间的商品运输量，具有小批量、多品种和高频率的特点。

在进行区域规划时，还应分析区域社会商品零售总额，这一指标并不是衡量物流需求量中配送量的直接指标，但是，这一指标从侧面反映了区域物流规划中城市配送量的大小，影响着配送中心的数量与功能定位。因此，在区域物流规划中应通过分析年社会商品零售总额及其变化趋势，反映出消费市场对物流需求量中的配送量的需求及其趋势。

5. 信息处理量

随着社会的发展和科学技术的进步，信息在物流活动中发挥着越来越重要的作用。在物流活动中也伴随着信息的处理。特别是很多企业追求"零库存"，这就需要及时处理产供销的一系列信息。了解这一方面的需求，可以从信息平台的建设和运行情况进行调研，各

地统计部门也可以对信息产业增加值等物流统计指标进行定期统计。

2.3.3 物流需求的质量指标

1. 服务水平指标

服务水平是指满足客户次数或缺货次数与总服务次数的比率（%），用准时装运率表示。准时装运率是指装载的货物按要求的、指定的或协议的发运日期离开指定地点的百分比。

2. 满意程度指标

满意程度是指满足要求数量与总服务数量的比率（%），用拣选准确率、存货准确率、品类完成率表示。其中，拣选准确率是指正确的货物种类占货物类型总数的百分比。存货准确率是指存货定期盘点且账物相符的数量占定期盘点并核对的存货的百分比。品类完成率是指被拣选完成的产品种类占被拣选产品种类总数的百分比。

3. 交货水平指标

交货水平是指按期交货次数与总交货次数的比率（%），用准时交货率表示。准时交货率是指货物在要求的、指定的或协议的交货日期交付到客户接收地点的百分比。

4. 交货期质量指标

交货期质量是指实际交货与规定交货期相差的日数（d）或时数（h），用订货完成率表示。订货完成率就是指装运完成的订货量占订货总数的百分比。

5. 货物完好率指标

货物完好率是指交货时完好物品量与总交货物品量的比率（%），也可以用"货损货差赔偿费率"，即货损货差赔偿费金额与同期业务收入总额的比率（%）来表示。为了易于计算，一般用差错损失率表示。差错损失率是指在指定地点发生的货物丢失与损坏占总的吞吐量的百分比。

2.3.4 物流需求相关性指标

1. 物流价值比率

$$物流价值比率=物流价值/当年GDP$$

其中，物流价值就是商品在经过流动前后的价值之差再扣除物流成本后所创造的价值，它反映了物流活动的时间、空间以及加工附加效果。

物流价值比率是衡量国民经济中物流业发展程度的重要标志，它是物流业创造的价值与国内生产总值的比值，这个比值越大，说明物流业发展程度越高。

2. 物流成本比率

$$物流成本比率=物流成本/流通费用$$

其中，物流成本是储存、运输、包装、信息处理等各环节费用之和。物流成本比率越小，说明物流活动整体效益越高，它对提高物流活动整体效益越有参考的价值。

3. 物流成本价值比

$$物流成本价值比=物流成本/物流价值$$

物流成本价值比是一个非常重要的物流效益指标，类似于生产领域的投入产出比，这个指标越低，说明物流效益越好，反之亦然。

4. 物流需求强度

$$物流需求强度=分析期物流需求量/分析期国民生产总产值$$

物流需求强度是指某一经济发展阶段物流需求总量与国民经济总产值的比，反映了单位国民生产总产值产生的物流需求，表示国民经济发展对物流需求的强度。

5. 物流需求弹性

物流需求弹性是一个相对量，是指一定时期内物流需求增长率相对于经济总量增长率的比值的绝对值，它反映了物流需求增长相对于经济增长的变化强度或变化幅度，即国民经济单位增长率对物流需求的影响程度，或物流需求相对于国民经济增长的敏感程度。

单元小结

物流系统规划的战略选择取决于物流系统的需求状况，因此，本单元在对物流战略进行分析以后又紧接着对物流系统的需求进行了分析，包括许多方面的内容，如战略目标、战略内容、战略选择等。企业的物流系统规划战略必须首先立足于客户需求。利用一系列的需求分析指标对客户服务绩效的"可能、能力和质量"进行评估。每个服务性质的最终实现，是直接与物流系统规划相关的。在构建物流系统的过程中，通过物流战略设计、战略选择，调节物流系统供求关系，并且最终实现物流系统战略目标的最优。

案例分析

根据案例内容分析：××汽车集团的主营业务供应链运营需求主要有哪些？AA集团的物流系统规划方案能否满足××汽车集团的业务需求，并助力其业务发展？

AA集团为××汽车集团设计物流系统规划方案

××汽车是一家生产新能源车辆的主机厂，目前的车型以城市电动公交车为主，年产量可达到8 000台。从汽车行业的整体生产实施过程分析，公交车生产企业是典型的按订单生产模式，非常适合进行供应链管理一体化操作。××汽车自创办以来，一直自主实施供应链管理及物流相关活动操作，随着核心业务的不断拓展，供应链的专业化问题逐渐成为制约企业进一步提升核心竞争力的瓶颈。

AA集团是国内较早成立的专业化物流集团，经过近30年发展，已成为一家5A级物流企业。AA集团具备全国交通运输网络运营能力，在全国50多个大中城市拥有自营的物流中心，运营车辆超过4万台，管理的库房面积近40万平方米，集团业务包括供应链运营、金融服务、保险服务、仓储服务、运输配送服务等。

依照AA集团现有的资源优势，其可以在××汽车主机厂上游供应、厂内物流输送、汽车销售整车运输、供应商货款预付等供应链各个环节多方向、全方位开展服务对接，为××汽车从事车辆生产解决后顾之忧。

具体方案如下：

1. 供应链金融介入服务

AA集团依托自身强大的资金优势和融资能力，可以为优质的供应链客户提供相应的供应链金融产品服务。

服务方案1：根据客户需求，双方可以共同建立配件采购项目组，由AA集团负责××汽车配件的代采购业务，满足主机厂的生产需求，缩短供应商的结算周期。

服务方案2：根据对供应商的综合评估，可对信誉度较高、产品质量好、长期合作的优质供应商提供金融服务，提升主机厂与优质供应商的合作关系，充分保障主机厂的安全生产。

2. 代供应商管理库存

AA集团依托自身高效信息化平台、云仓服务系统和公路运输平台，可为主机厂和配件供应商之间提供一站式点对点全方位服务。依照主机厂的生产计划，可以将供应商的配件通过公路运输服务、云仓存储服务、AA网络信息化服务等整合性服务，准确地运输到场边库中。运用信息化平台、精准的运输服务时效，可以计算出供应商合理的供货存储量，在保障主机厂需求的同时，降低供应商库存成本与库存风险，提升供应商反应效率，降低供应商供货成本。

3. 运用云仓模式联合管理库存

通过集成化、层次化推进多供应商联合管理库存模式，打造资源整合平台，建立统一的供应服务输出标准，运用联合服务的模式，为所有配件供应商进行整合性服务，降低所有供应商的服务成本。

4. 建立快速响应与有效性响应体系

将AA集团信息化平台与××汽车ERP平台的数据对接，可以进行快速响应和有效性响应分析，帮助××汽车建立高效的信息化反应平台，将生产计划与物流需求计划快速准确地传递出去，通过AA同城易货嘀平台，准确地将场边库云仓存储的供应商配件送到××汽车的线边库中，为配件上线做好准备。

5. 整车运输服务

依托AA集团的全国物流公路港节点，干线公路运输平台、AA网络信息化平台，可为××汽车提供全国范围内到任意城市的高效公路运输服务，满足××汽车全国范围内的整车运输需求和配件运输需求。

6. 配件组装件流通加工及售后维护服务

利用遍及全国的网络，AA集团可提供多种多样的供应链增值化服务，可为××汽车提供配件组合件的代加工业务，可为××汽车进行全国范围的配件更换与初级维护业务，降低××汽车的实施成本。

7. 信息化增值服务

AA运用其强大的信息化处理能力，可以为××汽车提供大数据分析支撑能力，通过一定时期的物流运作数据，可为××汽车的供应链运营数据与运营能力提供分析，帮助××汽车查找生产与供应链管理过程中出现的问题，提升企业的综合治理能力，帮助企业提高产能绩效。

课后习题

A. 理论训练题

一、判断题

1. 城市内的商品配送量具有小批量、多品种和高频率的特点。 （　　）

2. 物流价值比率是衡量国民经济中物流业发展程度的重要标志，它是物流业创造的价值与国内生产总值的比值，这个比值越低，说明物流业发展程度越高。 （　　）

3. 物流RPA继承着人工智能技术的智能、快速、便捷的基因，将智能化手段与传统物流业务相结合，实现物流业务处理流程的全面自动化与智能化。 （　　）

4. 德尔菲法是采用背对背的通信方式征询专家小组成员的意见而形成的定量预测方法。 （　　）

5. 一般地，当采购或生产的规模经济效益超过拉动式管理法实现的最低总库存水平带来的收益时，就可以采用推动式库存管理法。 （　　）

二、单项选择题

1. 企业制定物流战略的最终目标是降低成本、提高利润水平和改进（　　）。

　　A. 服务　　　　　B. 生产　　　　　C. 质量　　　　　D. 流程

2. 物流系统规划的战略分析，即通过提高流程价值和顾客服务进而实现竞争优势的统一、综合和集成的计划过程，通过对物流服务的未来需求进行预测和对整个供应链的资源进行管理，从而（　　）。

　　A. 降低物流成本　　　　　　　　B. 激活物流资源

　　C. 提高物流服务准确率　　　　　D. 提高客户满意度

3. （　　）包含了当前物流市场和潜在物流市场的需求分析。

　　A. 物流服务需求分析　　　　　　B. 仓储布局分析

      C．运输需求分析   D．物流系统需求分析

    4．如果一个企业决定要兴建一处新的仓库以改进客户服务，那么为分配资源及采取特定行动的时机做出决定的规划属于（   ）。

      A．战略规划   B．战术规划   C．运作规划   D．应急规划

    5．物流系统规划将对象视为一个相互联系的有机整体，从全局的观点出发，进行全面的综合分析，从整体上进行（   ）。

      A．微观控制   B．宏观控制   C．战略控制   D．战术控制

三、多项选择题

    1．物流需求质量指标包括（   ）。

      A．服务水平指标   B．满意程度指标

      C．交货水平指标   D．交货期质量指标

      E．货物完好率指标

    2．物流需求的指标具有（   ）双重功能。

      A．服务标准   B．评价标准   C．控制标准   D．质量标准

    3．物流需求指标体系设计时，应满足的条件包括（   ）。

      A．定量型   B．可比性   C．可查性   D．可靠性

    4．物流系统规划的战略内容包括（   ）。

      A．客户服务水平战略   B．设施选址战略

      C．运输战略   D．库存战略

      E．成本战略

    5．物流需求相关指标包括（   ）。

      A．物流价值比率   B．物流成本比率

      C．物流成本价值比   D．物流需求强度

      E．物流需求弹性

四、简答题

    1．物流系统规划的战略目标有哪些？

    2．物流需求的质量指标有哪些？

B．技能训练题

    某电气制造厂生产需要近4 000种原材料和外购零部件，其单价从几分钱到上千元不等，年用量从几十件到几万件不等。如果你去该厂应聘供应部主管，请你谈谈对供应部库存管理工作的设想。

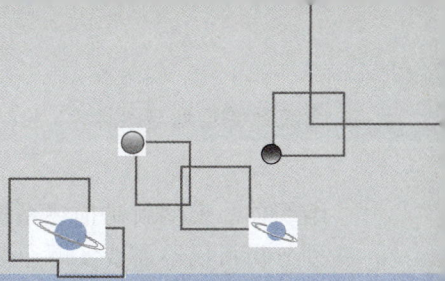

单元三

物流规划仿真技术

素质目标

- 养成永不言弃，勤勉努力的职业精神
- 培养科学创新思维能力

知识目标

- 认识物流系统仿真常用的软件和各自的异同点
- 理解并掌握物流系统仿真的步骤
- 掌握物流系统建模的原则、方法与步骤

能力目标

- 能够运用物流系统规划的仿真知识开展物流系统应用分析
- 能够利用一款常用物流软件进行建模仿真分析

3.1 物流系统仿真概述

计算机仿真技术是目前比较先进的物流系统研究方法，它最大的优点之一是，不需实际安装设备和实施方案即可验证设备的导入效果以及比较各种方案的优劣。在工程建设或作业流程的规划设计阶段发现和解决问题，对降低物流系统投资成本起到重要作用。

计算机离散事件系统仿真始于20世纪50年代后期，但真正开始普遍应用是在PC开始普及并且市场上PC专用仿真软件登场后的20世纪80年代。随着中国改革开放的实行，世界制造业中心开始向中国转移，计算机离散事件系统仿真也开始快速发展。现在，计算机离散事件系统仿真的重要性逐渐被经营者、管理者所认识。

目前，仿真技术越来越多地应用于物流行业，主要表现为：物流设备厂家在进行产品销售或投标时，客户往往要求用系统仿真进行导入前的性能评估；物流咨询、物流规划设计公司规划新建物流中心场地时，被要求用仿真进行方案比较的情况也越来越多；自动仓库、自动分拣等大规模系统导入前，也经常被要求仿真。

3.1.1 系统仿真的概念

仿真的主体就是作为分析对象的现实系统和它的模型。所谓系统，就是由各种个体或元素（如货架、叉车、货物、输送机、操作员等）组成的，为实现某种目的而功能化的组织体。模型就是描述系统、分析系统的一种表现方式。模型是系统的实验装置，利用模型分析可以不需要实际组装现实系统，或无须停止正在利用中的系统，无须冒风险就能进行实验。建立模型的目的是模拟系统的运行过程，以便获取系统性能参数等信息。所谓仿真，就是操作模型，解析模型动态行为和性能的一种分析问题、解决问题的技术。

系统仿真是建立在控制理论、相似理论、信息处理技术和计算技术等理论基础之上的，以计算机和其他专用物理效应设备为工具，利用系统模型，对真实或假想的系统进行实验，并借助于专家经验和知识、统计数据以及信息资料，对实验结果进行分析研究，最后做出决策的全过程。

3.1.2 系统仿真的分类

系统仿真一般分为连续系统仿真和离散系统仿真，连续系统的状态变量是连续变化的，离散系统的状态变量只在离散时间点上发生变化。

连续系统表现为系统状态在时间上平滑变化。为了反映连续系统的特征，仿真模型建立一组由状态变量组成的状态方程，可以是代数方程、微分方程、函数方程、差分方程等。这些方程描述了各状态变量与主要变量和仿真时间的关系。在此基础上，按一定的规则将仿真时间一步一步向前推移，对方程进行求解与评价，计算和记录各个状态变量在各个时间点的具体数值。通过连续系统的仿真模型，对系统状态在整个时间序列中的连续性变化进行动态的描述。

离散系统是指系统状态在某些随机时间点上发生离散变化的系统。引起状态变化的行为称为"事件"，因而这类系统是由事件驱动的。事件发生是随机的，因而离散系统一般都具有随机特征。系统的状态变量往往是离散变化的。离散仿真模型主要分为以事件为基础的仿真模型、以活动为基础的仿真模型和以过程为基础的仿真模型三种。

以事件为基础的仿真模型是通过定义系统在事件发生时间的变化来实现的。以活动为基础的仿真模型是通过描述系统的实体所进行的活动，以及预先设置导致活动开始或结束的条件来实现的，这种仿真模型适用于活动延续时间不定，并且由满足一定条件的系统状态而决定的情况。以过程为基础的仿真模型综合了以事件为基础的仿真模型和以活动为基础的仿真模型的特点，描述了作为仿真对象的实体在仿真时间内经历的过程。

通常所指的物流系统属于离散事件系统，本单元所涉及的系统仿真都是指离散事件系统仿真。

3.1.3 物流系统仿真的核心

物流系统的仿真是典型的离散事件系统仿真，其核心是时钟推进法和事件调度法。

时钟推进法用于表示仿真时间的变化。在离散事件系统仿真中，由于系统状态变化是不连续的，在相邻两个事件发生之前，系统状态不发生变化，因而仿真钟可以跨越这些"不活动"周期，从一个事件发生时刻推进到下一个事件发生时刻。由于仿真实质上是对系统状态在一定时间序列的动态描述，因此，仿真钟一般是仿真的主要自变量，仿真钟所显示的是系统仿真所花费的时间，而不是计算机运行仿真模型的时间。因此，仿真时间与真实时间成比例关系。像物流系统这样复杂的机电系统，仿真时间比真实时间短得多。真实系统实际运行若干天、若干月，用计算机仿真只需要几分钟即可。

事件调度法是面向事件的方法，是指通过定义事件，并按时间顺序处理所发生的一系列事件。记录每一事件发生时引起的系统状态的变化来完成系统的整个动态过程的仿真。由于事件都是预定的，状态变化发生在明确的预定的时刻，所以这种方法适用于活动持续时间比较确定的系统。通过建立事件表，将预定的事件按时间发生的先后顺序放入事件表中，仿真钟始终推进到最早发生的事件时间，然后处理该事件发生时的系统状态的变化，进行用户所需的统计计算。这样，仿真钟不断从一个事件发生时间推进到下一个最早发生的事件时间，直到仿真结束。

3.1.4　系统仿真的步骤

无论仿真项目的类型和研究目的有何不同，仿真的基本过程大体相同，共包括如下九个步骤：

（1）问题的定义。一个模型不可能呈现被模拟的现实系统的所有方面，有时是因为太昂贵。另外，一个表现真实系统所有细节的模型也常常是非常差的模型，因为它过于复杂和难以理解。因此，明智的做法是：先定义问题再制定目标，再构建一个能够完全解决问题的模型。在问题定义阶段，对于假设要谨慎。

（2）制定目标和定义系统效能测度。目标是仿真项目所有步骤的导向，系统的定义是基于系统目标的。在定义目标时，详细说明那些将要被用来决定目标是否实现的效能测度是非常必要的。每小时的产出率、工人利用率、平均排队时间及最大队列长度是最常见的系统效能测度。

最后，列出仿真结果的先决条件，如必须通过利用现有设备来实现目标，或最高投资额要在限度内，或产品订货提前期不能延长等。

（3）描述系统和列出假设。简单地说，仿真模型可以缩短完成工作的时间。系统中的时间被划分为处理时间、运输时间和排队时间。无论模型是一个物流系统、制造工厂还是服务机构，明确定义以下建模要素都是非常必要的：资源、流动项目（产品、客户或信息）、路径、项目运输、流程控制、加工时间、资源故障时间等。

在这些工作完成之后，需要对现实系统做模型描述，它远比模型描述向计算机模型转化困难。现实向模型的转化意味着已经对现实有了非常彻底的理解，并且能将其完整地描述出来。假如描述系统这一步做得好，则建立模型这一阶段将会非常简便。

（4）列举可能的替代方案。在仿真研究中，确定模型早期运行的可置换方案是很重要的，它将影响模型的建立。在初级阶段考虑替代方案，模型可能被设计成可以非常容易地替换系统。

（5）收集数据和信息。收集数据和信息，除了为模型参数输入数据外，在验证模型时还可以提供实际数据与模型的效能测度数据进行比较。数据可以通过历史记录、经验和计算得到。这些粗糙的数据将为模型输入参数奠定基础，同时将有助于一些需要较精确输入参数数据的收集。

（6）构建计算机模型。在构建计算机模型的过程中，首先构建小的测试模型来证明复杂部件的建模是合适的。一般建模过程是阶段性的，在进行下一阶段建模之前，验证本阶段的模型工作是否正常，在建模过程中运行和调试每一阶段的模型。抽象模型有助于定义系统的重要部分，并可以引导为后续模型的详细化而进行的数据收集活动。在实践中，可能对同一现实系统构建多个计算机模型，每个模型的抽象程度都不相同。

（7）验证和确认模型。验证模型的功能是否与设想的系统功能相符合，产品的处理时间、流向是否正确等。确认范围更广泛，它包括：确认模型是否能够正确反映现实系统，评估模型仿真结果的可信度有多大等。

（8）运行可替代实验。当系统具有随机性时，需要对实验做多次运行。因为随机输入导致随机输出。

（9）输出分析。报表、图形和表格常常被用于输出结果分析。同时需要用统计技术来分析不同方案的模拟结果。一旦通过分析结果并得出结论，要能够根据模拟的目标来解释这些结果，并提出实施或优化方案。

3.2 物流系统建模的原则、方法与步骤

3.2.1 物流系统建模的一般原则

1. 简单性原则

从实际应用的观点来看，由于在建立模型的过程中忽略了一些次要因素和某些非可测变量的影响，因此实际的模型已经是一个简化了的近似模型。一般而言，在实用的前提下，模型越简单越好。

2. 清晰性原则

一个复杂的系统是由许多子系统组成的，因此对应的系统模型也是由许多子模型构成的。在子模型之间除共享研究所必需的信息外，互相吻合要尽可能少，机构要尽可能清晰。

3. 相关性原则

系统模型中应该只包括系统中与研究目的有关的信息。因为无关的信息会增加模型的复杂性，给模型的求解增加困难，虽然这些信息也许对模型并没有什么危害。但是，建立模型所需要的有关信息要根据所研究的具体问题来决定。模型所反映的内容随着其使用目的的不同而不同。在模型建立过程中一直存在着这样一种矛盾：如果要求模型的精确性就必然会增加模型的复杂性，给求解带来困难，因此找出两者的最佳组合是实际系统建模的关键。

4. 准确性原则

在进行建模时，一定要保证所收集的用于建模的信息的准确性，以及所对应的原理和理论的正确性及其明确应用范围。

5. 可辨别性原则

所谓可辨别性，是指建立的模型必须有确定的描述或表示方式，而在这种描述方式下与系统性质有关的参数必须是唯一确定的解。如果一个模型无法估计参数，那它就是一个无用的模型，毫无使用价值。

6. 集合性原则

建立模型还需要考虑的另一个问题是能把个别的实体组成更大的实体的程度，这就是所谓的模型的集合性。

3.2.2　物流系统模型的分类

物流系统模型按结构形式的不同可分为实物模型、图式模型、模拟模型和数学模型。

1. 实物模型

实物模型是现实系统的放大或缩小，它能表明系统的主要特性和各个组成部分之间的关系，如桥梁模型、电机模型、城市模型等。这种模型的优点是比较形象，便于共同研究问题；缺点是不易说明数量关系，特别是不能揭示要素的内在联系，也不能用于优化。

2. 图式模型

图式模型是用图形、图表、符号等把系统的实际状态加以抽象的表现形式，如网络图（层次与顺序、时间与进度等）、物流图（物流量、流向等）。图式模型是在满足约束条件的情况下在目标值中选取较好值的一种方法，它在选优时只起辅助作用。当维数大于2时，该种模型作图的范围受到限制。其优点是直观、简单；缺点是不易优化，受变量因素的数量的限制。

3. 模拟模型

用一种原理上相似而求解或控制处理容易的系统，代替或近似地描述另一种系统，前者称为后者的模拟模型。它一般有两种类型：一种是可以接受输入并进行动态表演的可控模型，如对机械系统的电路模拟，可用电压模拟机械速度，用电流模拟力，用电容模拟质量；另一种是用计算机和程序语言表达的模拟模型，如物资集散中心站台数设置的模拟、组装流水线投料批量的模拟等。通常用计算机模型模拟内部结构不清或因素复杂的系统是行之有效的。

多穿密集存储系统运营仿真

4. 数学模型

数学模型是指对系统行为的一种数量描述。当把系统及其要素的相互关系用数学表达式、图像、图表等形式抽象地表示出来时，就是数学模型。它一般分为确定型和随机型、连续型和离散型。

3.2.3　物流系统建模方法

物流系统建模方法主要有以下几种：

1. 优化方法

优化方法是运用线性规划、整数规划、非线性规划等数学规划技术来描述物流系统的数量关系，以便求得最优决策。由于物流系统庞大而复杂，建立整个系统的优化模型一般比较困难，而且用计算机求解大型优化问题的时间较长且费用太高，因此优化模型常用于物流系统的局部优化，并结合其他方法求得物流系统的次优解。

2. 模拟方法

模拟方法是利用数学公式、逻辑表达式、图表、坐标等抽象概念来表示实际物流系统的内部状态和输入输出关系，以便通过计算机对模型进行试验，通过试验取得改善物流系统或设计新的物流系统所需要的信息。虽然模拟方法在模拟构造、程序调试、数据整理等方面的工作量大，但由于物流系统结构复杂，不确定情形多，所以模拟方法仍以其描述和求解问题的能力优势，成为物流建模最常用的方法。

3. 启发式方法

启发式方法是针对优化方法的不足，运用一些经验法则来降低优化模型的数学精确程度，并通过模仿人的跟踪校正过程求取物流系统的满意解。启发式方法能同时满足详细描绘问题和求解的需要，比优化方法更为实用；其缺点是难以知道什么时候好的启发式解已经被求得。因此，只有当优化方法和模拟方法不必要或不实用时，才使用启发式方法。

除了上面三种主要方法，还有其他的建模方法，如用于预测的统计分析法、用于评价的加权函数法、功效系统法及模糊数学方法。

3.2.4 物流系统建模步骤

1. 准备

复杂系统的准备阶段是繁重而琐碎的，首先要了解问题的实际背景，明确题目的要求，收集各种必要的信息。

2. 模型认识

在明确建模目的、掌握必要资料的基础上，通过对资料的分析计算，找出起主要作用的因素，经必要的精炼、简化，提出若干符合客观实际的假设，使问题的主要特征凸显出来，忽略问题的次要方面。一般来说，一个实际问题不经过简化假设就很难转化成数学问题，即使可能，也很难求解。不同的简化假设会得到不同的模型。假设不合理或过分简单，会导致模型失败或部分失败，于是应该修改和补充假设；假设过分详细，试图把复杂对象的各方面因素都考虑进去，可能很难甚至无法继续下一步工作。通常做假设的依据，一是出于对问题内在规律的认识，二是来自对数据或现象的分析，也可以是二者的综合。做假设时既要运用与问题相关的物理学、化学、生物学、经济学等方面的知识，又要充分发挥想象力、洞察力和判断力，善于辨别问题的主次，尽量将问题线性化、均匀化。经验在这里也常起重要作用。

3. 模型构成

根据假设以及事物之间的联系，利用适当的数学工具去刻画各变量之间的关系，建立相应的数学结构即数学模型。把问题化为数学问题，要注意尽量采取简单的数学工具，因为简单的数学模型往往更能反映事物的本质，而且也容易使更多的人掌握和使用。

4. 模型求解

利用已知的数学方法来求解上一步所得到的数学问题，往往还要进一步简化或假设。

在难以得出解析解时，也应当借助计算机求出数值解。

5. 模型分析

对模型解答进行数学上的分析，有时要根据问题的性质分析变量间的依赖关系或稳定状况，有时是根据所得结果给出数学上的预测，有时则可能要给出数学上的最优决策或控制，无论哪种情况都常常需要进行误差分析以及模型对数据的稳定性或灵敏性分析等。

6. 模型检验

分析所得结果的实际意义，与实际情况进行比较，看是否符合实际，如果结果不够理想，应该修改，补充假设或重新建模，有些模型需要反复几次，不断完善。

7. 模型应用

所建立的模型必须在实际中应用才能产生效益，在应用中不断改进和完善。应用的方式自然取决于问题的性质和建模的目的。

3.3　系统仿真在物流系统研究中的应用

物流系统研究中系统仿真技术的应用主要有以下几个方面。

3.3.1　物流系统设施规划与设计

一个复杂的物流系统由自动化立体仓库、自动导航车（Automated Guided Vehicle，简称AGV）、缓冲站等组成。系统设计面临的问题是，如何确定自动化立体仓库的货位数；确定AGV的速度、数量；确定缓冲站的个数；确定堆垛机的装载能力（运行速度和数量），以及规划物流设备的布局，设计AGV的运行路线等。生产能力、生产效率和系统技术常常都是设计的重要指标，而它们又是互相矛盾的，需要选择技术性与经济性的最佳结合点。

3.3.2　物料控制

生产加工的各个工序，其加工节奏一般是不协调的，物料供应部门与生产加工部门的供求关系存在矛盾。为确保物料及时、准确地供应，最有效的办法是在工厂、车间设置物料仓库，在生产工序间设置缓冲物料库，来协调生产节奏。

传统的库存管理往往是依靠预测来安排生产。由于预测和实际存在差距，往往造成不同程度的损失，如库存不足或过剩、仓库空间紧缺、设备超负荷工作等。使用仿真技术可以确定企业何时需要再订货、订多少货以及仓库的选址、布局和容量大小，可以先建立企业库存系统的模型，在此基础上对各种库存管理模型进行仿真，对仿真结果进行分析评价，从而确定最优策略。使用模拟仿真技术不仅可以动态地模拟入库、出库、库存及各种设施、资源的使用情况，避免资金、人力和时间的浪费，更重要的是，它可以为库存管理提供有效的、科学的依据，使企业根据需要准确地掌握入库、出库的时机和数量，合理地规划和安排仓库及各类设施、资源，实现库存成本的最小化。

图3-1为输送系统仿真模型。

图3-1　输送系统仿真模型

3.3.3　物料运输调度

　　物流系统的功能包括合理地调度运输工具、规划运输路线、保障运输线路的通畅和高效等。运输调度策略存在着多种可能性，那么，在实际应用中应如何评价各种策略的合理性呢？怎样才能选择一种较优的调度策略呢？例如，在一条生产装配线上，几个装配工位同时提出送料申请，应该先为哪个工位服务呢？如果按装配顺序先给前面工序的工位送料，似乎是合理的。但是这样一来，就会造成运输路线的堵塞，使后面的工序选料延续时间太长，因此也可能是不合理的。运输调度是物流系统最复杂、动态变化最大的环节，很难用解析方法描述运输的全过程，系统仿真是比较有效的方法。建立运输系统模型，运行此模型，再用动画将运行状态、道路堵塞情况、物料供应情况等生动地呈现出来。仿真结果还提供各种数据，包括车辆的运行时间、利用率等。物流系统仿真模型如图3-2所示。通过对运输调度过程的仿真，调度人员对所执行的调度进行粗略检验和评价，就可以采取比较合理的调度策略。

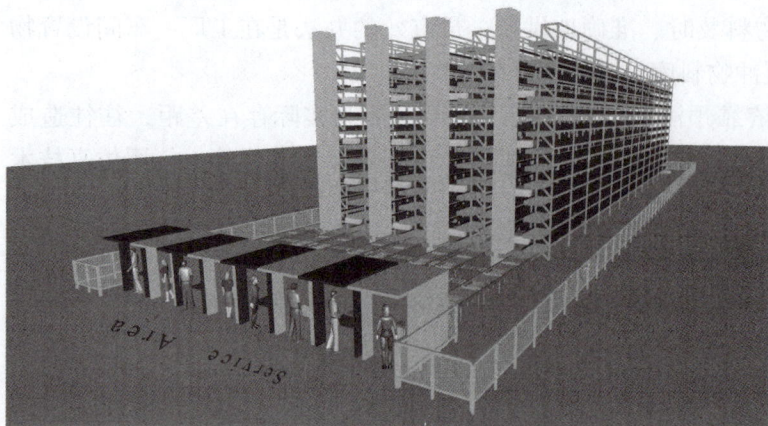

图3-2　物流系统仿真模型　　　　　　　　　　货到人拣选系统仿真设计演示

3.3.4　物流成本估算

物流过程是非常复杂的动态过程。物流成本包括运输成本、库存成本、装卸成本等，核算与花费的时间有直接关系。物流系统仿真是对物流整个过程的模拟，过程中每一个操作的时间通过仿真被记录下来。因此，人们可以通过仿真，统计物流时间的花费，计算物流的成本。这种计算物流成本的方法，比其他数学方法更简便、更直观，而且可以建立起成本与物流系统规划、成本与物料库控制、成本与物料运输调度策略之间的联系。从而用成本核算结果来评价物料系统的各种策略的方案，保证系统的经济性。实际仿真中，物流成本的估算可以与物流系统其他统计数据同时得到。

系统仿真技术在物流系统研究中的应用，除以上四个主要方面外，还包括对物流系统进行可靠性分析等。

3.4　物流仿真软件的应用

3.4.1　仿真软件的种类

由于物流系统变得越来越复杂并且内部关联性越来越强，仿真是公司检验其物流系统决策是否真的高效的唯一可用技术。在设计一个新的工厂或系统，或对已有系统添加新设备或重新优化时，仿真都是非常必要的。同时仿真还用来为直觉决策和经验决策提供支持。市面上有许多专用仿真软件，如何正确地选择软件至关重要。

下面列举一些典型的用于物流系统设计评价的仿真软件。

（1）RaLC系列仿真软件是专业面向物流的3D动画仿真软件系统，利用RaLC系列仿真软件可以把现有的或正在规划中的物流配送中心或工厂在计算机系统中建成虚拟的3D动画模型，以实现一种以3D动画为载体，集作业人员、搬运设备、货物、控制系统、数据信息为一体的系统仿真平台，3D动画模型具体、形象、生动，可以非常真实地表现整个物流系统，为物流配送中心的规划建设和改善提供有效的可视化手段。RaLC系列仿真软件采用模块化设计理念，注重数据分析，提供直观结果，以创造利润和产业化为根本目标，具有易学易用、专业实用等特点。

RaLC系列仿真软件中包含了仓库、配送中心的所有设备。不仅有普通仓库用到的货架、叉车、手推车等常用设备，还有先进的自动智能设备，如自动码垛机、AGV无人搬运车、自动轨道车、升降机、自动立体仓库、移动货架、旋转货架等与现实物流环境相对应的物流设备模块，只需点击按钮就可以添加设备。

RaLC系列仿真软件具有完全中文化界面，可以非常直观、简单地建模。作为简单的建模操作与三维立体动画模型，RaLC系统仿真软件价格低，性价比高。该软件将系统仿真领域的应用纳入视野，提供解决方案，这是其特点。

（2）Flexsim是由美国的Flexsim Software Production公司出品的一款商业化离散事件系统仿真软件。Flexsim采用了VR技术的三维仿真软件，不仅带有强大的数据统计分析功能，还有强大的三维显示功能。

Flexsim的实际应用非常广泛，凡是属于排队系统问题、库存系统问题和网络系统问题，都可以用Flexsim通过建模仿真来进行分析解决。Flexsim所研究的对象多是复杂的多目标系统。

Flexsim将众多目标的不同参数组合的运行结果输出后供分析者比较，选取较优的参数组合。由于Flexsim提供了逼真图形动画显示和完整的运作绩效报告，因此可以在比较短的时间内对各种方案的优劣进行比较，同时对预选的各种方案进行评估。

（3）Arena软件是美国System Modeling公司于1993年基于SIMAN仿真语言开发的仿真软件，Arena提供了建模、仿真、统计分析、优化和结果输出的基本功能，可以用来模拟服务、制造、运输、物流、供应链和其他系统。

动态模型的表达方式包括基于数据的数学模型和基于供应链行为的流程图模型，两种方式相互结合可以定义供应链仿真进程，从而进行仿真试验。

（4）AutoMod是由美国Brooks Automation公司推出的、目前市面上比较成熟的三维物流仿真软件，它提供了真实的三维虚拟现实动画，使得仿真模型非常容易被理解；提供了高级的特征让用户可以仿真复杂的活动，如机器人、设备工具、生产线等的运动和转动。该软件还为用户提供了一套基于专家系统的物料搬运系统，是根据工业自动化的真实运行经验开发的，包括输送链、自动存储的检索系统、桥式起重机等。它是目前市面上比较成熟的三维物流仿真软件，主要包括三大模块：AutoMod、AutoStat和AutoView。AutoMod模块提供给用户一系列的物流系统模块来仿真现实世界中的物流自动化系统，主要包括输送机模块（辊道、链式）、自动化存取系统（立体仓库、堆垛机）、基于路径的移动设备（AGV等）和起重机模块等。AutoStat模块为仿真项目提供增强的统计分析工具，由用户定义测量和实验的标准，自动在AutoMod的模型上执行统计分析。

AutoMod软件的主要特点是：基于发展策略运算法则的最优化分析，用户为得到更好的模型来定义输出审核，多CPU并行计算等。AutoView允许用户通过 AutoMod 模型定义场景和摄像机的移动，产生高质量的AVI格式的动画。用户可以缩放或者平移视图，或使摄像机跟踪一个物体的移动，如叉车或托盘的运动。AutoView可以提供动态的场景描述和灵活的显示方式。

（5）AnyLogic软件应用广泛，是对离散、连续和混合系统进行建模和仿真的工具。它的应用领域包括控制系统、交通、动态系统、制造业、供给线、后勤部门、电信、网络、计算机系统、机械、化工、污水处理、军事、教育等。AnyLogic是一款独创的仿真软件，它以最新的复杂系统设计方法论为基础，是第一个将UML语言引入模型仿真领域的工具，也是唯一一种支持混合状态应用，能有效描述离散和连续行为语言的商业化软件。AnyLogic提供客户独特的仿真方法，即在任何Java支持的平台，或是Web页上运行模型仿真。AnyLogic是唯一可以创建真实动态模型的可视化工具，即带有动态发展结构且组件间互相联络的动态模型。

（6）Intrax软件能够提供许多对建模和仿真实际流程的管理决策。它能够被用于执行战略（与战略视图、同步价值链视图相符合的现实）、流程改善（工序改善、生产力改善、节约循环时间）、同步价值链（动态视觉、同步约束）和日常运作（可对比的运作替代方案、短期变化影响力的检验）等的模拟和仿真。

（7）Modelsim是由美国Mentor公司推出的一款仿真软件，可以用来仿真港口、铁路网和航空管制等的管理模型，还可以用来仿真制造系统。

（8）Promodel软件可以对制造系统、仓储系统和物流系统的评估、规划或重新设计进行仿真。其典型应用包括精益制造的实施、周期事件的降低、设备投资决策、产出率和能力分析、识别和排除瓶颈、资源分配等。

（9）Quest软件为用户提供了图形和可视化分析功能。它能够对输送设备、缓存设备、泊位、自动存储和检验系统等进行准确的建模和仿真。

（10）SDI Supply Chain软件提供了研究需求、物流决策和生产策略的变化对系统核心效能指标冲击的工具。它用于对从原始资源到最终用户的整个供应链进行动力学建模，包括全面的规划、资源、制造和配送过程。它允许用户设计、分析和研究诸如供应链能力、物品调度、资源调度、系统周转率和可靠性等领域的问题。它还可以对供应商、仓库和运输渠道网络建模。供应链绩效从产品总成本、系统滞留成本、系统滞留时间和可靠性等方面进行度量。

3.4.2　主流仿真软件的比较分析

以上介绍的物流系统仿真软件都是市场上比较常见的，都具有虚拟现实、动态反映物流现实状况的显著优势，应用表现形式灵活多样，有些已经在某一领域得到了深入的应用，有些则应用比较广泛。这些仿真软件有各自的特色和优势。现将主流的仿真软件简单比较、分析如下。

AnyLogic、RaLC、Flexsim、Arena、Promodel和AutoMod都是市场上常见的软件，Arena、Promodel都没有三元虚拟的技术，而AutoMod三元虚拟技术只限于线框模型而非实质模拟技术。AnyLogic、RaLC、Flexsim是一个完整的3D模拟软件，能准确地反映模拟对象的真实状况。AnyLogic、RaLC、Flexsim无论是在模拟驱动器、统计数字分析还是在图形代表方面都能反映实际的情况。但是RaLC的分析功能不如Flexsim强大。AnyLogic所有的建模技术都是以UML-RT、Java和微分方程为基础的，这些也是目前大多数用户所熟悉的技术。如果你比较喜欢快速的"拖拉式"建模，AnyLogic也提供了一系列针对不同领域的专业库，用户可以用所见即所得的方式建立仿真模型。

相对而言，AutoMod注重数据的统计分析，而忽略模型的可视性。虽然这些软件也带有三维显示功能，但是功能不强，而且该方面的功能模块过于昂贵，所以实际应用并不是很多。而RaLC的价格较低，性价比最高。

RaLC是面向对象的，物流配送中心所使用的基本搬运器械设备即对象物体，包括各种传送带、自动立体仓库、平板车等，以及工作人员的装卸、分拣、叉车搬运等，全部以按钮的形式摆放在工具栏上，而且可以根据对象物体的配置来进行设计，用于对各类对象物体的形状和规格建模也十分直观。RaLC软件在建模速度、建模操作简便性、模拟和仿真精确度等方面都处于世界领先水平。

Flexsim仿真软件的资料、图像和结果都可以与其他软件实现无缝连接，这是其他软件不能做到的。因此可以从Excel读取资料和输出资料，可以从生产线上读取现时资料以作分析。Flexsim也允许用户建立自己的模拟对象，所以一些跨国公司可以共用这些对象而无须重新建立。

Arena是一种管理系统模拟软件，主要是针对动态模型进行设计的，它可以对连续的、离散的以及连续离散的混合模型进行模拟操作。Arena擅长系统地可视化描述结构和进程，即实现动态模型仿真与可视化。动态模型的仿真要素由实体、属性、全局变量、资源、排队、统计计算、事件、仿真钟和仿真的开始与停止构成。

Promodel是用于构造多种生产、服务和系统模型的计算机仿真工具，也是在美国和欧洲使用最广的系统仿真件之一。作为当前流行的一种仿真工具，它能够精确地建立一个经营过程并使其资源配置具有随机性、不确定性和相互依赖性，具有为设计者提供连续或离散的、动态和随机的分析功能。该工具可应用于商业、工业、计算机科学、交通运输等领域，从小型工厂、大型工厂生产到先进的弹性制造系统，皆可容易地规划及仿真。

大多数仿真软件在运行结束后可根据统计数据生成仿真报告，仿真报告以表格、直方图、饼状图等形式表示，显示了各个物流设备的利用率、空闲率、阻塞率等数据。用户可根据仿真报告提供的数据对物流系统的优缺点进行判断，做出科学决策。

3.4.3　物流仿真软件的选择

随着仿真技术的推广，人们对仿真软件的性能要求不再满足于单一的分析功能或动画演示功能。一个优秀的仿真软件，除具有多样的分析功能和卓越的3D动画功能外，还必须具有操作容易性、部件化、扩展性、优化功能和连接性等多方面功能。选择仿真软件时，必须从分析功能、动画功能、操作容易性、售后服务等方面来对软件进行评价。

企业使用仿真软件的目的不同，评价项目的侧重点也不一样。如果仿真的目的是改善企业内部的业务，则侧重点应该放在分析功能、售后服务等项目上；如果仿真的目的是做咨询工具，则侧重点应该放在分析功能、动画功能等项目上；如果仿真的目的只是做演示工具，则侧重点应该放在动画功能等项目上。

选购仿真软件时，除了评估软件本身的功能特性外，评估软件供应商（或代理店）的仿真技术水平也是不可缺少的。具有丰富经验的物流仿真专家，不仅能帮助你掌握仿真技术（包括仿真基础知识、数据取得及数据分析方法、建模、仿真分析等内容），而且这些专家经过多年的仿真建模积累了大量的数据（如物流现场各种作业时间的数据等），这些数据（经验）对于计划中的系统建模是必不可少的。所以，选择拥有丰富经验的物流仿真专家的软件供应商（或代理店），将尽快地使仿真软件的作用得到充分发挥，快速地回收软件投资成本。

单元小结

现代系统仿真技术和综合性仿真系统已经成为所有复杂系统，特别是高技术产业必不可少的分析、研究、设计、评价、决策和训练的重要手段。随着计算机技术的发展和新的建模方法、建模手段的产生，物流仿真软件也将逐渐完善并更广泛地应用到物流系统设计、规划当中。

案例分析

运用Anylogic软件模拟在物料搬运库中打包盒子的过程。

物料盒子打包与输送

一、初步了解物流规划仿真软件中物料搬运库的常用模块及空间标记组件

1. ▬▬▬输送带：以图形方式定义传输器的空间标记形状，如图3-3所示。用户可以用输送带来模拟物料的运输过程，可将输送带连接在一起组成输送网络。在传输网络中，被输送的物料总是沿着原点和目的地之间的输送带移动。

图3-3　输送带

2. ▥转盘：用户可通过转盘以任何角度连接无限数量的输送带，如图3-4所示。

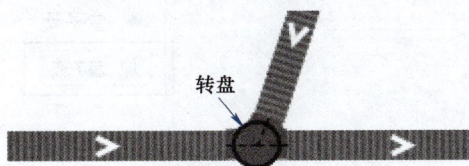

图3-4　转盘

3. ⛭站：可放置在输送带上作为一个简单的加工站，如图3-5所示。

图3-5　站

4. ⬌输送带上的位置：可在此设置条件限制物料进入或离开下一条输送带，如图3-6所示。

图3-6　输送带上的位置

5. ⛓输送：将传入的物料通过输送机传送到指定的目标点。在一个传输网络中控制物料移动的唯一模块。一条路线可以被指定为一条输送带或自动计算的路线。如果路线是自动计算的，用户可以在路线中设置或避免一些特定的输送带。

二、实施步骤

（一）创建模型

1. 新建模型如图3-7所示。

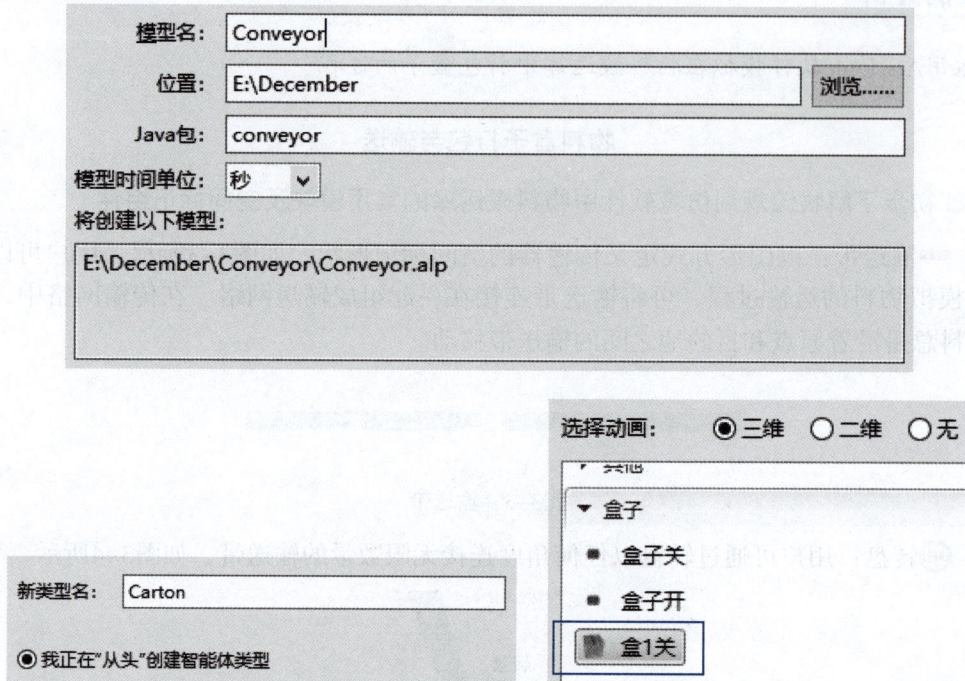

图3-7　新建模型

2. 在Carton图形编辑器中更改比例，如图3-8所示。

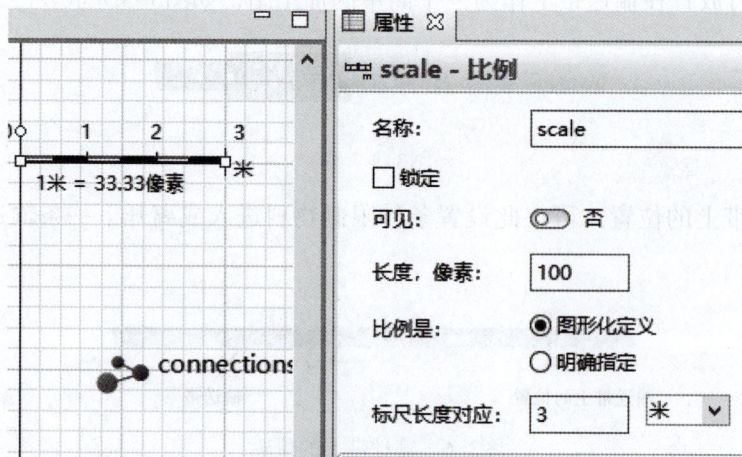

图3-8　更改比例

3. 在Carton图形编辑器中添加两个变量并更改属性，如图3-9所示。

更改属性如下：

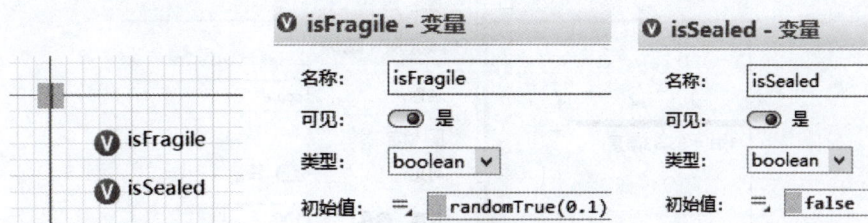

图3-9 添加变量并更改属性

（二）添加流程

1. 转到Main图形编辑器中，拖动物料搬运库中的Convey、Source、Sink和Select Output 模块，并修改名称，如图3-10所示。

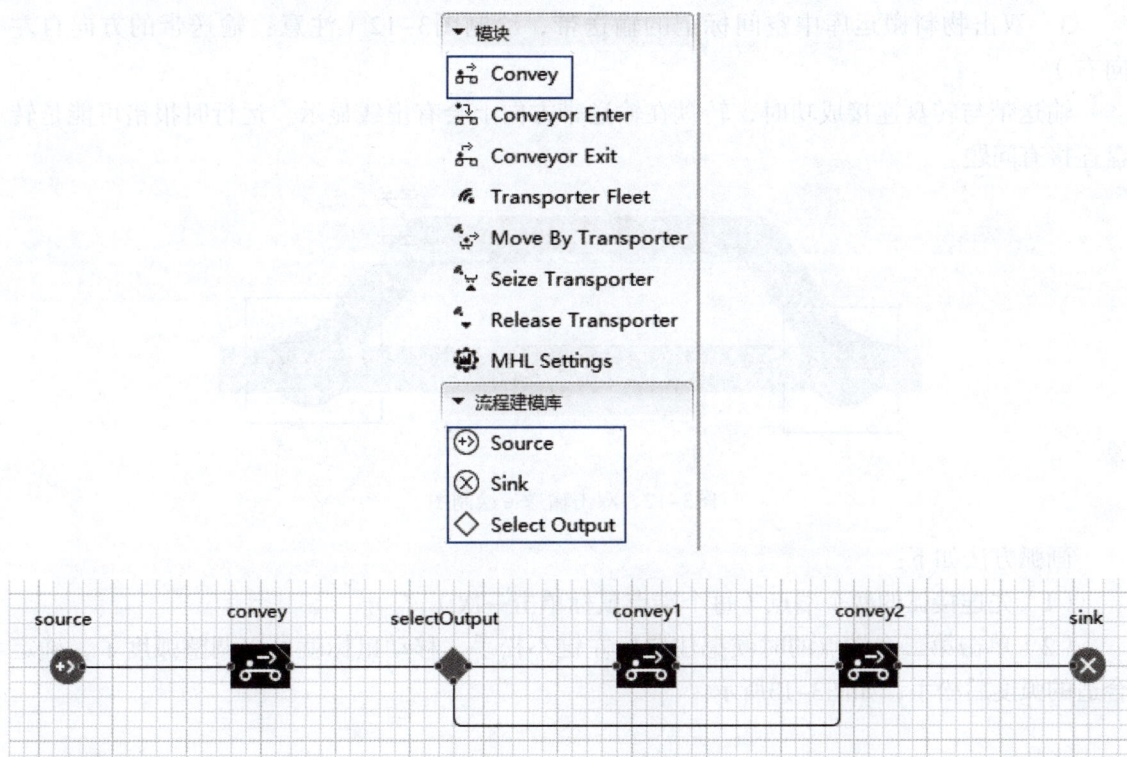

修改名称如下：

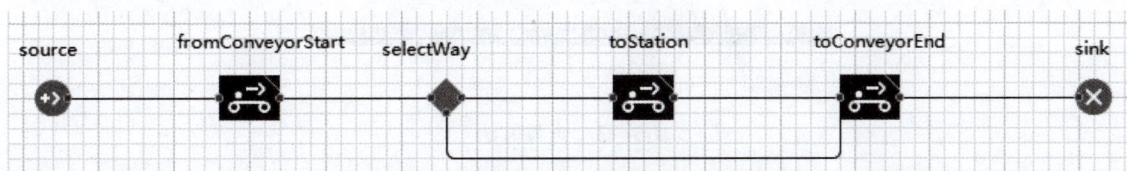

图3-10 拖动模块并修改名称

2．在Main图形编辑器中更改比例，如图3-11所示。

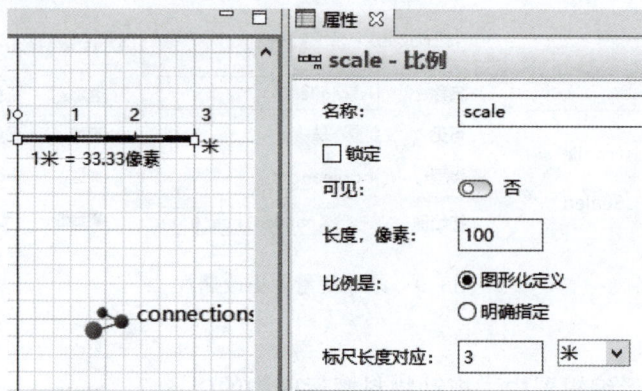

图3-11　更改比例

3．双击物料搬运库中空间标记的输送带，绘制图3-12（注意：输送带的方向自左向右）。

输送带与转盘连接成功时，转盘在输送带方向上会有虚线显示。运行时报错可能是转盘连接有问题。

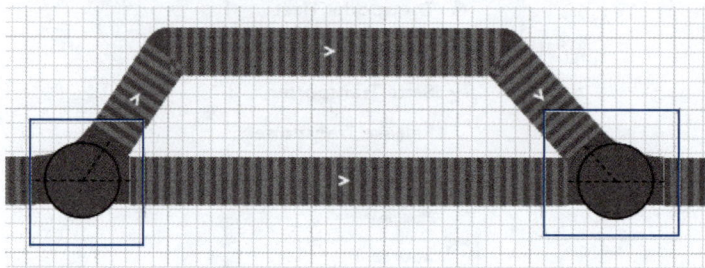

图3-12　双击输送带绘制图

画弧方法如下：

（1）先连接弧的两个端点（每个端点鼠标单击一次）。

（2）单击第二个端点的时候摁住鼠标左键不松手，移动鼠标就可以调整弧度了，确定合适的弧度后松手，如图3-13所示。

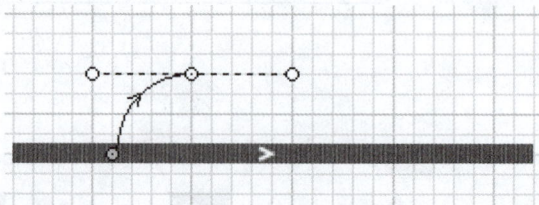

图3-13　画弧方法

两条输送带连接时会默认产生转盘，若没有产生转盘，用户可自行添加：拖动物料搬运库中的转盘到两条输送带的连接点处，转盘中心与连接点重合时连接点会变绿，此时松手即可连接成功，如图3-14所示。

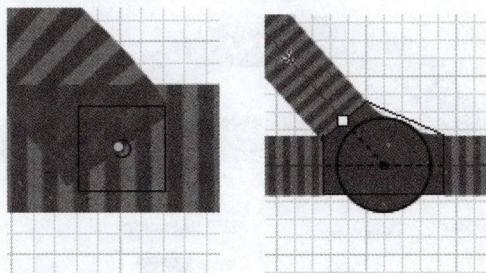

图3-14　添加转盘

4. 拖拽一个输送带上的位置到左侧转盘的左侧并选择物料项类型，如图3-15所示。

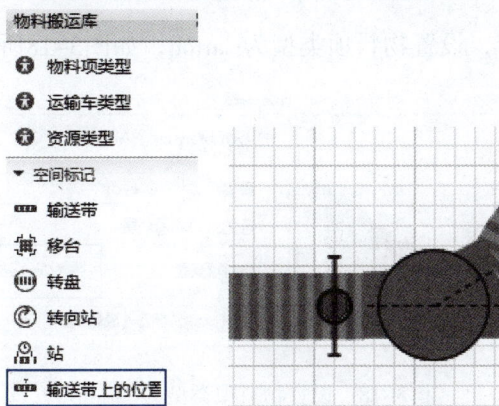

选择物料项类型：

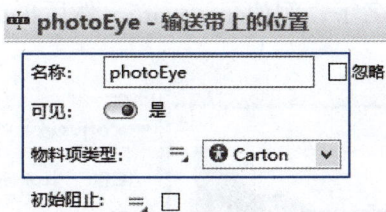

图3-15　拖拽"输送带上的位置"并选择物料项类型

5. 添加两个站到中间两条输送带上，如图3-16所示。

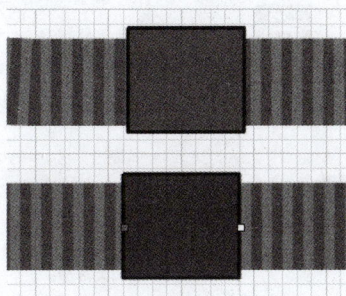

图3-16　添加两个站

效果如图3-17所示：

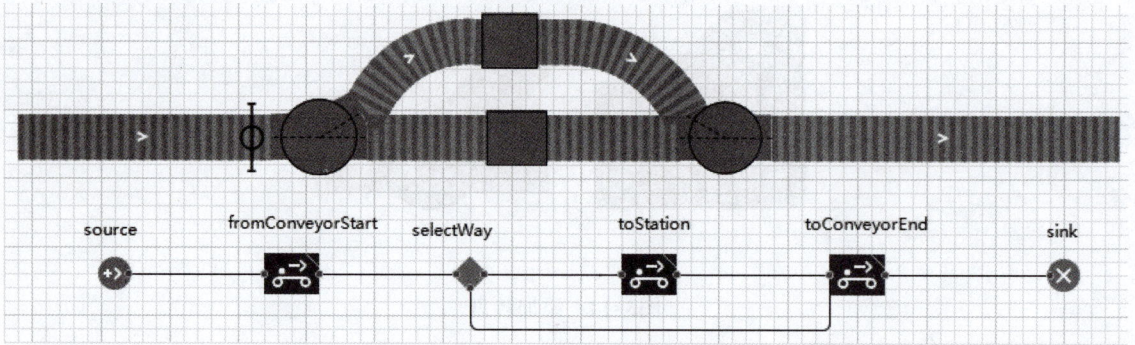

图3-17　添加两个站的效果

6.选中第一条输送带，设置物料项类型为Carton，如图3-18所示。

图3-18　设置物料项类型为Carton

7.更改左侧输送带名字conveyor，右侧输送带名字conveyor3。若名字与其他输送带名字重复，先更改其他输送带的名字，例如conveyor5，然后再更改此输送带名字。如图3-19所示。

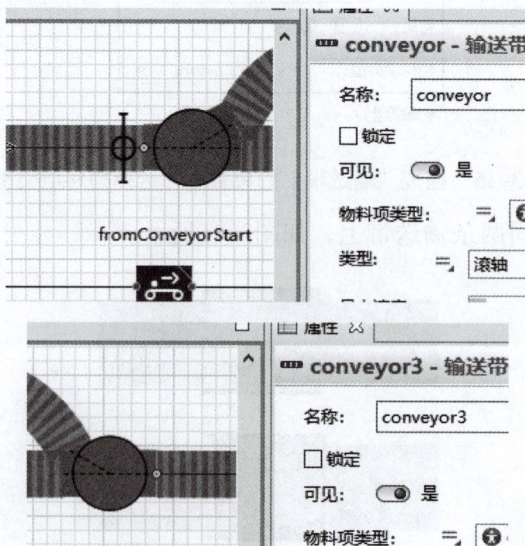

图3-19　更改输送带名字

8．更改各模块的属性，如图3-20所示。

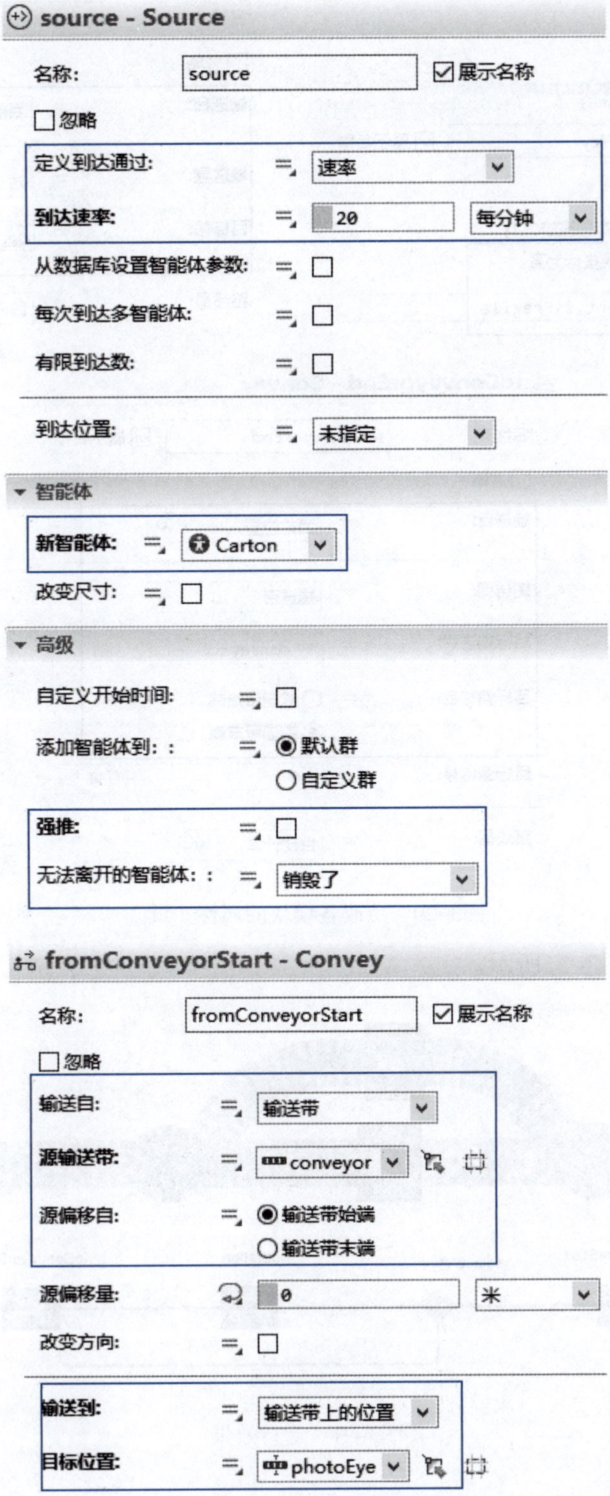

图3-20　更改各模块的属性

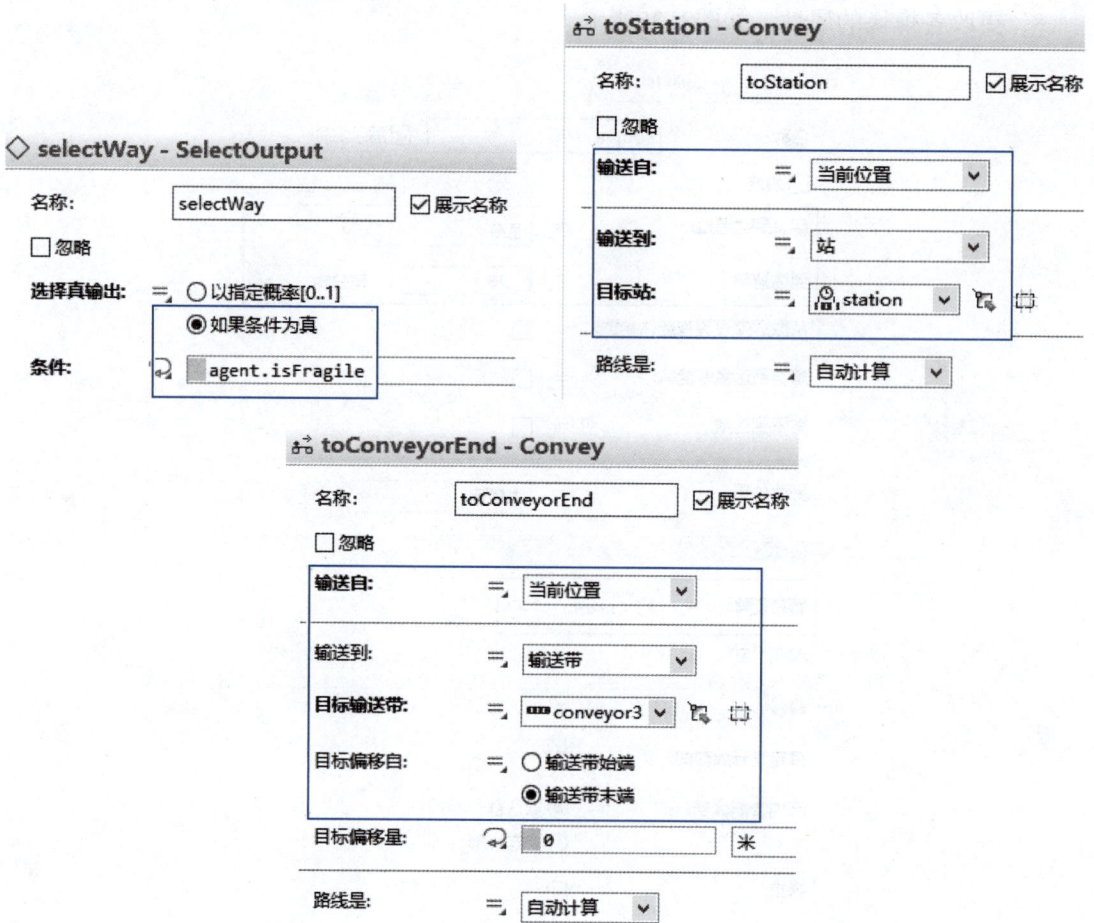

图3-20　更改各模块的属性（续）

9. 运行效果如图3-21所示。

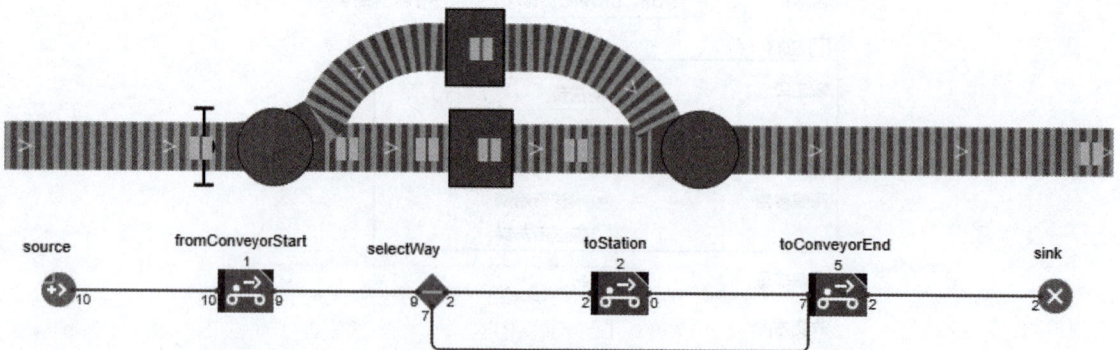

图3-21　运行效果

（三）完善动画

1. 转到Carton图形编辑器中，拖拽三维物体中的盒1开到图形编辑器中，选择自动缩放三维物体，如图3-22所示。

2．打开演示面板，双击矩形，如图3-23所示。

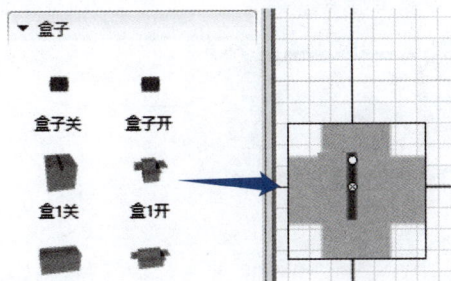

图3-22　拖拽盒1开到图形编辑器中　　　　图3-23　双击矩形

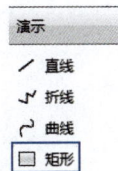

（1）绘制矩形，如图3-24所示。

（2）更改矩形属性，如图3-25所示。

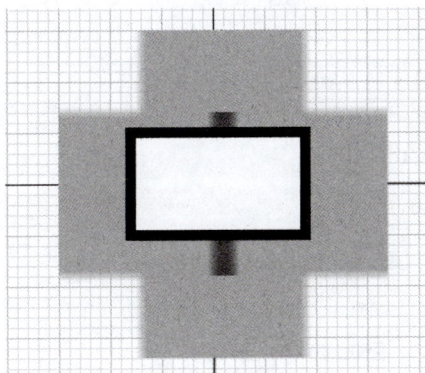

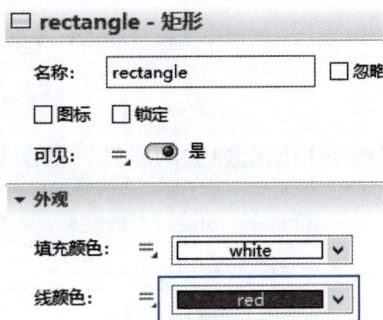

图3-24　绘制矩形　　　　　　　　图3-25　更改矩形属性

3．拖拽演示面板中的文本到图形编辑器中，如图3-26所示。

（1）更改属性，如图3-27所示。

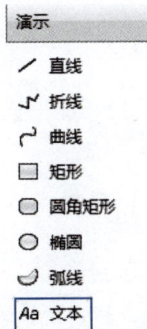

图3-26　拖拽"文本"至图形编辑器　　　　图3-27　更改属性

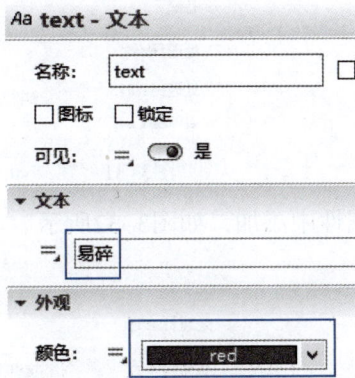

（2）效果如图3-28所示。

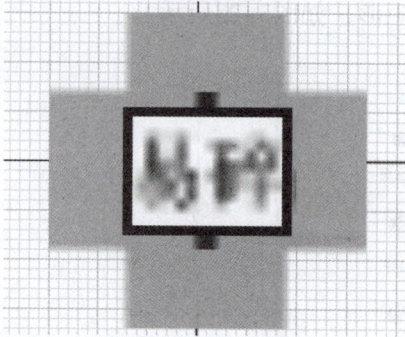

图3-28　效果图

4. 选中矩形和文本，右键单击创建组，更改组的属性，如图3-29所示。

图3-29　更改组的属性

5. 更改盒1开和盒1关的属性，如图3-30所示。

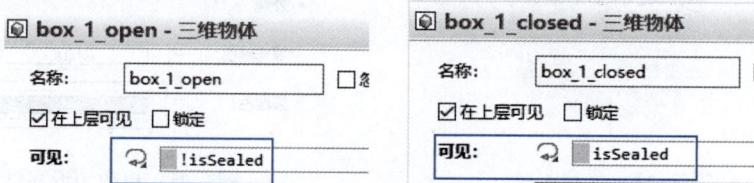

图3-30　更改盒1开和盒1关的属性

6. 转到Main图形编辑器中。在站station属性中添加，如图3-31所示。

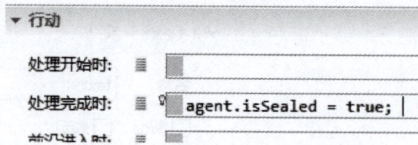

图3-31　在站station属性中添加

在站station1属性中添加，如图3-32所示。

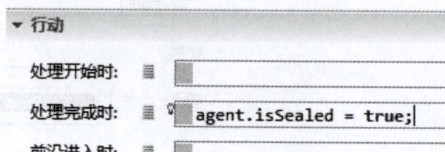

图3-32　在站station1属性中添加

7. 运行效果如图3-33所示。

另辟蹊径：发力新一代柔性
物流自动化解决方案

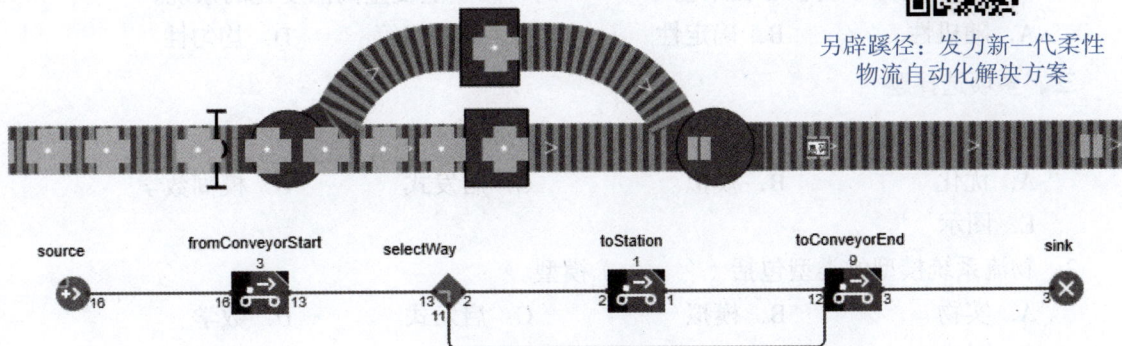

图3-33　运行效果图

课后习题

A. 理论训练题

一、判断题

1. 本单元所涉及的系统仿真都是指离散事件系统仿真。（　　）

2. 物流建模的可辨别性原则是指建立的模型必须有确定的描述，而在这种描述下与系统性质有关的参数必须是不确定的解。（　　）

3. 运输过程是物流系统最复杂、动态变化最大的活动，很难用解析方法描述运输的全过程。（　　）

4. AnyLogic 所有的建模技术都是以 UML-RT、Java 和微分方程为基础的，可实现快速的"拖拉式"建模。（　　）

5. 本单元阅读与分析中，复合型物流中心仿真设计是在仓储型物流中心仿真设计基础上完成的。（　　）

二、单项选择题

1. 在物流仿真过程中建立的模型在一般情况下是一个（　　）模型。

　A. 精确　　　　　B. 函数　　　　　C. 不定　　　　　D. 近似

2. 物流系统建立模型最常用的主要方法是（　　）。

　A. 优化方法　　　B. 模拟方法　　　C. 启发式方法　　　D. 模糊数学方法

3. 在物流系统仿真软件中，设备库齐全、价格便宜且具有3D动画功能的软件是（　　）软件。

　A. RaLC　　　　　B. Flexsim　　　　C. Supply　　　　　D. Arena

4. 专门的供应链仿真软件是（　　　　）软件。

  A．RaLC   B．Flexsim   C．Supply   D．Arena

5. 离散系统是指系统状态在某些（　　　　）的时间点上发生离散变化的系统。

  A．随机性   B．确定性   C．间隔相等   D．均匀性

三、多项选择题

1. 物流系统建立模型的方法包括（　　　　）方法。

  A．优化   B．模拟   C．启发式   D．模糊数学

  E．图示

2. 物流系统模型的类型包括（　　　　）模型。

  A．实物   B．模拟   C．启发式   D．数学

  E．图式

3. 具有3D动画功能的物流仿真软件有（　　　　）软件。

  A．RaLC   B．Flexsim   C．Supply   D．Arena

  E．Promodel

4. RaLC系列仿真软件（　　　　）。

  A．设备齐全   B．价格低

  C．具有全中文界面   D．专业性强

  E．动态性好

5. 使用模拟仿真技术可以（　　　　）。

  A．实现零库存   B．准确地掌握库存数量

  C．实现库存成本最小化   D．实现库存总成本最小化

  E．实现运输总费用最小化

四、简答题

1. 简述物流建模的步骤。

2. 物流系统研究中系统仿真技术的应用主要有哪几个方面？

B．技能训练题

1. 对仓储出入库模型的决策做出正确的描述。

2. 在仓储分拣系统模型与仿真中，需要建立哪些模型？

Module 3

模块三

物流相关子系统规划与设计

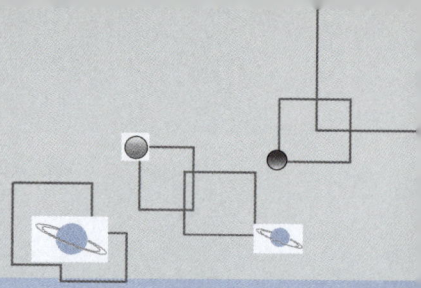

单元四

物流网络规划与设计

素质目标

- 培养物流管理者的全局意识和精益求精的工匠精神
- 培养统筹规划、理论联系实际的职业能力
- 培养逆向思维的创新意识

知识目标

- 了解物流网络的内涵和构成要素
- 掌握常见的物流网络结构类型
- 理解并掌握物流网络规划设计的方法和步骤

能力目标

- 能针对企业环境开展物流网络结构的影响因素
- 能够运用所学知识结合案例，对一般的物流系统进行网络规划和设计

4.1 物流网络概述

4.1.1 物流网络的内涵

物流网络规划就是为了更加有效地进行物流活动，充分、合理地实现物流系统的各项功能，使物流网络在一定外部和内部条件下达到最优化，而对影响物流系统的内部、外部各要素及其之间的关系进行分析、权衡，确定物流网络的设施数量、容量和用地等。

网络优化的总目标是网络总成本的最小化，包括库存持有成本、仓储成本和运输成本，同时满足客户对反应时间的要求。

物流网络就是物流的过程，如果按其运动的程度即相对位移大小观察，它是由许多运动过程和许多相对停顿过程组成的。如果把物流系统抽象为由节点（Nodes）与链（Links）连成的网络，网络中的链代表不同库存点之间货物的移动。这些库存点（零售店、仓库、工厂或者供应商）就是节点；任意一对节点之间可能有多条链相连，代表不同的运输形式、不同的路线。

和物流网络相配合的还有信息网络，其中包含了关于销售收入、产品成本、库存水平、仓库利用率、运输费率及其他方面的信息。信息网络中的链由两点之间的信息传输构成。信息网络中的节点则是不同的数据采集点和处理点，如进行订单处理、拣选、备货和更新库存记录等。

产品流动网络与信息网络并不是相互独立的，它们结合在一起就形成了物流系统。在设计时必须作为一个整体来考虑，否则将影响系统的优劣。例如，信息网络的设计将会影响系统的订货周期，进而影响产品网络各节点保有的库存水平。库存的可得率会影响客户服务水平，进而影响订货周期和信息网络的设计。同样，其他各因素之间的相互依赖也要求从整体的角度看待物流系统，而不能将其分开考虑。

总的来说，物流网络设计的是以追求最低物流总成本与最大客户满意度为出发点，同时从整合物流角度来规划整体的物流网络，努力降低物流成本与提高服务水平。当前我国物流网络构建不平衡，资源没得到充分利用是导致我国物流成本远高于发达国家的重要因素。随着信息网络和电子商务的发展，物流网络的布局将成为物流发展的瓶颈。

2017年国务院发布《营造良好市场环境推动交通物流融合发展实施方案》，要求全面提升交通物流综合效率效益。如果从物流网络构建角度来理解，国家推动建设健康有序、协调发展的物流业，就是推动物流网络平台建设，这标志着我国物流业正在从追求速度规模时代进入质量效益提升的新时代。

2021年7月，为贯彻落实党中央、国务院有关决策部署，高质量推进"十四五"时期国家物流枢纽建设工作，推动形成以国家物流枢纽为核心的骨干物流基础设施网络和骨干多式联运体系，支撑构建以国内大循环为主体、国内国际双循环相互促进的新发展格局，国家发展改革委印发《国家物流枢纽网络建设实施方案（2021—2025年）》。方案提出"十四五"期间将聚焦打造"通道+枢纽+网络"现代物流运行体系。一方面，围绕推动存量国家物流枢纽高质量发展，整合优化存量物流设施，强化多式联运组织能力，促进国家物流枢纽互联成网，推动完善以国家物流枢纽为支撑的"轴辐式"物流服务体系；培育发展枢纽经济通道经济，打造经济和产业发展走廊。另一方面，围绕加快健全国家物流枢纽网络，按照"成熟一个、落地一个"原则，稳步推进120个左右国家物流枢纽布局建设；支持城市群内国家物流枢纽共建共享共用和一体化衔接，强化都市圈物流网点体系与国家物流枢纽网络有机衔接、协同联动。

4.1.2　物流网络的构成要素

物流网络的构成要素主要包括以下几个：

（一）厂商

厂商即供应商，处于物流系统网络的起点，由于物流网络系统的核心功能就是实现原材料或产品从产地到消费者之间的空间转移，因此厂商的分布情况对整个物流系统网络结构起着至关重要的作用。例如，在厂商分布集中和厂商分布分散两种情况下，所要求的物流节点的位置、数量以及运输线路、运输方式等就会不同，因此对应的物流网络就会出现很大差别。

厂商分布与物流网络结构相互制约。当大规模的厂商分布既定的时候，物流网络结构往往会把厂商分布作为一个约束条件；而当物流网络初具规模的时候，新的厂商在选址时则会把已有的物流网络作为约束条件。

（二）物流节点

物流节点是物流系统中非常重要的部分。实际上，物流线路上的活动也是靠节点组织和联系的，如果脱离了节点，物流线路上的运动必然陷入瘫痪。

现代物流网络中的物流节点对优化整个物流网络起着重要作用，从发展来看，它不仅执行一般的物流职能，而且越来越多地执行指挥调度、信息等中枢职能，是整个物流网络的灵魂所在，因而更加受到人们的重视。因此，物流节点在有的场合也称为物流据点，执行中枢功能的又称为物流中枢或物流枢纽。

根据不同物流节点的功能和规模，确定合适的物流节点配置，可以为物流网络功能的实施提供强有力的支撑。

（三）运输线路和运输方式

物流网络节点之间的连接需要通过运输来实现，包括运输线路和运输方式的选择。不同的运输线路和运输方式具有不同的适用范围，如铁路主要用于区域性物流服务，而公路一般用于中短途物流服务、集货和配送服务等。同样，不同的运输方式也会产生不同的费用。此外，运输在物流过程中还影响着物流的其他环节。例如，运输方式的选择决定着装运货物的包装要求。使用不同类型的运输工具决定其配套使用的装卸搬运设备以及接收和发运站台的设计。企业库存储备量的大小直接受运输状况的影响，发达的运输系统能比较适量、快速和可靠地补充库存，以降低必要的储备水平。因此，提高不同节点之间运输的有效性是物流网络规划的一个重要方面。

（四）信息系统

物流网络各节点之间不仅存在产品实体的流动，而且有大量物流信息在节点之间的传递。在物流网络系统内，物流信息的及时传递、共享以及处理都会对整个物流网络的效率产生重要影响。在构建物流网络构架时，既要考虑有形的硬件节点建设，也要考虑无形的信息网络体系建设。只有有了物流信息管理体系的支持，物流网络才能真正激活，才能真正发挥效用。

（五）物流网络组织

物流网络的运行离不开人力资源与组织管理，因此在进行物流网络资源配置时不仅要考虑节点配置，还要考虑人力资源的配置以及对整个物流网络的组织管理。只有建立一套好的物流网络的组织管理和运行机制，物流网络系统才有可能持续、良好运转。

（六）客户

作为物流网络终端的客户，也是整个物流系统重要的一部分。在客户导向原则下，物流网络是否高效的直接评价标准就是能否满足客户的需求，包括库存可得率、送货速度、订单履行的速度和准确性等，因此，可以看出客户在整个物流网络中举足轻重的地位。

如果把物流网络比作人的生理系统，那么就可以把厂商、客户、物流中心、配送中心看作人体的骨架和器官，把运输线路和信息传递看作人体的血液循环系统和神经系统，把物流网络组织管理看作人体的调节系统，它们既有明确的分工，又相互协作，共同构成物流网络。

4.2 物流网络结构

4.2.1 物流网络结构类别

物流网络结构是物流网络运行的基本框架，物流网络结构模式则是指物流网络运行框架的主要构成内容。在物流网络体系中，物流中心和配送中心往往影响着核心节点构建和布局的合理与否，决定着物流网络的效率。

（一）单核心节点结构

单核心节点结构是指在物流网络体系中只有一个核心节点存在，该节点同时承担物流中心与配送中心的职能。在该物流网络覆盖的区域，绝大多数的物流活动都是通过该核心节点实现的。

在这种物流网络结构模式中，物流的大量核心活动都发生在该节点，而且没有物流中心与配送中心的明确划分，厂商与客户的物流活动极大地依赖于核心节点来完成。随着物流客户导向意识的发展，这种物流网络结构模式将会越来越不适应客户的需求。

单核心节点物流网络结构如图4-1所示。

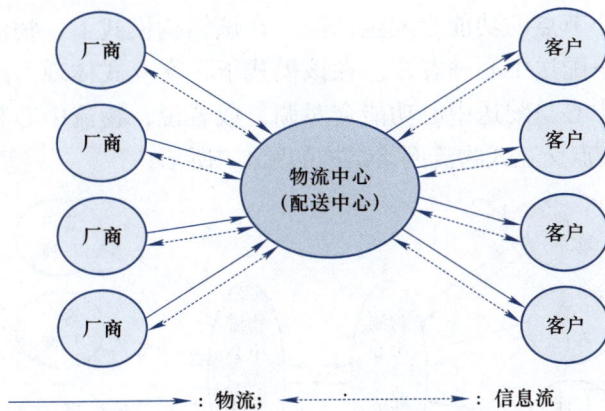

图4-1 单核心节点物流网络结构

（二）双核心节点单向结构

双核心节点单向结构是指物流网络体系中存在两个核心节点，即物流中心和配送中心。物流中心更多地侧重于为供应链上游厂商提供服务，而配送中心则更多地侧重于为供应链下游客户提供服务。物流中心和配送中心不但是物流活动的核心，而且大量的物流信息也汇集到核心节点，并进行进一步的有效传递。

在该物流网络结构模式中，主体物流活动发生在两个核心节点之间，物流活动通过如下过程实现：厂商→物流中心→配送中心→客户。这种物流网络结构模式广泛存在于一些较大的经济区域内。一些大型企业的物流活动往往也通过这种模式实现。双核心节点单向物流网络结构如图4-2所示。

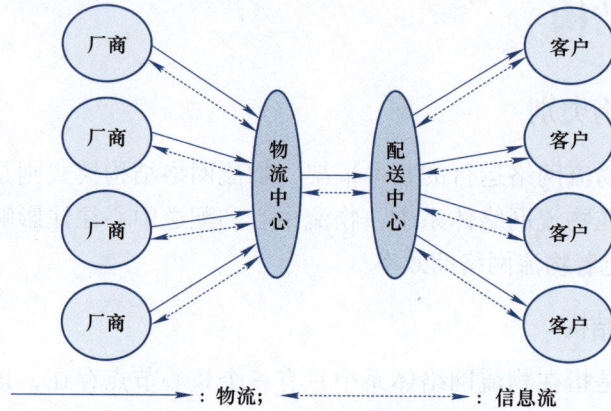

图4-2 双核心节点单向物流网络结构

（三）双核心节点交互式结构

双核心节点交互式物流网络结构与双核心节点单向物流网络结构非常接近，但二者又存在明显的区别。在双核心节点交互式结构模式下，无论是物流还是信息流都是双向的，也就是说，该物流网络中的每一个节点同时承担双重功能，即物流中心和配送中心。随着环境的变化，两个核心节点的功能会发生调换。在该结构模式下，物流活动的实现过程如下：厂商→物流中心→配送中心→客户。在该模式下，交互式体现为随着环境与厂商和客户需求的变化，物流中心与配送中心功能会对调，或者说，物流中心和配送中心都同时具备双重功能。双核心节点交互式物流网络结构如图4-3所示。

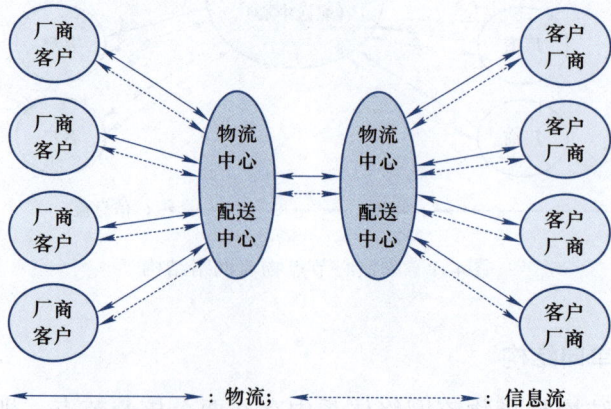

图4-3 双核心节点交互式物流网络结构

（四）多核心节点结构

在现实的物流网络中，可能不仅存在一个或两个物流核心节点，而是多个核心节点同时存在，绝大多数的物流活动都是通过这些核心节点完成的。多核心节点物流网络结构的原理和上述几种模式没有本质上的区别，只是上述几种物流网络模式的加大或叠加。在范围比较大的经济区域或大型企业内，一般采用多核心节点的物流网络结构。

物流网络中的信息流是物流相关信息的流动，在上述物流网络结构模式中，物流和信息流往往是同时、同向发生的。在物流网络中，为了提高物流网络系统的效率，往往把物流与信息流分离开来，形成信息流–物流双平台的物流网络系统，如图4-4所示。

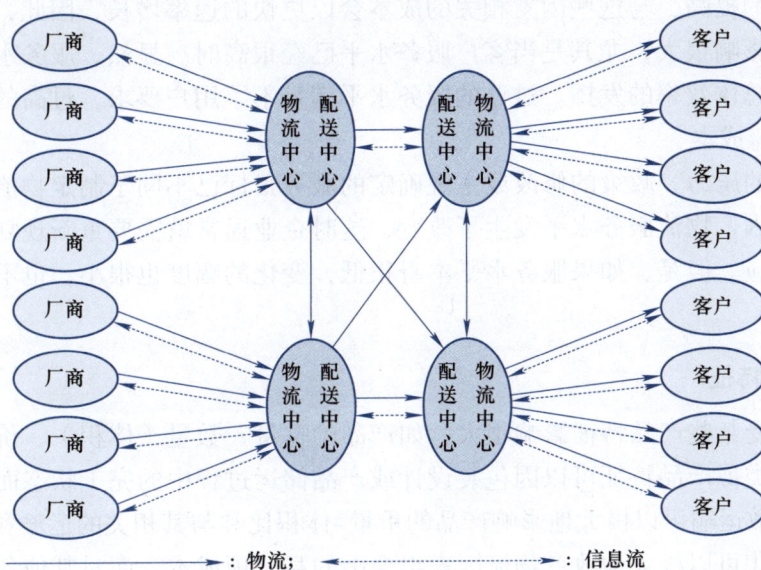

图4-4　信息流–物流双平台物流网络结构

物流网络结构模式无孰优孰劣之分，只是每种模式适用于不同的环境。多数的物流网络往往不是以一种单一模式存在的，而是多种模式混合在一起的，或者多种模式的叠加。

4.2.2　物流网络结构的影响因素

影响物流网络结构的因素很多，其中主要的因素包括以下6个方面：企业总体战略、需求、客户服务、产品特征、物流成本和成本策略。

（一）企业总体战略

企业总体战略将直接对物流网络产生深刻的影响，归根到底物流系统和财务系统、生产系统等一样，是企业系统的一个组成部分，物流网络的规划设计要服从于企业总体战略，对其目标的实现起支持作用。不同的企业战略要求有不同的物流网络结构与其相对应，例如，采取扩张战略的企业与采取收缩战略的企业物流系统会有鲜明的区别。

（二）需求

不仅需求的水平极大地影响着物流网络的结构，需求的地理分布也一样。通常，企业在国内某一区域的销售会比其他地区增长或下降得更快。虽然从整个系统的总需求水平来看，可能只要在当前设施的基础上进行略微扩建或压缩，然而，需求模式的巨大波动则可能要求在需求增长较快的地区建造新的仓库或工厂，而在市场增长缓慢或萎缩的地区，则可能反而要关闭部分设施。每年几个百分点的异常增长，往往就足以说明需要对网络进行重新设计。

（三）客户服务

客户服务的内容很广，包括存货可得率、送货速度、订单履行的速度和准确性。随着客户服务水平的提高，与这些因素相关的成本会以更快的速率增长，因此，物流成本受客户服务水平的影响很大，尤其是当客户服务水平已经很高时。显然，服务水平过低或过高都不利于系统总体效率的发挥。过低的服务水平满足不了用户要求，过高的服务水平则会带来较高的物流成本。

由于竞争的压力、政策的修改或主观确定的服务目标已不同于制定物流战略最初所依据的目标等原因，物流服务水平发生了改变，这时企业通常就需要重新规划物流网络，使之与变化相适应。但是，如果服务水平本身很低，变化的幅度也很小，也不一定需要重新规划物流网络。

（四）产品特征

物流成本受某些产品特征影响很大，如产品的重量、数量（体积）、价值和风险。在物流渠道中，类似产品特征可以因包装设计或产品储运过程中的完工状态而发生改变。例如，将货物拆散运输可以极大地影响产品的重量-体积比与其相关的运输和仓储费率。由于产品特征变化可以极大地改变物流因素组合中的某一项成本，而对其他各项成本影响很小，因此可能形成物流系统内新的成本平衡点。所以，当产品特征发生很大的变化时，重新规划物流系统就可能是有益的。

一般而言，对于不同的物流产品性质和不同的产品生命周期要考虑与其相适应的网络结构，下面就这两个方面做一些说明。

（1）物流产品的性质。根据产品的使用者不同，物流系统设计应反映出不同的使用模式。宽泛的产品分类对提供制定物流战略的思路很有价值，而且在很多情况下，产品分类还有助于理解为什么产品要按照某种方式供应或分拨。传统分类的方法之一是将产品和服务分成消费品和工业品（或服务）。

1）消费品。消费品是直接供应最终消费者的产品。很早以前营销人员就认识到消费者选择产品和服务的方式、原因有根本区别，由此提出将消费品分成3类：便利品、选购品和特殊产品。

便利品是指那些消费者购买频繁、直接，很少进行比较选择的产品或服务。典型的便利品有银行服务、烟草制品和多数食品。这些产品一般需要有广泛的分销渠道、众多的网点。分销成本通常很高，但广泛、大量的分销会带来潜在的销售增长，两者相比，广设分销渠道和网点还是很值得的。客户服务水平以产品的可得性和可及性表示，必须保持很高的服务水平以鼓励消费者进行购买。

选购品是指那些消费者愿意寻找并进行比较的商品，如逛许多地方，比较价格、质量和性能，慎重考虑后才进行购买。这一类典型商品有时装、汽车、家具和医疗服务等。由于消费者愿意四处选购，因此，与便利品和便利服务相比，其存储点会大幅度减少。在一定的市场区域内，某个供应商可能仅在几个网点储存产品或提供服务。这类供应商的分拨成本比便利品要低，分销范围也不需要很广泛。

特殊产品是那些购买者愿意花费大量精力，愿意等相当长时间去购买的产品。买主竭力找出特定类型、特定品牌的产品或服务。特殊产品可能是任何一种产品，如精美的食品和定制的汽车，也可能是管理咨询服务。由于买主坚持购买特定品牌，因此一般使用集中式分拨管理，客户服务水平也不如便利品和选购品那么高。实物分拨成本是各类产品中最低的。正因为如此，许多企业试图为自己的产品在消费者中间树立品牌。

2）工业品（或服务）。工业品（或服务）是那些提供给个人或组织机构以生产其他产品或服务的产品。工业品的分类与消费品不一样，因为一般是由供应商寻找买主，所以根据购买模式做出的分类对此并不合适。

传统上，工业品（或服务）根据它们介入生产过程的程度进行分类。例如，有些产品是产成品的一部分，如原材料和零部件；有的用于生产过程中，如建筑和设备；有的产品不直接进入生产过程，如供应和商业服务。虽然这种分类对制定销售战略很有用，但是否对规划实物分拨战略有帮助还有待明确。工业品的买主似乎对不同类别产品的不同服务水平不感兴趣，这说明传统的工业品分类在区分物流渠道时所起的作用并不像消费品分类那么大。

（2）产品生命周期。另一个营销届人士都熟悉的传统概念就是产品生命周期。产品并不会在被导入市场后立即达到最高销量，也并不会永远保持最高销量。一般来讲，随着时间的推移，产品会遵循一种销量变化的模式，经历4个阶段，即导入期、增长期、成熟期和衰退期，各个阶段对物流网络的要求是不同的。

导入期在新产品推向市场后开始。因为产品还没有被广泛接受，所以销量不大。通常，该阶段的物流战略是谨慎的，库存限制在相对少的地点，产品现货供应比率有限。

如果产品得到市场认可，销售量可能会迅速增长。物流的计划工作在这一阶段比较困难，因为通常没有销售的历史记录来帮助确定存储点的库存水平或者决定该使用几个存储点。在这一扩张阶段，物流管理常常在管理人员的判断和控制下进行。但随着更多的客户对产品感兴趣，更多地区的产品现货供应比率会迅速提高。

产品的增长期可能相当短，随后是长一些的成熟期。在这一阶段，销售增长缓慢或稳定在最高水平，产品销量不再剧烈变化，因此可以纳入现有类似产品的物流模式中。此时，产品物流渠道最广。在整个市场范围内，会用到很多存储点，产品的现货供应比率也控制在较好的水平上。

由于技术变化、竞争或消费者兴趣减退，多数产品的销量都会逐渐下降。为保持高效的物流，就要调整产品运输和存货调度的模式。这样，存储点将减少。

产品生命周期现象会对物流网络造成影响。物流管理人员应该时刻了解产品所处的生命周期的不同阶段，调整物流网络以实现该阶段物流运作效率最大化。

（五）物流成本

企业实物供给、实物分拨过程中产生的成本往往决定着物流系统重新规划的频率。如果其他因素都相同，那么生产高价值产品（如机床或计算机）的企业由于物流成本只占总成本很小的比重，企业很可能并不关心物流战略是否优化。然而，对于生产带包装的工业化产品和食品之类的物流成本占比很高的企业，物流战略将是其关注的重点。由于物流成本很高，即使多次重构物流系统带来稍许改进，也会引起物流成本大幅度下降。

（六）成本策略

商品采购或销售的定价政策发生变化，也会影响物流战略，主要是因为定价政策决定了买方/卖方是否承担某些物流活动的责任。供应商定价由出厂价格（不含运输成本）改为运到价格（含运输成本），一般意味着采购企业无须负责提供或安排内向物流。同样，定价策略也影响着产品所有权的转移和分拨渠道内运输责任的划分。

无论价格机制如何影响定价，成本都是可以通过物流渠道进行转移的，然而，还是有一些企业会根据他们直接负担的成本进行物流系统规划。如果按照企业的定价策略，由客户支付商品运费，那么只要没有来自客户的增加网点的压力，企业在制定战略时就不会设置较多的网点。由于运输成本在物流总成本中举足轻重，定价策略改变一般会导致物流战略的重构。

4.3 物流网络的规划设计

4.3.1 物流网络规划设计的内容

物流网络规划设计就是确定产品从供货点到需求点流动的结构，包括决定使用什么样的设施（如果需要使用）、设施的数量、设施的位置、分派给各设施的产品和客户、设施之间应使用什么样的运输服务、如何进行访问。这种网络设计的问题包括空间问题和时间问题。

（1）空间或地理的设计问题决定各种设施（如工厂、仓库和零售点）的平面地理位置。确定各种设施的数量、规模和位置时，要在以地理特征表示的客户服务要求和成本之间寻求平衡。这些成本包括采购成本、生产成本、库存持有成本、设施成本（存储、搬运和固定成本）和运输成本。

（2）网络规划的时间性或时期问题是一个为满足客户服务要求而保持产品可得率的问题。通过缩短生产/采购订单的反应时间，或者通过在接近客户的地方设有库存可以保证一定水平的产品可得率。这里首要的考虑因素是客户得到产品的时间。在满足客户服务目标的同时平衡资金成本、订单处理成本和运输成本，将决定产品流经物流网络的方式。以时间为基础的决策也会影响设施的选址。

物流网络规划设计就是使物流利润最大化和服务最优化的途径。战略性网络规划通常需要解决以下几方面的问题：①计划区域内应建立的物流网络节点数；②节点的位置；

③每个物流节点的规模；④各物流节点的进货与供货关系，即与客户和供应商的关系；⑤物流服务质量水平及信息网络的连接方式。

对高层管理者来讲，网络结构问题非常重要。重新设计物流网络往往能使物流总成本每年节省5%～15%。惠而浦公司（重要的家电生产商）每年的物流成本高达15亿美元，一年节省10%就是1.5亿美元。从该数字不难看出为什么网络重组在规划问题中位居前列。当然，除降低成本外，网络设计也有助于改善客户服务质量，提高企业竞争力。

4.3.2　物流网络规划设计的原则

为了达到物流网络系统节约社会资源、提高物流效率的目标，在进行物流网络构建时要遵循一些原则。

物流网络规划设计

（一）按经济区域建立网络

物流网络系统构建不仅要考虑经济效益，也要考虑社会效益。考虑经济效益就是通过建立物流网络降低综合物流成本。考虑社会效益是指物流网络系统有利于资源的节约。

在一个经济区域内，各个地区或企业之间经济上的关联性和互补性往往会比较大，经济活动比较频繁，物流规模总量较大，物流成本占整个经济成本的比重大，物流改善潜力巨大。因此，在经济关联性较大的经济区域建立物流网络非常必要，要以整个经济区域的发展来考虑构建区域物流网络。

（二）以城市为中心布局网络

作为厂商和客户的集聚点，城市中物流网络的基础节点建设和相关配套支持设备比较完备，城市物流网络的构建可有效地发挥节省投资和提高效益的作用。因此，在宏观上进行网络布局时，要考虑物流网络覆盖经济区域的城市，把它们作为重要的物流节点；在微观上进行物流网络布局时，要考虑把中心城市作为依托，充分发挥中心城市现有的物流功能。

（三）以厂商集聚形成网络

集聚经济是现代经济发展的重要特征，厂商集聚不仅可以降低运营成本，而且将形成巨大的物流市场。物流作为一种实体经济活动，显然与商流存在明显区别，但物流活动对地域、基础节点等依赖性很强。因此，很多企业把其生产基地设立在物流网络的中心。例如，美国很多大规模的跨国公司总部坐落在小城市，大量的商流活动在那里发生。天津经济技术开发区汇集了很多跨国公司的生产中心，形成了巨大的物流市场。因此，在进行物流网络构建时，需要在厂商物流集聚地形成物流网络的重要节点。

（四）建设信息化的网络

物流信息系统作为物流网络的一个重要组成部分，发挥着非常重要的作用。物流网络要素不仅指物流中心、仓库、节点、公路、铁路等有形的硬件（这些硬件只保证物流活动能够实现而不能保证高效率），还必须通过搭建物流网络信息平台、及时共享物流信息和对物流活动进行实时控制，才能够大幅提高物流网络的整体效率。有关专家指出，科学、完善的物流信息系统会使物流活动的效率提高3～8倍，甚至更高。

4.3.3 物流网络规划设计的方法

（一）图表和规尺技术

图表和规尺技术泛指大量的直观方法。虽然这类技术不需要深奥的数学分析，但能够综合反映各种现实的约束条件，其分析结果并非是低质量的。支持这种分析的方法大量存在并被广泛应用，如统计图表、加权评分法、电子表格等。借助这些方法，加上分析人员的经验、洞察力，以及对网络设计的良好理解，往往能得到满意的设计方案。

（二）仿真模型

网络的仿真通常包括模拟成本结构、约束条件和其他能够合理代表网络的因素。这类模拟通常利用随机的数学关系来完成。因而，仿真程序就是对系统的模型进行抽样试验的技术。仿真被用来处理物流管理中的各种规划问题。

如果在某个复杂问题的描述中有大量重要的细节，或问题中存在许多随机因素，或寻找数学上的最优解并不是问题的关键，则可以选用仿真技术。物流业将仿真技术作为常用的分析技术。

（三）启发式模型

启发式模型是某种形式的混合模型，它将仿真模型能够实现的模型定义的真实性与最优模型所能实现的寻求最优解的过程结合在一起。启发式模型一般可以解决相当广泛的问题，但无法保证获得最优解。模型是围绕启发法的概念建立的，这是一个简化了的推理过程，寻求得到满意答案，而不是最优解。启发法包含一种规则或计算程序，可以限制问题的可行解的个数，它根据与人类的反复试验法类似的过程对无法求得最优解的问题得出一个可接受的解，缩短了问题的求解时间。

启发式模型对某些物流中难以解决的问题是一种很实用的方法。如果人们建模的目的是要找到最优答案，且利用优化法对问题求解要求的条件过多，那么启发式模型会非常有用。在规划时常常使用启发法，它们可以表现为某些准则或概念。以下是一些启发法的规则：

（1）最适合建仓库的地点是那些需求最大的地区或临近这些地区的区域。

（2）应该由供货点直接供货给那些按整车批量购买的客户，不应再经过仓储系统。

（3）如果某产品出、入库运输成本的差异能够弥补仓储成本，就应该将该产品存放在仓库里。

（4）生产线上最适合采用适时管理而不是统计库存管理方法的物料是需求和提前期波动最小的物料。

（5）下一个进入分拨系统的仓库就是那个节约成本最多的仓库。

（6）从分拨的立场来看，成本最高的客户就是那些以小批量购买且位于运输线末端的客户。

（7）从分拨网络最远端开始，沿途搭载小批量货物直到装满整车，再回到运输起点的运输方式是最经济的。

上述规则都可纳入一个模型，一般是计算机软件，这样在求解时就能够遵循这些逻辑规则。

（四）最优模型

最优模型依赖精确的数学过程评价各种可选方案，且能保证得到的是针对该问题的数学最优解（最佳选择），即从数学上可以证明所得到的解是最优的。许多确定性的运筹学模型或管理科学的模型都属于此种模型。这些模型包括数学规划（线性规划、非线性规划、动态规划和整数规划）、枚举模型、排序模型、各种各样的微积分模型和设备替换模型。许多最优模型已经过概括总结，可以得到相应的软件包。

（五）专家系统模型

如果某个规划问题曾经在不同环境下多次求解，规划人员就很可能对该问题的解决方法有了一定的见解。这些见解往往胜过最复杂的数学公式。如果能将这样的知识或经验融入现有模型或专家系统中，就能比单独使用仿真技术、启发法或最优化方法得出的结果总体质量更高。目前，对于专家系统还没有一个严格公认的形式化定义，一般解释为：专家系统是一种人工智能的计算机程序，能够利用专家的知识和求解的逻辑推理方法，以专家的水平解决问题。

尽管专家系统目前还处于发展的初级阶段，但已经有一些关于该系统应用的报道，如辅助医疗诊断、探测矿物、设计海关计算机系统结构和在托盘上码放箱子等。在物流管理的库存、运输和客户服务等领域已经开始少量应用专家系统模型。根据库克的观点，专家系统较传统规划系统有如下明显优势：

（1）专家系统既能处理定性的信息，也能处理定量的信息，使得某些关键性的主观因素（如管理人员的主观判断）可以很容易地成为决策过程的组成部分。

（2）专家系统能够处理不确定的信息，而且利用部分信息也能够对问题求解，这样就能够解决一些更复杂的、未能很好地组织起来的问题。

（3）专家系统解决问题时尽量使用最少的信息，因此解决问题的速度更快，成本更低。

（4）专家系统展示的是专家解决问题的逻辑方法，使得物流管理人员能够很快地提高决策能力。

（5）专家系统提供的知识可转移、可复制且具有文化特征。

开发专家系统模型所要克服的最大障碍就是指定专家、确定知识库（大部分是定性的）和获得专家们的相关知识。然而，专家系统提出了通过掌握规划的技术和知识来弥补当前规划过程所使用的方法的不足，这种观点很有吸引力，专家系统无疑会在将来得到更普遍的应用。

4.3.4 物流网络规划设计的步骤

（一）确定物流网络设计过程

在这一步骤中，重要的是成立对物流网络设计过程各个方面负责的物流网络再造团队。这一团队先需要了解总体的企业战略、企业根本的业务需要和所参与的供应链。与此步骤同样重要的是，设置物流网络设计或再设计过程自身的参数和目标。例如，高层管理者的了解对于总体再造过程的有效进展非常重要。

另一个需要考虑的是，物流服务的第二方具有使企业物流目标实现的潜能。这种考虑非常重要，因为它将拓宽网络设计团队的视野，将外部提供的物流网络解决方案或适当的物流资源一并纳入考虑的范围中。

（二）进行物流审计

物流审计使得再造团队的成员对企业的物流过程有一个全面、深入的了解，它帮助收集各种类型的重要信息，这些信息在再设计过程的余下步骤中非常有用。审计后应该得到的不同类型的信息包括：①客户需求和关键环境要素；②关键物流目标和成果；③目前物流网络的描述和企业在相关供应链上的位置；④物流成本耗费所对准的目标、产出价值和关键的绩效衡量标准；⑤目前和期望的物流绩效间差距的确定（定量和定性）；⑥物流网络设计的主要目标，有助于进行衡量的方式表达。

与此同时，应完成对物流网络规划所需数据的收集并将其信息化。

（三）审计建模方案

审计建模方案包括在目前的物流网络和考虑中的备选方案与方法中应用恰当的定量模型。这些模型提供了各种可能的网络功能和成本/服务效果的大量信息。主要的建模方法在前面已经提过了。

选择了恰当的建模程序，就应该用于帮助确定与在物流审计中识别的目标一致的物流网络。

一旦最初的设计方案确定下来，紧接着就应该进行"可能性因素"类型的分析，以测试所推荐网络设计在改变关键的物流变量方面的敏感性。这一步骤应该提供物流设施的数量和一般位置推荐，它将有助于满足期望的目标。

（四）进行设施选址分析

一旦对期望物流网络的一般构造做出了推荐，下一项工作就是详细分析特定区域和城市的特征，它们是物流设施地址的候选者。这些分析将在定量和定性两个方面进行。定量元素的很多内容已经集成到了步骤三的建模工作中。定性的内容包括劳动环境、运输问题、与市场和客户的距离、生活质量、税收和产业发展激励、供应商网络、土地成本和用途以及企业特惠等考虑事项。这一步的工作将通过地址选择团队的建立来完成，它将收集各个具体特征（如在前面确认的那些）信息。此外，这一团队应该能够在地形、地质和设施设计方面对潜在的场所进行审查。为了对内部的可用资源进行补充，企业可以依靠咨询机构的服务，但这些咨询机构应该致力于在地址选择过程中支持客户。

（五）进行运输分析

运输线路和方式的选择或某种运输方式服务内容的选择取决于运输服务的众多特性，

但并非所有的服务特性都同等重要，对决策者来说，只有某些特性是至关重要的。这一步骤主要是在考虑运输服务成本、平均运输时间（速度）和运输时间的波动性（可靠性）等因素前提下，选择合适的运输线路和运输方式。

（六）网络的决策制定

这一步是对在第三步到第五步中推荐出的物流网络与在第一步中确定的设计标准进行比较，对它们是否一致进行评价。本步骤应该确定需要对企业的物流网络进行何种改变，但这一切都应该在供应链总体定位的基础上进行。虽然将第三方供应商加进备选方案的可行性已经在第一、第二个步骤中进行了论证，但由于采用外部供应商可能使成本和服务发生较大变动，具有重大的战略意义，因此在决策时应该再次综合论证。

（七）开发执行方案

总体方向一旦确定，有效的执行方案的开发就变得非常重要了。这一计划应该包括从目前的物流网络向期望的物流网络转化的有用的路径图。因为这一再造过程可能会引起大变革，因此提供必需的资源，以保证顺利、准时地执行非常重要。

4.4　逆向物流网络的规划设计

4.4.1　逆向物流与正向物流的区别

通常说的物流都是指"正向物流"，但一个完整的物流网络不仅包括"正向"的物流，还应该包括"逆向"的物流。

1. 逆向物流的定义

2003年，美国物流管理协会对逆向物流的解释为：由于修理和信誉问题，对售出及发送到客户手中的产品和资源的回流运动实施专业化的物流管理。

从广义上来说，逆向物流代表了与产品和材料重新使用相关的所有活动。对这些活动的管理可以称为产品回收管理。它着眼于在产品或材料消耗之后仍进行适当管理。这些活动从某种程度上来说，与企业内部由于产品加工而导致的次品回收有几分相似。逆向物流是指为了保证可持续的（环保的）产品回收而产生的所有物流活动，包括对已用品、部件和材料进行收集、拆卸、加工。

我国将逆向物流分解为两大类，即回收物流和废弃物物流。其中，回收物流是指不合格品的返修、退货以及周转使用的包装容器从需方返回到供方所形成的物品实体流动；废弃物物流是指对经济活动中失去原有使用价值的物品，根据实际需要进行收集、分拣、加工、包装、搬运、储存等，并分送到专门处理场所时所形成的物品实体流动。

概括国内外对逆向物流的解释，可以做出如下定义：逆向物流是以物品的价值恢复和废旧物料的合理处理为宗旨，基于成本效益的原则，对退货及废旧物品从消费地到回收处理地的有效实际流动及相关信息所进行的管理和控制过程。

中央经济工作会议将"做好碳达峰、碳中和工作"列为2021年的重点任务之一。在此背景下，家电企业在节能减排，建立绿色产业链上加快布局。随着碳中和目标的设定，互联网、大数据、高端制造等创新行业迎来新的挑战和机遇。

各家电巨头均在节能减排上下功夫，并进行多元化布局、自我升级和优化，参与促进碳中和目标实现。2020年，TCL科技集团下属主要企业通过能效提升、可再生能源利用等节能减排项目累计节约用电16 059.7万度，累计废弃物回收利用60 550吨。TCL科技集团及下属3个子公司入选国家工业和信息化部绿色制造示范名单。格力电器已拥有的30项国际领先技术，其中有27项技术与节能有关。

2. 逆向物流的特点

正向物流是制造商经制造程序将产品生产出来再销售至最终使用者等一连串的过程，而与正向物流正好相反的程序即是逆向物流，它以最终使用者为起点，目的是对使用过的产品进行复原，复原过程中会经过维修、翻新等活动，对复原的产品重新销售，对不可翻新和再造的产品进行最后的处理。逆向物流具有以下四个特点：

（1）逆向物流产生的地点、时间与数量是难以预测的，而正向物流则不同，数量、发货地点与准时为其基本要求。

（2）逆向物流产生的地点较为分散，无一定的规则，且不可能集中起来一次性向接收点转移。

（3）逆向物流发生的原因，通常与产品的品质和数量异常有关。

（4）逆向物流的系统与作业方式，通常比正向物流要复杂且多样。

3. 逆向物流的成因

逆向物流来源于以下几个因素：

（1）政府立法。随着消费者对全球气候变暖、温室效应和环境污染的关注，许多国家相继立法，责令本国生产商对其产品的整个生命周期负责，要求他们回收处理所生产的产品或包装物品等。其中，德国是率先引入产品生命周期责任的国家之一。在其1991年颁布的关于包装材料的条例中，要求厂商回收所有销售物品的包装材料。此后，很多国家通过了更为具体的有关旧产品回收的法规。

我国自《中华人民共和国固体废物污染环境防治法》颁布之日起，也陆续出台了一系列相关的法律法规。这些政策和法规促进了企业对使用过的废旧产品的回收和相应的逆向物流网络系统的建立。

（2）企业自身的利益考虑。企业规划逆向物流网络主要基于以下几方面考虑：

1）企业从潜在利益着眼。在激烈与成熟的市场竞争下，客户对企业的产品和服务的满意度是决定企业生存和发展的关键因素之一。逆向物流在刺激消费热潮方面也起着举足轻重的作用，当产品退货方便之后，销售者购买物品时就会减少许多后顾之忧，可以尝试更多、更新的产品，从而使企业获得更多的潜在客户，使其潜在收益增大。

2）企业利润的新增长点。企业通过逆向物流可以回收资源，因旧产品价格低廉、来源充足，可以在相当程度上降低企业的生产成本。尤其在资源日益短缺的情况下，逆向物流的意义更为显著。例如，全球知名的化妆品品牌雅诗兰黛，为了降低退货处理成本，它投资130万美元建设逆向物流网络系统，经过几年的运转，系统对超过保质期产品的识别精度大大提高，产品销毁率降到了15%以下，它将可以重返分销渠道的产品在销售季节结束前重新投放市场，每年节约数百万美元。

3）产品生命周期的缩短。由于科技的进步、消费者不断提高的需求与日益激烈的商家竞争，绝大多数产品的生命周期变得越来越短。升级换代产品更加激起消费者频繁的物品更新欲望。这种趋势也不可避免地导致了消费者拥有更多的不需要的产品，同时也带来了更多的包装、退货和产品淘汰问题。由此看来，不断缩短的产品生命周期极大地推动了企业的逆向物流管理。

4）网络销售渠道的发展。在互联网技术不断完善的今天，消费者经常通过电视购物网络和互联网等销售渠道购买商品，由于产品广告与实物的差异而导致退货的现象时有发生。据统计，一般零售商的退货率是5%～10%，而通过网络销售的产品其退货比例则高达35%。由于直销渠道面对的客户是全球范围的，退货物品管理的复杂性就会增加，因此该环节的逆向物流管理十分重要。

5）稳定企业的长期合作伙伴。孤立的企业很难生存和发展，大多数企业在同一条供应链上相互依存。供应链上游企业采取较为宽松的退货政策时，下游企业的经营风险必然减少，这样有助于企业间的相互合作、相互信任，促进企业间战略联盟的形成，从而增强企业在行业中的竞争力。在这种情况下，有效的逆向物流管理将是增强供应链上合作伙伴关系的重要砝码。

（3）环境与资源的限制。21世纪，人类面临人口膨胀、环境恶化、资源短缺三大危机。随着资源枯竭的威胁加剧，废品控制已经成为焦点问题。垃圾填埋和焚化不但会造成资源损耗，而且还会造成环境污染，不利于生产活动的健康、持续发展。从环境伦理学角度来看，企业应该有其对应的社会责任，企业在消耗自然资源、制造产品的时候，有责任减少生产中的消耗，使生产中的边角材料及时返回，从而节约原料。而对于使用后的物品，企业有责任进行回收；同时，在客户价值导向的今天，消费者日益增强的环境意识促使他们在选择商品时更多地倾向于环境友好的商品，"绿色制造"已经成为市场竞争的又一招牌，消费者日益高涨的呼声促使企业在逆向物流中表现得更有责任感，企业的逆向物流管理便提上了议事日程。例如，长虹控股旗下格润公司以废弃电器电子产品处理业务为主，累计处理超2 000万台，位居全国第五，西部地区第一。同时，格润公司纵向延伸了废旧塑料、印制板、显示屏等深加工业务，横向拓展了土壤修复、综合危废处置、锂电池等环保业务；锂电回收业务与长虹控股旗下锂电业务形成产业链闭环。

4.4.2　逆向物流网络的一般功能

不同的逆向物流系统涉及的具体活动可能不一样，但一般包括以下五项功能：

1. 收集

收集是指通过有偿或无偿的方式，将分散在各地的废旧物品收集起来，运往处理的地点。该步骤可能包括收购、运输和仓储等环节。由于从分散的消费者处收集废旧物品涉及大量的小批量运输，因而导致收集费用很高，在逆向物流总成本中占据相当大的比重。此外，该过程的运输也是逆向物流中引起环境污染的关键因素之一。因此，废旧物品收集过程应该尽量采用合并运输策略，如利用正向物流中的回程运输，以减少不必要的运输活动。

2. 检测和分类

回收物品的种类繁多，相应价值也不相同，必须进行有效分类才能进行后续处理。检测和分类是指对回收产品的质量进行检测，以确定合适的处理方案，并据此进行分类。该步骤可能包括拆解、破碎、检测、分类和仓储等环节。早期检测和分类可以及早识别没有回收价值的废品，节省对无用废弃物的运输成本，但检测和分类需要昂贵的设备，只能在有限的地方设置，因而必须在两者之间进行权衡。如果商品只是由于客户偏好或多余库存而不是质量因素被回收，则可以继续出售。终端客户向零售商退货，零售商向分销商退货，而接受退货的一方都可以把退货作为新的库存。当商品确有质量问题，则返回制造商。制造商对返回物进行分类、成本核算，再进行相应的处理，如削价处理或进行再制造和再加工。对无法再利用的物品，进行适当处置，包括分解并返回原料供应商或焚烧、填埋等。终端用户的包装材料可以返回经销商或直接返回至包装材料的制造企业。而中间客户所用的托盘等装运设备则可以多次利用。使用过的包装材料一般需要经过再次加工维护后再使用。这种加工维护工作可由专门的回收包装材料处理厂商完成。

3. 再处理

再处理是指对回收产品或其零部件进行处理，以重新获取价值。该步骤可能包括清洗、零部件替换和重新组装等环节。其中，再处理方式主要有再使用、再制造和再循环，再使用针对只需清洗或少量维修工作即可直接再使用的包装、产品或零部件，如玻璃瓶、塑料瓶、罐、箱、托盘等包装容器，复印机和打印机的墨盒，一次性相机，二手家具，服装和书等；再制造是指保留废旧零部件的结构和功能特性，通过必要的拆卸、检修和替换，使其恢复得和新的一样，如飞机和汽车的发动机、计算机、复印机和打印机部件等；再循环是指循环利用废旧物品中的原材料，如废旧金属、纸、玻璃、塑料等。专业的再处理设备需要高昂的投资，因而在很大程度上决定着整个逆向物流系统的经济可行性。因此，一般要求回收品数量较大且集中处理，以形成规模效益。

4. 处置

处置针对的是由于技术或经济上的原因而不能再利用的产品或部件，一般是因为这类产品的拆分或修复对设备或技术的要求太高，或者是因为这类产品过时而没有令人满意的再利用市场。报废处理的产品可作为材料回收再利用，实在无法利用的通过填埋或焚烧方式进行处理。

5. 再销售

再销售是指将可再利用产品投放到潜在市场并到达有此类需求的用户手中。该步骤一般包括销售（或租赁、服务，取决于产品具体形式）、运输、仓储等活动，如回收材料的出售、经过再制造的复印机的租赁等。该过程与正向销售物流类似，需要在运输的合并和快速反应之间进行权衡。

4.4.3　逆向物流网络的结构类型

根据废旧物品种类及其回收处理方式的不同，可以形成四种不同的逆向物流网络类型和结构形式。

1. 再使用逆向物流网络

这类网络主要回收可直接再使用的物品，如各类包装或容器，它广泛应用于啤酒或软饮料、食品、化工和集装箱运输等行业。由于回收的物品不需要经过复杂的设备处理就可直接再使用，其网络功能主要是收集、运输和储存回收的物品，这类逆向物流网络的建设比较简单。对于集装箱等工业包装，闲置时一般存放在物流服务提供商的集装箱站场，一旦有用箱请求，则被送往发货方，用过的空集装箱从收货方收回，并进行简单的清洗和维修。在工业实践中，很多企业直接利用现有物流网络从事容器回收，物流网络是双向的。

2. 再制造逆向物流网络

典型的再制造物品包括飞机和汽车的发动机、机电设备、复印机和计算机部件等价值较高的产品，其主要驱动因素是对上述物品进行增值修复以获取经济效益。再制造需要产品生产的有关知识，因而通常由原始设备制造商来完成。进行产品回收可能出于多种原因：租期末端对产品的收回；以旧换新；满足客户服务的产品召回；处于核心技术保护的返回修理或报废等；高回收价值产品的收集垄断或紧密的客户关系等。由于新产品加工和旧产品修复之间关系密切，并且新产品和修复产品的销售市场可能重合，因而可以将再制造逆向物流网络和传统生产分销物流网络进行集成，综合考虑两者的设施共用和运输合并。目前，再制造逆向物流网络大多是在已有正向物流网络基础上进行扩展，形成多级闭环物流网络。

3. 再循环逆向物流网络

材料的循环利用在很多情况下是出于法律强制规范下的逆向物流活动，很少一部分企业是由于经济利益驱动而从事产品回收。这种网络所处理的材料大多是低值产品，如纸张、塑料、钢铁副产品。然而却要求先进的处理技术和设备，故投资费用很高，这就意味着该类型的网络需要大批量的处理，形成规模经济，才能使回收有意义、有价值，因此再循环网络多是集中网络结构。此外，网络构建的各责任方之间的紧密合作也是大规模、批量处理的保证。

4. 商业退回逆向物流网络

商业退回主要发生在零售业到制造业，源于商业回收或客户投诉退货，如错发有缺陷的商品、零售商的积压存货等。为了减少成本、降低库存和增加灵活性，可以在较大区域范围内设置一个配送中心，集中处理来自不同地区的退回商品，如果退回商品无法直接销售，但通过修复、改制可以显著增加商品售价，那么在出售前可以先完成上述操作，然后作为修复品或再制品进行销售；如果上述选择都无法进行，则以最低的成本对其进行废弃物最终处置。

4.4.4 逆向物流网络结构的特征因素

逆向物流网络的类型各异，但其结构特征均由以下几个方面所决定：

1. 集中程度

集中程度是指在网络中完成同种操作的地点数目。在集中的网络中，同种类型的操作都尽量在同一地点完成，共享资源、节约人力物力，形成规模经济。这是完成逆向物流网络横向整合的有效措施，集中程度在一定意义上代表了网络的幅度。如果相同的逆向物流处理活动需要在较多的地点同时进行，则说明网络是分散的，网络的幅度较大；如果逆向物流相同的操作可以在极少数场所同时进行，则说明网络的集中程度高。集中程度高的网络，更有利于资源共享，容易通过规模化操作提高作业效率，降低成本。

2. 网络层数

逆向物流顺次流经的设施数表示了网络的纵向深度。单层网络中，所有的操作在某一设施中汇集完成。在多层网络中，不同的操作分别在不同的设施中完成。

3. 网络关联程度

网络关联程度是指逆向物流的产品回收网络与现存正向物流网络之间的关联程度。逆向物流网络既可以单独构建，也可以在原有的正向物流网络基础上扩建。

4. 网络开放程度

网络开放程度描述的是引入流与输出流之间的关系，分为闭环网络和开环网络。在闭环网络中，回收产品经过处理后再次回到市场。在开环网络中，物流从一端流入，从另一端流出，该种网络多见于再循环网络，如废纸回收网络等。

5. 各部门合作程度

各部门合作程度是指参与逆向物流网络建设与运营的各个负责方之间的相互关系。发起企业可能会以签订合同的方式或者联合方式与其他企业合作，形成各种类型的合作伙伴关系。

4.4.5 逆向物流网络设计

逆向物流运作的效率直接依赖于和受限于逆向物流网络结构，因此必须合理设计逆向物流网络，即确定废旧物品从消费地到起始地的整个流通渠道的结构，包括各种逆向物流设施的类型、数量和位置，以及废旧物品在设施间的运输方式等。

目前，采用对传统的设施选址模型进行修改或拓展来研究逆向物流网络设计问题，基本上采用混合整数线性规划对该问题进行建模和求解，以总成本（包括运输成本、加工处理成本、设施投资成本和废弃处置成本等）最低为目标函数，约束条件包括物流量平衡约束、生产能力约束、参数非负约束等，从而求出最佳的废品收集点、检测点及回收工厂的数量和位置。

尽管现有的逆向物流网络设计模型与传统的设施选址模型很类似，但它至少有两个重要特征是传统模型中没有考虑的，即高度的不确定性和"正向"与"逆向"的关系。

1. 高度的不确定性

正向物流系统一般只涉及市场需求的不确定性，而逆向物流系统中的不确定性要高得多，不仅要考虑市场对再生产品需求的不确定性，而且还要考虑废品回收供给的不确定性，主要包括回收物品的数量、质量和到达时间等，这些都是逆向物流网络设计必须考虑的因素。然而，现有逆向物流网络设计模型大多采用确定性规划方法，忽略了上述的不确定性因素，只有少数模型采用灵敏度分析方法，考虑了不确定性因素的影响。为了从根本上解决不确定环境下逆向物流网络优化设计问题，应该采用随机规划或稳健优化方法。

2. "正向"与"逆向"的关系

逆向物流可以有三种流通渠道：①沿着传统的正向物流网络逆向流动；②建立独立的逆向物流网络；③建立正向和逆向相结合的集成网络。目前的工业实践中，普遍采用第一种较简单的方法，网络规划完全按照正向物流的要求来进行。现有理论研究大多考虑逆向物流网络的独立设计，很少考虑"正向"和"逆向"物流网络的集成设计问题。少数模型虽然考虑了"正向"和"逆向"物流中共用设施的选址，但没有考虑"正向"和"逆向"物流中运输路径的整合。

单元小结

物流网络规划设计就是确定产品从供货点到需求点流动的结构，包括决定使用什么样的设施（如果需要使用）、设施的数量、设施的位置、分派给各设施的产品和客户、设施之间应使用什么样的运输服务、如何进行访问。这种网络设计的问题包括空间问题和时间问题。

案例分析

依据案例内容，请提出解决F公司物流运输网络问题的办法。

F公司的物流网络运营

F电器股份有限公司是一家组装、生产家用空调、冰箱的企业，现已发展成为多元化、科技型的全球工业集团，产业覆盖空调、生活电器、高端装备、通信设备等领域，产品远销160多个国家和地区。

公司现有近9万名员工，其中有1.2万名研发人员和3万多名技术工人，在全国拥有12个生产基地，分别坐落于珠海、重庆、合肥、郑州、武汉、石家庄、芜湖、长沙、杭州、洛阳、南京、成都。

随着F集团生产基地陆续投产，承运商不断增多，统筹管理各大基地的成品发运的难度也逐步加大，其中比较突出的问题是对第三方运输公司约束力度不够。通过对现有物流网络运营情况分析得出，原因主要有以下几方面：

1. 总部和各基地运营模式导致缺乏监管

现行管理模式为总部成品库统一负责谈判，确定商务合同，统筹调配资源。各基地只是承担执行者的角色，缺乏统一的考核约束制度，缺乏对各地承运商服务内容与服务质量的监管。

2. 合作运输公司实力参差不齐，管理难度随之增加

随着基地业务的不断扩大，承运相关成品干线运输的承运商由之前的7家增加到20家。从计划执行情况来看，有的公司可以百分之百地执行预定的发运计划，甚至超计划完成，而有些公司则只能完成发运计划的10%左右。因缺乏强有力的承运商考核与激励措施，难以实现优胜劣汰的承运商竞争机制。

3. 运输市场价格波动较大，运输公司存在侥幸心理

根据对运输市场的长期调研，季节性回头货导致每年的运输市场价格存在较大的波动。当出现阶段性亏损的情况，运输公司存在侥幸心理，调车不积极，导致关键时期不能满足市场需求。

4. 空调销售季节性明显，销售任务相对集中和急切

集团销售旺季运输计划比较集中，会出现部分区域集中要车的情况，超过边际派车能力，随之导致整个运输市场车价上涨，运输公司为保证自身利益，不愿超能力调车，造成整体计划不能顺利完成。

课后习题

A. 理论训练题

一、判断题

1. 影响物流网络结构的因素很多，其中主要的因素包括以下 6 个方面：企业总体战略、需求、客户服务、产品特征、物流成本和成本策略。　　　　　　　　　　（　　）

2. 客户服务的内容很广，包括存货可得率、送货速度、订单履行的速度和准确性。
　　　　　　　　　　　　　　　　　　　　　　　　　　　　　　　　　　　（　　）

3. 物流网络规划设计就是使物流利润最大化和服务最优化的途径。　　（　　）

4. 网络优化的总目标是网络总成本的最小化，包括库存持有成本、仓储成本和运输成本，同时满足客户对反应时间的要求。　　　　　　　　　　　　　　　　（　　）

5. 当大规模的厂商分布既定的时候，物流网络结构往往会把厂商分布作为一个约束条件；而当物流网络初具规模的时候，新的厂商在选址时则会把已有的物流网络作为约束

条件。　　　　　　　　　　　　　　　　　　　　　　　　　　　　　　　　（　　　）

二、单项选择题

1. （　　　）是指处于运输线路上，以连接不同线路和不同运输方式为主要功能的节点。

　　A. 转运型节点　　　　　　　　　　B. 储存型节点

　　C. 集散型节点　　　　　　　　　　D. 配送型节点

2. 逆向物流与常规物流的区别是（　　　）不同。

　　A. 物品的流向　　　　　　　　　　B. 物流的对象

　　C. 物流运作方式　　　　　　　　　D. 物流价值作用

3. 废弃物物流技术中不包括（　　　）。

　　A. 加工再利用　　　　　　　　　　B. 垃圾掩埋

　　C. 净化处理加工　　　　　　　　　D. 焚烧

三、多项选择题

1. 逆向物流网络的类型各异，但其结构特征均由（　　　）所决定。

　　A. 集中程度　　　　　　　　　　　B. 网络层数

　　C. 网络关联程度　　　　　　　　　D. 网络开放程度

　　E. 各部门合作程度

2. 逆向物流网络的结构类型包括（　　　）。

　　A. 再使用逆向物流网络　　　　　　B. 再制造逆向物流网络

　　C. 再循环逆向物流网络　　　　　　D. 商业退回逆向物流网络

3. 影响物流网络结构的因素很多，其中主要的因素包括（　　　）。

　　A. 企业总体战略　　　　　　　　　B. 需求

　　C. 客户服务　　　　　　　　　　　D. 产品特征

　　E. 物流成本　　　　　　　　　　　F. 成本策略

4. 网络优化的总目标是网络总成本的最小化，包括（　　　）。

　　A. 库存持有成本　　　　　　　　　B. 仓储成本

　　C. 运输成本　　　　　　　　　　　D. 满足客户对反应时间的要求

5. 物流网络的构成要素主要包括（　　　）。

　　A. 厂商　　　　　　　　　　　　　B. 物流节点

　　C. 运输方式和运输路线　　　　　　D. 客户

　　E. 物流网络组织　　　　　　　　　F. 信息系统

四、简答题

1. 物流网络的构成要素有哪些？

2. 简述物流网络规划设计的一般方法和步骤。

3. 物流网络结构的影响因素有哪些？

B. 技能训练题

一家报刊连锁公司想在一个地区开设一个新的报刊零售点，主要的服务对象是附近5个小区的居民，他们是新开设报刊零售点的主要顾客源。报刊亭选址问题需求点分布图和各个需求点对应的权重如表4-1所示。这里，权重代表每个月潜在的顾客需求总量，基本可以用每个小区中总的居民数量来近似表示。公司经理希望通过这些信息来确定一个合适的报刊零售点的位置，要求每个月顾客到报刊零售点所行走的距离总和最小。如果你是选址负责人，你会怎么做？

表4-1　需求点对应的权重

需 求 点	X坐标	Y坐标	权 重
1	3	1	1
2	5	2	7
3	4	3	3
4	2	4	3
5	1	5	6

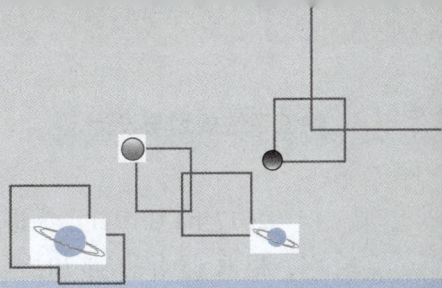

单元五

物流节点规划与设计

5.1 物流节点概述

5.1.1 物流节点的概念

物流节点是指物流网络中连接物流线路的结节之处。广义的物流节点是指所有进行物资中转、集散和储运的节点，包括港口、空港、火车货运站、公路枢纽、大型公共仓库及现代物流（配送）中心、物流园区等。狭义的物流节点仅指现代物流意义的物流（配送）中心、物流园区和配送网点。

如果将物流系统中的物流活动分为节点活动与线路活动，物流节点则是进行物流活动的位置和场所，同时，它也是线路活动的起点或终点。物流节点是从物流的角度提出来的，它与商业网点不同，主要进行物资的包装、装卸、存储保管、配送等物流活动，不发生物资的供销业务。

2017年1月19日，为进一步推动我国商贸物流业健康发展，降低物流成本，提高流通效率，根据《国民经济和社会发展第十三个五年规划纲要》《物流业发展中长期规划（2014—2020年）》，商务部、国家发展改革委等5部门印发了《商贸物流发展"十三五"规划》，提出将构建多层次物流网络，区域性商贸物流节点城市。该规划列出了39个全国性商贸物流节点城市和64个区域性商贸物流节点城市，如表5-1所示。2018年10月商务部等八部门印发《关于开展供应链创新与应用试点的通知》，确定了深圳等55个供应链创新与应用试点城市。

表5-1　商贸物流节点城市名单

类　别	城市名称
全国性商贸物流节点城市（39个）	北京、天津、石家庄、唐山、太原、呼和浩特、包头、沈阳、大连、长春、哈尔滨、上海、南京、苏州、杭州、宁波、合肥、福州、厦门、南昌、济南、青岛、郑州、武汉、长沙、广州、深圳、南宁、海口、重庆、成都、贵阳、昆明、拉萨、西安、兰州、西宁、银川、乌鲁木齐
区域性商贸物流节点城市（64个）	保定、秦皇岛、邯郸、大同、临汾、呼伦贝尔、鄂尔多斯、锦州、丹东、延边、吉林、牡丹江、大庆、徐州、南通、连云港、无锡、舟山、金华、温州、阜阳、芜湖、泉州、漳州、九江、赣州、潍坊、烟台、临沂、洛阳、商丘、南阳、宜昌、襄阳、荆州、衡阳、娄底、株洲、东莞、佛山、桂林、柳州、钦州、防城港、绵阳、达州、南充、宜宾、遵义、六盘水、曲靖、红河、咸阳、榆林、天水、酒泉、海西、海东、石嘴山、喀什、伊犁、博尔塔拉、巴音郭楞、日喀则

　　物流节点城市要根据本地的产业特点、发展水平、设施状况、市场需求、功能定位等，完善城市物流设施，加强物流园区规划布局，有针对性地建设货运服务型、生产服务型、商业服务型、国际贸易服务型和综合服务型的物流园区，优化城市交通和生态环境，促进产业集聚，努力提高城市的物流服务水平，带动周边所辐射区域物流业的发展，形成全国性、区域性和地区性物流中心和三级物流节点城市网络，促进大中小城市物流业的协调发展。

5.1.2　物流节点的主要类型

物流节点的类型

　　按照节点的功能，可以将物流节点分为以下几种类型：

1. 转运型节点

　　转运型节点是指处于运输线路上，以连接不同线路和运输方式为主要功能的节点，如铁道运输线上的车站、货站，水运线路上的港口、码头，空运线路上的空港，连接不同方式的转运站和中转仓库等。货物在这类节点上停留的时间都比较短。

2. 储存型节点

　　储存型节点是指以保管、存放货物为主要功能的节点，包括储备仓库、营业仓库等。这类节点主要带有储备性质。货物存量较大，周转速度较慢，因此一般对仓库的货物保管、养护的要求比较高。

3. 流通型节点

　　流通型节点是指以组织物资在系统中运动为主要职能的节点，在社会系统中则是指以组织物资流通为主要职能的节点。现代物流中常提到的流通仓库、流通中心、配送中心就属于这类节点。

4. 综合型节点

综合型节点是指在一个节点中将若干功能有机地结合在一起，有完善的设备，能有效地衔接和协调各个工艺流程的集约型节点。配送中心和物流中心等都属于这类节点，它们是为了适应物流大量化、复杂化、细致准确的要求而出现的。

物流节点的分类并不绝对，现实中各类节点往往是交叉并存的。另外，现代物流的发展对节点的要求不断提高，传统的单一型节点出现向多功能、综合性转变的趋势。转运节点可以是流通仓库、中心仓库、运输场站、物流中心（中心仓库+运输场站）、配送仓库等。例如，转运节点的物流功能有装卸、配送，物流在进口、出口方面的控制，货运单元的构造和解体，进库、出库，缓冲和仓储，包装和再包装，分拣与配送等。

物流节点按照结构层次又可以分为一级物流节点、二级物流节点和三级物流节点，包括物流园区、物流中心、配送中心和货运站3类。

一级物流节点（物流园区）是各地政府为了满足当地经济发展、物资流转需要而开辟的物流集中运作地，往往位于重要的生产基地、交通枢纽附近，或者位于集中消费地，如各大中心城市附近。其主要功能往往包括进口商品的分拨、中转、仓储和区域配送以及出口商品的集货、中转、拼装箱、仓储、进出口报关等，还应具备集装箱货运站的功能。同时，物流园区一般也承担区域配送功能，配送终点为物流中心或城市配送中心。

二级物流节点（物流中心）是指具备集货、分货、中转、储存、流通加工、配送、信息服务等中4项以上主要功能的节点。现实中的物流中心有多种形式，按其主要功能上的差异，可分为物流集货中心、物流分货中心、配送中心、物流转运中心、物流储调中心、流通加工中心等。

三级物流节点（配送中心、货运站）是指具备配送、中转、信息服务或集货中的一项或多项功能的节点。

由于配送中心一般是按照市场的需求进行布设，所以这里只对物流园区和物流中心的类别做进一步辨析。

物流园区是在几种运输方式衔接地形成的物流节点活动的空间集散体，物流中心则是综合性、地域性、大批量的货物物理位移转换集散的新型设施设备的集合，它把物流、信息流融为一体，成为产销企业之间的中介组织和现代物流活动的主要载体。

物流园区和物流中心有以下区别：

（1）功能不同。物流园区具有多式联运、综合运输、干线终端运输等大规模处理货物和提供服务的功能。物流中心则主要承担分销功能，并且具有货物运输中转功能，且以配送业务为主。

（2）用地的要求不同。物流园区要求物流企业及相关的一些辅助企业在园区内聚集，且基础设施相对齐全，要处理的物流量大，必须在其周围留有适当的空间为以后发展之用，所以物流园区要求用地充裕且具有扩展性。而物流中心在这方面没有如此严格的要求。

（3）对改善城市交通环境的影响程度不同。物流园区一般建在远离市中心的地区，布设在城市外围或郊区，同时注重园区与城市对外交通枢纽的联动规划建设，所以对改善城市交通环境的影响程度较大。而物流中心主要是以配送业务为主，要求快速、准时地为客户提供服务，因此，在空间距离上应尽量靠近需求点，并且要有连接市中心的快速干道，所以物流中心对改善城市交通环境的作用不是很大。

（4）服务对象不同。物流园区应有综合性的基础服务设施，且面向全社会提供服务。物流中心则只在局部领域进行经营服务。

（5）对市场的要求不同。物流园区内聚集了很多的供应商、生产商、销售商和第三方物流企业，所以要求物流园区所服务的市场是多样化的。物流中心仅具有第三方物流企业的功能，所以服务的市场一般是专业化的。

（6）经营、管理方式不同。物流园区不一定是经营管理的实体，物流经营企业之间的关系可以是资产入股、租赁、合作经营或联合开发。物流中心则是物流经营和管理的实体。

（7）政府给予的政策不同。政府为了吸引各种企业在物流园区内聚集，使其获得规模效益、范围效益，进而降低物流成本，通常为入驻的物流企业提供各种优惠政策。而给予物流中心的这种优惠政策较少。

因此，某一物流节点是建设物流园区还是物流中心，应由所服务地域空间的软硬件环境所决定。只有当物流节点选择的类型对空间的特殊要求与所服务空间所提供的软硬件环境相适应时，物流节点选择的类型才是正确的，才能促进物流系统和地区经济的发展。

2021年的物流市场对于国内的物流巨头企业来说是加速海外物流节点布局的快速发展之年。4月上旬，极兔速递完成高瓴资本、博裕资本、红杉资本投资的18亿美元融资，这部分融资除了用于国内快递价格战外，也将投入极兔起家的东南亚市场，用于建设海外物流节点。2021年2月，顺丰以175.55亿港元收购国际货运嘉里物流51.8%的股份，嘉里物流被定位为顺丰拓展海外市场的主要平台。另一家在几年前就持续发力跨境物流市场的是菜鸟网络。2020年下半年，菜鸟推出了5美元10日达产品，相对市场上同价格物流服务，时效至少提前5日。拥有更多的海外物流节点成为物流巨头在海外竞争的核心能力。谁掌握更多的海外物流节点资源，谁就拥有国际供应链运营的主导权。

5.1.3 物流节点的功能

（一）连接功能

物流节点将物流线路连接起来，使各个线路通过节点成为相互贯通的网络系统。如果没有节点，不同线路之间的连接就相当困难，甚至会中断。在现实中，物流节点的连接功能体现在：通过转换运输方式连接不同的运输手段；通过加工、分拣、配货等连接干线物流和末端物流；通过储存、保管连接不同时间的供应物流和需求物流；通过集装箱、托盘等使运输一体化。

（二）信息功能

物流系统中的每个节点同时也是一个信息点。因为节点是连接线路的枢纽，各方面的信息都在节点流进流出。这样节点就成为信息收集、处理、传递的中心。若干个节点的信息流与物流系统的信息中心连接起来，就形成统一指挥、管理、调度物流系统的信息网络。如果说设备、节点、线路是物流系统的硬件，那么信息网络就是物流系统的软件。如果没有软件的支撑，硬件是不能正常运行的。因此节点的信息功能是物流系统运行必不可少的条件。

（三）管理功能

物流系统的管理节点一般都集中于节点之中，大大小小的节点都是一定范围的指挥、管理、调度中心。管理功能是物流系统的神经枢纽，物流系统运行的有序化和效率性在很大程度上取决于物流节点管理功能的水平。

根据物流节点的作用、类型、地理位置等因素，物流系统节点除具备前面所述的功能外还具备配套功能、延伸功能和服务功能，包括：车辆停靠及辅助服务，可提供车辆停靠的场地和车辆检修、加油、配件供应等服务；金融生活配套服务，可提供餐饮、住宿、购物、提款、保险等服务；提供工商、税务、海关等服务。

除具备以上基本功能外，现代物流节点还附加以下功能：①货物调剂中心（库存处理中心）。物流节点一般都能够有效处理库存物资和举办新产品展示会。②系统技术设计。吸引高科技进入节点，从事物流软件的开发设计和物流设备的设计开发。③咨询培训服务。利用丰富的管理经验，为进区企业或客户提供咨询，提供高附加值服务。

5.1.4　物流节点规划设计的内容

在现代物流网络系统中，常见的节点类型有物流园区、物流中心、配送中心及货运站等。无论是何种类型的物流节点，节点规划设计都有两个重要的物流决策问题，即节点选址和设施内部布局。前者考虑的是根据费用或其他选择标准确定最佳设施节点地址，是宏观布局问题，如配送中心的选址、企业分公司的选址；后者考虑的是同一节点内设施的布置问题，是微观布置问题，如一个工厂内的机器车间、油漆车间、焊接车间在工厂里的布置。因此，设施布局决策即一个大设施内某一局部设施的最优安排和布局，对保证物流总费用最小起着非常关键的作用。另外，节点与节点之间的运输路线规划也相当重要。

物流节点规划设计的过程可以说是一项系统过程。一般物流节点规划设计包括的基本内容如下：

1. 物流节点的经营环境分析

对物流节点所在地的区位条件、区域经济发展条件、物流需求及服务水平条件、物流基础运作条件和人才、技术条件进行研究，分析物流节点建设所面临的外部环境、物流节点建设本身所具备的优势和劣势，为后续规划打下基础。

2. 物流节点的市场需求现状和预测

对现有的调研资料进行分析，选择合理的预测方法，对物流节点的市场需求进行预测，包括对物流节点所在地的各种运输方式的货运量、仓储及配送能力的需求以及该地区重点企业的状况等进行分析和预测。

3. 具体的物流发展规划

物流发展规划包括总体发展规划的目标、战略构想、物流节点的选址、物流节点系统的架构，包括基础设施架构、物流组织架构、技术支持架构和物流管理架构以及物流节点的投资估算与资金筹措、经济和社会效益分析等。

4. 物流节点的具体实施方案及合理的政策建议

对包括投资估算与资金筹措、经济和社会分析等内容的规划方案进行科学性、可行性的分析评价，既可以指导物流节点建设、运作，又可以对政府决策提供可靠依据。

5.2　物流节点选址

5.2.1　节点选址概述

所谓节点选址，是指运用科学的方法决定设施的地理位置，使之与企业的整体经营运作系统有机结合，以便有效、经济地达到企业的经营目的。由此，设施选址体现出如下的重要性和战略目标。

1. 节点选址的重要性

对一个企业来说，设施选址是建立和管理企业的第一步，也是事业扩大的第一步。设施选址的重要性显而易见，主要在于：设施选址对设施建成后的设施布置及投产后的生产经营费用、产品和服务质量及成本都有极大而长久的影响。一旦选择不当，它所带来的不良后果不是通过建成后的加强和完善管理等其他措施可以弥补的。因此，在进行设施选址时，必须充分考虑多方面因素的影响，慎重决策。除新建企业的设施选址问题外，随着经济的发展、城市规模的扩大以及地区之间的发展差异，很多企业面临着迁址的问题等。可见，设施选址是很多企业都面临的、现代企业生产运作管理中的一个重要问题。

2. 节点选址的战略目标

对于一个特定的企业，其最优选址取决于该企业的类型。工业企业选址决策主要是为了追求成本最小化；而零售业或专业服务性组织一般都追求收益最大化；至于仓库选址，可能要综合考虑成本及运输速度的问题。总之，设施选址的战略目标是使厂址选择能给企业带来最大的收益。

5.2.2　节点选址的意义

选址在整个物流系统中占有非常重要的地位，主要属于物流管理战略层的研究问题。选址决策就是确定所要分配的设施的数量、位置以及分配方案。这些设施主要指物流系统中的节点，如制造商、供应商、仓库、配送节点、零售商网点等。

就供应链系统而言，核心企业的选址决策会影响所有供应商物流系统的选址决策。例如，摩托罗拉生产所需的气体总是由北方气体公司供应，这样，摩托罗拉在天津建立生产基地后，北方气体公司就要相应地建立自己的工厂及销售机构。

尽管选址问题主要是一个宏观战略的问题，但它又广泛地存在于物流系统的各个层面。如一个仓库中货物存储位置的分配，这一点对于自动化立体仓库中的货物存取效率十分重要。

5.2.3 节点选址的影响因素

节点选址对企业的成功起着至关重要的作用，它需要考虑众多复杂的因素，涉及许多方面。选址决策的影响因素可以分为两类：外部因素和内部因素。外部因素包括宏观政治及经济因素、基础设施及环境、竞争对手等；内部因素包括劳动力环境、运输可行性、是否靠近市场和方便客户、生活质量、供应商网络、土地成本及配套设施等。

(一) 选址决策的外部因素分析

1. 宏观政治及经济因素

宏观政治因素主要指一个国家的政权是否稳定、法制是否健全、是否存在贸易禁运政策等。显然，大多数企业都不愿意在动乱的国家或地区投资。宏观政治因素是无法量化的指标，主要依靠企业主观判断。

宏观经济因素包括营商环境税收政策、关税、汇率等，这一点与企业的选址决策直接相关。企业总是寻求最宽松的经济环境。以我国在马来西亚工业园区建设为例，中马钦州产业园区与马中关丹产业园是首个中国政府支持的以姊妹工业园形式开展双边经贸合作的项目。作为中国-东盟经贸合作的示范项目，"中马钦州产业园"与"马中关丹产业园"这两个姊妹园区可有效利用中马双方的资源、资金、技术和市场等互补优势，提升区域发展水平，促进中国与东盟国家间的互联互通。截至2021年4月，中马钦州产业园区注册企业累计3 877家，园区谋划和储备在谈项目200多个，总投资超4 200亿元。鑫德利光电（一期）、凯利数码（一期）、慧宝源医药、科艺新能源（一期）、中动科技、天昊生物、由你造3D打印等10多个具有规模和发展前景的高技术项目相继实现投产。重大项目布局实现突破，总投资200亿元的启世12英寸大硅片、总投资100亿元的泰嘉7.5代线液晶面板、总投资88亿元的恒源新能源物流汽车、总投资15.4亿元的科艺新能源项目、总投资15亿元的安通控股多式联运综合物流基地项目等一批战略性新兴产业项目相继落户。传统优势产业方面，港青油脂实现正常生产，10家燕窝加工企业完成工程装修，并与马来西亚企业发展部商定共建产业园。

关税政策引起市场壁垒也是企业选址须考虑的一个重要因素。如果一个国家的关税较高，要么企业放弃这个市场，要么企业会选择在这里建厂以规避高额关税。例如，戴尔通过在我国厦门建立工厂来扩大中国市场，尤其是政府及国有企业的销售份额。戴尔在爱尔兰建立欧洲市场的第一个工厂，主要基于以下3方面的考虑：①当地低成本、高质量的劳动力以及爱尔兰较低的企业税；②爱尔兰是欧盟成员国，在爱尔兰制造的计算机产品可以直接发往欧洲市场而无须缴纳增值税；③爱尔兰属于欧元区，可以通过欧元的稳定性减小欧洲市场内的汇率风险。

2. 基础设施及环境

基础设施包括交通设施、通信设施等；环境包括自然环境及社会环境（如劳动力的成本、素质等）。

现代企业中，物流成本往往要超过制造成本，而一个良好的基础设施对于降低物流成本是十分关键的，因此，基础设施在选址决策中占有重要地位。例如，戴尔在田纳西州的工厂靠近主干高速公路，同时靠近联邦快递的一个配送节点。由于信息流的通畅快捷对降低需求的扭曲、降低库存成本有重要影响，因此通信设施的质量、成本对于选址决策也是一个重要因素。

3. 竞争对手

"知己知彼，百战不殆"，在企业选址决策中必须考虑到竞争对手的布局情况，根据企业产品或服务的自身特征来决定是靠近竞争对手还是远离竞争对手，并把由市场竞争的激烈程度决定的物流需求状况作为节点选址时必须最为重视的外部影响因素来加以考虑。只有如此，才有可能避免因为节点布局不合理造成的日后物流市场供不应求或者供过于求的混乱局面发生。

（二）选址决策的内部因素分析

企业的内部因素往往是最主要的。选址决策首先要与企业的发展战略相适应。例如，对于制造业企业而言，发展劳动力密集型的产品还是高技术类型的产品，是企业综合内外形势分析得到的企业发展战略，如果选择劳动力密集型产品，则必然要选择生产成本低的地区；而选择高技术类型的产品，则必然要选择劳动力素质高的地区，而这些地方往往成本较高。对商业及服务业来说，选择以连锁便利店还是超市的形式发展，会有不同的企业网络设计。对于连锁便利店，因其占地面积较小，可以选择在人口密集的区域建设；如果设计大型商城或超市，则必须选择在人口不是非常密集或即使人口密集，也可以提供足够建设设施用地的区域。

综上所述，一般地，在区域和具体地址选择方面，劳动力环境、运输可行性、是否靠近市场和方便客户、生活质量、供应商网络和土地成本及配套设施等为主要决定因素。这些因素的相对权重取决于所考虑选址决策的具体情况。

1. 劳动力环境

劳动力环境是指劳动力的可得性、成本和劳动力的联合程度、技能水平和工作方面的道德规范，以及生产力和当地政府的支持情况及失业率等。

2. 运输可行性

出于对高质量、可靠性运输的需要，企业应对运输设施的运输能力范围进行选取与评价。如联邦快递、UPS、Emery、TNT、Airborne这些企业提供了时效性非常强的服务。

3. 是否靠近市场和方便客户

靠近市场这一因素通常考虑物流和竞争两个方面的变量。物流变量包括运输可能性、运输成本和所供应地地理市场的规模。虽然有些公司都优先将物流放置在靠近市场和客户的地方，但从成本上考虑，一个过于复杂的物流网络可能不具有优势。同时，从物流设施的及时性方面看，高质量运输服务和有效信息技术的可得性都可以引起地理区域的扩张。

4. 生活质量

某一特定区域的生活质量很难量化，但它确实影响员工的精神状态和工作质量。

5. 供应商网络

就制造企业而言，原材料和部件的可得性和成本，以及将这些材料运到计划中的工厂所在地的成本有非常重要的意义。供应商的进货运送成本和服务敏感性都需要考虑。

6. 土地成本及配套设施

根据所考虑设施的不同类型，土地成本和需要的配套设施具有不同的意义。以制造工厂或配送中心为例，它可能只需要一块较小的土地，以备当时使用和未来的扩张。地方建筑法规和建筑成本等是应考虑的重要因素。同时，电力、排污和工业废物处理等设施的可用性和费用，都需要作为考虑因素进入决策制定过程。

5.2.4 节点选址的原则

大量的成功案例证明，在选址问题上，定性分析更为重要，定性分析是定量分析的前提。在做定性分析时，为它确定几项原则是必要的。具体的选址原则如下：

1. 费用原则

企业首先是经济实体，无论何时何地，经济利益对于企业都是重要的。企业建设初期的固定费用、投入运行后的变动费用以及产品出售以后的年收入，都与选址有关。

2. 集聚人才原则

人才是企业最宝贵的资源，企业地址选得合适有利于吸引人才。反之，因企业搬迁造成员工生活不便，导致员工流失的事情常有发生。

3. 接近用户原则

对于服务型企业，几乎都需要遵循接近用户原则，如银行、邮电局、电影院、医院、学校、零售业的所有商店等。许多制造企业也把工厂建到消费市场附近，以降低运费和损耗。

4. 长远发展原则

企业选址是一项带有战略性的经营管理活动，因此在进行企业选址时要有战略意识。选址工作要考虑到企业生产力的合理布局，要考虑市场的开拓，要有利于获得新技术、新思想。在当前世界经济越来越趋于一体化的时代背景下，要考虑如何有利于参与国际竞争。

5.2.5 节点选址的方法

物流节点选址分为单一节点选址与多节点选址。

（一）单一节点选址

单一节点选址是指独立地选择一个新的节点地点，其运营不受企业现有节点网络的影响。在有些情况下，所要选择位置的新节点是现有节点网络中的一部分，如某餐饮公司要新开一个餐馆，但餐馆是与现有的其他餐馆独立运营的，这种情况也可看作单一节点选址。单一节点选址常出现以下几种情况：①新成立企业或新增加独立经营单位；②企业扩大原有设施，考虑两种选择：原地扩建或另选新址；③企业迁址。

单一节点选址的方法分为以下几种：

1. 因素评分法

因素评分法是在常用的选址方法中使用得最广泛的一种，因为它以简单易懂的模式将各种不同因素综合起来。因素评分法的具体操作步骤如下：

（1）确定一组相关的选址决策因素。

（2）对每一因素赋予一个权重以反映这个因素在所有权重中的重要性。每一因素的分值根据权重来确定，而权重则要根据成本的标准差而不是根据成本值来确定。

（3）对所有因素的打分设定一个共同的取值范围，一般是1～10或1～100。

（4）对每一个备选地址，就所有因素按设定范围打分。

（5）用各个因素的得分与相应的权重相乘，并把所有因素的加权值相加，得到每一个备选地址的最终得分。

（6）选择具有最高总得分的地址作为最佳选址。

2. 盈亏分析法

盈亏分析法是厂房选址的一种基本方法，也称为生产成本比较分析法。这种方法基于以下假设：可供选择的各个方案均能满足厂址选择的基本要求，但各方案的投资额不同，投产以后原材料、燃料、动力等变动成本不同。这时，可利用损益平衡分析法的原理，以投产后生产成本的高低作为比较标准。盈亏平衡法的具体操作步骤如下：

（1）决定候选地址。

（2）确定每一个设施的固定成本（土地、财产税、保险、设备）。

（3）确定每一个设施的单元可变成本（劳动力、物料、公共资源和运输）。

（4）在图中绘制出每一个候选地址的成本线。

（5）找出盈亏平衡点。

（6）确定每一个候选地址的最低成本范围。

3. 重心法

重心法是一种布置单个设施的方法，这种方法考虑现有设施之间的距离和运输的货物量。它常用于中间仓库或分销仓库的选择。在最简单的情况下，这种方法假设运入和运出成本是相等的，它并未考虑在不满载的情况下增加的特殊运输费用。

重心法的思想是在确定的坐标中，各个原材料供应点位置坐标与其相应供应量、运输费率之积的总和等于场所位置坐标与各供应点供应量、运输费率之积的总和。重心法中的坐标系可以随便建立，在国际选址中，经常采用经度和纬度建立坐标。

（二）多节点选址

多节点选址就是在一个区域中设置几个物流节点。设置的基本目标是服务好、费用省和不破坏生态环境。设置的具体内容就是要确定物流节点的数量、位置、规模、供货范围以及直达和中转的比例。设施网络中的新址选择比单一设施选择问题更复杂，因为在这种情况下决定新设施的地点位置时，还必须同时考虑到新设施与其他现有设施之间的相互影响和作用。如果规划得好，各个设施之间会相互促进，否则就会起到负面作用。多节点选址方法包括以下几种：

1. 简单的中线模式法

简单的中线模式法是一种厂址选择的方法。这种方法有其局限性，它只假设坐标上最优的点（即使总的运输距离最短的点）是一个可行的建厂点，并不考虑该地现在是否有道路，也不考虑自然地形、人口密度以及其他许多在布点时应考虑的重要事项。

2. 德尔菲分析模型

典型的布置分析考虑的是单一设施的选址，其目标有供需之间的运输时间或距离最小化、成本最小化、平均反应时间最小化。但是，有些选址分析涉及多个设施和多个目标，其决策目标相对模糊，甚至带有感情色彩。解决这类选址问题的一个方法是使用德尔菲分析模型，该模型在决策过程中考虑了各种影响因素。使用德尔菲分析模型涉及三个小组，即协调小组、预测小组和战略小组。每个小组在决策中发挥不同的作用。

3. 启发式方法

启发式规划选址是一种逐次逼近最优解的方法，当复杂的线性规划或者非线性规划难以用运筹学中的方法进行求解时，启发式方法发挥了巨大的作用。启发式方法与最优规划方法的最大不同是它不是精确式算法，不能保证给出的解决方案是最优的，但只要方法得当，便能够使获得的可行解与最优解非常接近，而且启发式算法相对最优规划方法计算简单，求解速度快。因此启发式方法是规划技术中非常实用的方法。

鲍摩-瓦尔夫（Baumol-wolfe）模型就是针对多物流节点选址提出的一种启发式方法，这种方法在求解的过程中只需要运用一般运输规划的计算方法即可。其目标函数就是制定在把若干个工厂的产品，经过若干个配送中心，向若干个客户运输的情况下的成本最小的运输计划。该方法的缺点是没有考虑物流设施的固定费用及设施的容量限制。

奎汉-哈姆勃兹（Kuehn-Hamburger）模型也是多个配送中心选址的典型方法，该方法是一种启发式的算法，采用的是"逐次逼近求近似解的方法"，即简单地先求出初次解，然后经过反复计算修改这个解，使之逐步达到近似最佳解的方法。这种方法考虑了物流设施的固定费用以及运营管理的可变费用，又考虑了设施的容量限制，该模型更加贴近实际。其缺点是，当物流节点及供求方客户较多时，计算量比较大。

4. 最优化方法

最优化规划方法就是用运筹学的理论方法，在许多可用的选择中挑选出一个最优方案。最优化规划问题的关键是构造目标函数和选择约束条件，即把选址影响因素（自变量因子）的相关关系找出来。最优化方法是一种离散模型，即对有限的备选点进行优化组合。最优化规划方法中的线性规划及整数规划是目前应用最为广泛的选址方法。最优化规划方法的优点是它属于精确式算法，能获得精确最优解。不足之处主要在于，对一些复杂情况很难建立合适的规划模型，或者模型太复杂，难以得到最优解。

5. 仿真方法

仿真方法是试图通过模型重现某一系统的行为或活动，而不必实地去建造并运转一个系统。在选址问题中，仿真技术可以使分析者通过反复改变和组合各种参数，多次试行来评价不同的选址方案；还可进行动态模拟，如假定各个地区的需求是随机变动的，通过一定时间长度的模拟运行，可以估计各个地区的平均需求，从而在此基础上确定节点的分布。仿真方法可描述多方面的影响因素，因此具有较强的实用价值，常用来求解较大型问题。例如，某公司有137个需求中心、5个地区性的配送中心、4个生产工厂，通过动态模拟计算分析，得出的结论是：如果把现有的5个配送中心归并成3个，可使总成本最小。若该方案得到实施，实施后每年可节约13万元。

仿真方法的不足之处主要是不能提出初始方案，只能通过对已存在的备选方案进行评价，从中找出最优方案。所以在运用这项技术时，必须首先借助其他技术找出各初始方案，各个初始方案的优劣会对最终决策结果产生很大影响。

5.3 物流节点布置设计

物流节点布置设计就是通过对系统物流、人流、信息流进行分析，对建筑物、机器、设备、运输通道和场地进行有机组合与合理配置，达到系统内部布置最优化。

5.3.1 节点布置设计的含义

节点布置设计是指根据企业的经营目标和生产纲领，在已确认的空间场所内，按照从原材料的接收、零件和产品的制造，到成品的包装、发运等全过程，力争将人员、设备和物料所需要的空间做最适当的分配和最有效的组合，以获得最大的经济效益。

节点布置设计在节点规划设计中占有重要地位，历来是备受重视的领域。以工厂布置为例，它的好坏直接影响整个系统的物流、信息流、生产能力、生产率、生产成本以及生产安全。优劣不同的工厂布置，在施工费用上可能相差无几，但对生产运营的影响会有很大不同。正是由于优良的平面布置可以使物料搬运费用至少减少10%～30%，因此，在美国，工厂平面布置被认为是加速生产率提高的决定因素之一。

5.3.2　节点布置设计的内容

节点布置包括工厂总体布置和车间布置。工厂总体布置设计应解决工厂各个组成部分，包括生产车间、辅助生产车间、仓库、动力站、办公室、露天作业场地等各种作业单位和运输线路、管线、绿化及美化节点的相互位置，同时应解决物料的流向和流程、厂内外运输的连接及运输方式。

车间布置设计应解决各生产工段、辅助服务部门、储存节点等作业单位及工作地、设备、通道、管线之间的相互位置，同时，也应解决物料搬运的流程及运输方式。

对于现有节点，可以使用原有组成部分的名称划分作业单位或进行新的分合。对于新的项目，规划设计人员要逐个确定所有的作业单位，这对于布置设计的顺利进行十分必要。

5.3.3　节点布置设计的原则

节点布置设计要遵循的基本原则如下：

（1）整体综合原则。设计时应将对节点布置有影响的所有因素都考虑进去，以达到优化方案的目的。

（2）搬运距离最小原则。产品搬运距离的大小，不仅反映搬运费用的高低，也反映物流流动的通畅程度，因此，应按搬运距离最小原则选择最佳方案。

（3）流动性原则。良好的节点布置应使在制品在生产过程中流动通畅，消除无谓的停滞，力求生产流程连续化。

（4）空间利用原则。无论是生产区域还是存储区域的空间安排，都应力求充分有效地利用空间。

（5）柔性原则。在进行厂房节点规划布置前，应考虑各种因素变化可能带来的布置设计变更，以便于以后的扩展和调整。

（6）安全原则。节点布置设计应考虑使作业人员有安全感，并感到方便、舒适。

5.3.4　节点布置设计的布置形式

在进行物流节点布置设计时，不同企业采用不同的布置形式，节点布置形式有3种基本类型（产品原则布置、工艺原则布置、定位原则布置）和一种混合类型（成组原则布置）。

（一）产品原则布置

产品原则布置是根据产品制造的步骤安排各组成部分。从理论上看，流程是一条从原料投入到成品完成为止的连续线。固定制造某种部件或某种产品的封闭车间，其设备、人员按加工或装配的工艺过程顺序布置，形成一定的生产线，适用于少品种、大批量的生产方式。产品原则布置的优缺点如表5-2所示。这种布置形式有汽车装配线、食品加工和家具制造业等。

表5-2　产品原则布置的优缺点

优　点	缺　点
①由于布置符合工艺过程，物流流畅	①一台设备故障将导致整个生产线中断
②由于上下工序衔接，在制品少	②产品创新将导致布置的重新调整
③生产周期短	③生产线速度取决于最慢的机器
④物料搬运工作量少	④相对投资较大
⑤对工人的技能要求不高，易于培训	⑤重复作业，单调乏味
⑥生产计划简单	⑥维修保养费用高
⑦可使用专门设备	⑦机器负荷不满

产品原则布置与工艺原则布置之间明显不同的特性是工件流程的模式。在工艺原则布置中，物流路线是高度可变的，因为用于既定任务的物料在其生产周期中要多次送往同一加工车间。而在产品原则布置中，设备和车间服务于专门的产品线，因此，在一个产品原则布置系统内，其各部门的相对位置安排以及生产部门内各部分的定位所出现的困难比工艺原则布置中的要小。

在特殊情况下的产品原则布置，如装配线的布置，工厂设计人员将面临较复杂的问题——如何实现装配线的均衡流动，使在装配线上操作的工人停工时间最短。这时往往面临两个问题：在给定的周期时间内，求工作地点的最小数量——布置问题；在给定的工作地点数量条件下，求最小的周期时间——编制进度表问题。

（二）工艺原则布置

工艺原则布置是同类设备和人员集中布置在一个地方的布置形式。如按车床组、磨床组等分区，各类机床组之间也保持一定顺序，按照大多数零件的加工路线来排列，适用于多品种、小批量的生产方式。工艺原则布置的优缺点如表5-3所示。

表5-3　工艺原则布置的优缺点

优　点	缺　点
①机器利用率高	①物流量大
②设备和人员的柔性程度高，更改产品品种和数量方便	②生产计划与控制较复杂
③设备投资相对较少	③生产周期长
④操作人员作业多样化	④库存量相对较大
	⑤对员工技能要求高

（三）定位原则布置

定位原则布置是指根据体积或重量把产品保留在一个位置上，设备、人员、材料都围绕着产品转，如飞机制造厂、造船厂的布置等。定位原则布置的优缺点如表5-4所示。

表5-4 定位原则布置的优缺点

优　点	缺　点
①物料移动少 ②当采用班组方式时,可提高作业连续性 ③高度柔性	①人员设备的移动增加 ②设备需要重复配备 ③对工人技能需求高

虽然定位原则布置已经应用了上千年,但是在定量布置技术的文献中很少提到它。然而,在特定的条件下,采用一定的客观标准和用定量方法进行定位布置是可能的。例如,若物流搬运成本很高,而建筑工地允许物料近似直线搬运,则可以优先考虑利用CRAFT软件进行布置。

(四) 成组原则布置

成组原则布置又称为单元式布置,即将不同的机器分成单元来生产具有相似形状和工艺要求的产品。这是实施成组加工的布置形式,介于产品原则布置和工艺原则布置之间,适用于中小批量生产。其优缺点如表5-5所示。

表5-5 成组原则布置的优缺点

优　点	缺　点
①物流通畅 ②设备利用率较高 ③有利于发挥班组合作精神 ④有利于拓宽工人的作业技能 ⑤物料搬运工作量少 ⑥兼有产品原则布置和工艺原则布置的优点	①生产计划要求高 ②由于单元之间流程不平衡,需要中间储存 ③人员需要掌握所有作业技能 ④减少了使用专业设备的机会 ⑤兼有产品原则布置和工艺原则布置的缺点

5.4 配送中心的选址及布局

配送中心选址是指在一个具有若干供应点及若干需求点的经济区域内,选一个地址设置配送中心的规划过程。较佳的配送中心选址方案会使商品通过配送中心的汇集、中转、分发,直至输送到需求点的全过程的效益最好。配送中心拥有众多建筑物、构筑物以及固定机械设备,一旦建成很难搬迁,如果选址不当,将付出长远代价。因而,配送中心的选址是配送中心规划中至关重要的一步。

5.4.1 配送中心选址概述

随着国民经济的发展,社会物流量不断增长,要求有相应的配送中心及网点与之相适应。进行配送中心的建设,必须有一个总体规划,即从空间和时间上,对配送中心的新建、改建和扩建进行全面系

配送中心选址的
原则及影响因素

统的规划。科学合理的规划对配送中心的设计、施工与应用，对其作业质量、安全、作业效率和保证供应，对节省投资和运营费用等，都会产生直接和深远的影响。

（一）配送中心选址过程应遵循的原则

配送中心选址过程应同时遵循适应性原则、协调性原则、经济性原则和战略性原则。

1. 适应性原则

配送中心的选址须与国家以及省市的经济发展方针、政策相适应，与我国物流资源分布和需求分布相适应，与国民经济和社会发展适应。

2. 协调性原则

配送中心的选址应将国家的物流网络作为一个大系统来考虑，使配送中心的设施设备在地域分布、物流作业生产力、技术水平等方面互相协调。

3. 经济性原则

在配送中心的发展过程中，有关选址的费用主要包括建设费用及物流费用（经营费用）两部分。配送中心的选址定在市区、近郊区或远郊区，其未来物流辅助设施的建设规模及建设费用以及运费等物流费用是不同的，选址时应以总费用最低作为配送中心选址的经济性原则。

4. 战略性原则

配送中心的选址应具有战略眼光。一是要考虑全局，二是要考虑长远。局部要服从全局，目前利益要服从长远利益，既要考虑目前的实际需要，又要考虑日后发展的可能。

（二）配送中心选址的影响因素

配送中心的选址主要应考虑以下因素：

1. 自然环境因素

（1）气象条件。配送中心选址过程中，主要考虑的气象条件有温度、风力、降水量、无霜期、冻土深度、年平均蒸发量等指标。例如，选址时要避开风口，因为在风口建设会加速露天堆放商品的老化。

（2）地质条件。配送中心是大量商品的集结地。某些容重很大的建筑材料堆码起来，会对地面造成很大压力。如果配送中心地面以下存在着淤泥层、流沙层、松土层等不良地质条件，会在受压地段造成沉陷、翻浆等严重后果，为此，配送中心选址要求土壤承载力要高。

（3）水文条件。配送中心选址须远离容易泛滥的河川流域与地下水上溢的区域。要认真考察近年的水文资料，地下水位不能过高，洪泛区、内涝区、故河道、干河滩等区域绝对禁止选择。

（4）地形条件。配送中心应选择地势较高、地形平坦之处，且应具有适当的面积与外形。若选在完全平坦的地形上是最理想的，其次选择稍有坡度或起伏的地方，对于山区或陡坡地区则应该完全避开；在外形上可选择长方形，不宜选择狭长或不规则形状。

2. 经营环境因素

（1）经营环境。配送中心所在地区的优惠物流产业政策对物流企业的经济效益将产生重要影响，数量充足和素质较高的劳动力也是配送中心选址考虑的因素之一。

（2）商品特性。经营不同类型商品的配送中心最好能分别布局在不同地域，例如，生产型配送中心的选址应与产业结构、产品结构、工业布局紧密结合来进行考虑。

（3）物流费用。物流费用是配送中心选址的重要考虑因素之一。大多数配送中心选择接近物流服务需求地，例如，接近大型工业、商业区以缩短运距、降低运费等物流费用。

（4）服务水平。服务水平是配送中心选址的考虑因素。在现代物流过程中，能否实现准时运送是配送中心服务水平高低的重要指标，因此，在进行配送中心选址时，应保证客户可在任何时候向配送中心提出物流需求，都能获得快速满意的服务。

3. 基础设施状况

（1）交通条件。配送中心必须具备方便的交通运输条件。最好靠近交通枢纽进行布局，如紧临港口、交通主干道枢纽、铁路编组或机场，有两种以上运输方式相连接。

（2）公共设施状况。配送中心的所在地要求城市的道路、通信等公共设施齐备，有充足的供电、供水、供热、供燃气的能力，且场区周围要有污水、固体废物处理能力。

4. 其他因素

（1）国土资源利用。配送中心的规划应贯彻节约用地、充分利用国土资源的原则。配送中心一般占地面积较大，周围还需留有足够的发展空间，为此地价的高低对布局规划有重要影响。此外，配送中心的布局要兼顾区域与城市规划用地的其他要素。

（2）环境保护要求。配送中心的选址需要考虑保护自然环境与人文环境等因素，尽可能降低对城市生活的干扰。对于大型转运枢纽，应适当设置在远离市中心的地方，使得大城市交通环境状况能够得到改善，城市的生态建设得以维持和增进。

（3）防火安全要求。由于配送中心是火灾重点防护单位，因此不宜设在易散发火种的工业设施（如木材加工、冶金企业）附近，也不宜设在居民住宅区附近。

（三）配送中心选址的程序和步骤

在进行配送中心选址时，可以按照图5-1中所示的程序进行。

101

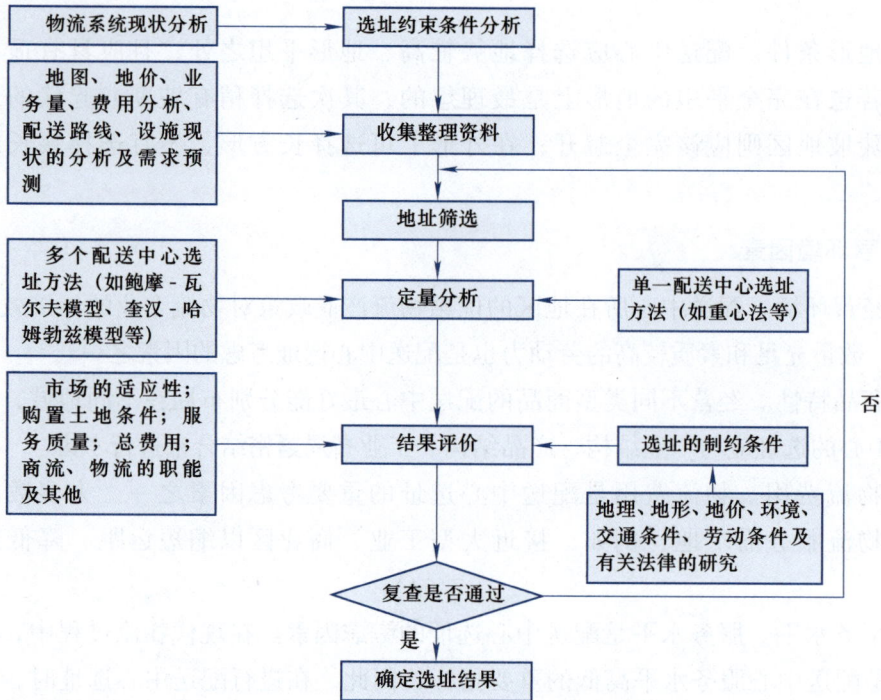

图5-1 配送中心选址的程序

配送中心选址具体来说可分为以下几个步骤：

1. 选址约束条件分析

选址时，首先要明确建立配送中心的必要性、目的和意义。然后根据物流系统的现状进行分析，制订物流系统的基本计划，确定所需要了解的基本条件，以便大大缩小选址的范围。

（1）需要条件。需要条件包括配送中心的服务对象——客户目前分布情况及未来分布情况的预测、货物作业量的增长率及配送区域的范围。

（2）运输条件。配送中心应靠近铁路货运站、港口和机场等运输节点，同时也应靠近运输业者的办公地点。如北京市的四道口蔬菜、果品配送中心就建在铁路货运站的旁边，并且靠近公路，交通运输十分便利，有着得天独厚的运输条件。

（3）配送服务的条件。向客户报告到货时间、发送频度、根据供货时间计算的从客户到配送中心的距离和服务范围。

（4）用地条件。在选择用地时要充分考虑新开发用地的必要性，避免盲目地开发，如确需开发，要考虑开发地点、地价等因素的影响。

（5）法规制度。了解指定用地区域关于建立物流配送中心的有关政策法规，了解环保卫生安全与劳动就业方面的法规，熟悉相关的贷款优惠及税收制度。

（6）流通职能条件。商流职能是否能够与物流职能分离，配送中心是否能够附有流通加工的职能，是决定配送中心选址的重要约束条件。

（7）其他。不同的物流类别有不同的特殊需要。如鲜活易腐货物、危险货物等，要求配备相应的特殊设施，选址时必须考虑是否能够满足这些特殊要求。

2. 收集整理资料

选择地址一般是通过成本计算，也就是将运输费用、物流设施费用模型化，根据约束条件及目标函数建立数学公式，从中寻求费用最小方案。但是，采用这种选择方法，寻求最优的选址解时，必须对业务量和生产成本做出正确的分析和判断。

（1）掌握业务量。选址时，应掌握的业务量包括：①工厂到配送中心之间的运输量；②向客户配送的货物数量；③配送中心保管的数量；④配送路线上的业务量。由于这些业务量在不同时期会有所波动，因此要对所采用的数据水平进行研究。另外，除了对现有的各项数据进行分析外，还必须确定设施使用后的预测数值。

（2）掌握费用。选址时，应掌握的费用包括：①工厂到配送中心之间的运输费；②配送中心到客户之间的配送费；③与设施、土地有关的费用及人工费、业务费等。由于第①和第②两项费用会随着业务量和运送距离的变化而变动，所以必须对每一吨公里的费用进行分析（成本分析），第③项包括可变费用和固定费用，最好根据这两者之和进行成本分析。

（3）其他。用缩尺地图表示客户的位置、现有设施的配置方位及工厂的位置，并整理各候选地址的配送路线及距离等资料，对于必备车辆数、工厂作业人员数、装卸方式、装卸机械费用等，要与成本分析结合起来考虑。

3. 地址筛选

在对所取得的上述资料进行充分的整理和分析，考虑各种因素的影响并对需求进行预测后，就可以初步确定选址范围，即确定初始候选地点。

4. 定量分析

针对不同情况选用不同的模型进行计算，得出结果。如对多个配送中心进行选址时，可采用奎汉-哈姆勃兹模型、鲍摩-瓦尔夫模型等；如果是对单一配送中心进行选址，就可采用重心法等。

5. 结果评价

对计算结果进行评价，看其是否具有现实意义及可行性。

6. 复查

分析其他影响因素对计算结果的相对影响程度，分别赋予它们一定的权重，采用加权法对计算结果进行复查。如果复查通过，则原计算结果即为最终结果；如果复查发现原计算结果不适用，则返回第3步计算，直至得到最终结果为止。

7. 确定选址结果

在用加权法复查通过后，则计算所得结果即可作为最终的计算结果。但是所得解不一定为最优解，可能只是符合条件的满意解。

（四）配送中心选址方案的经济论证

配送中心的建设，尤其是大型配送中心的建设，需要较大规模的投资，在确定选址方案之后，还需要对方案进行经济论证。配送中心选址方案的经济论证主要有以下几个方面的内容。

1. 投资额的确定

配送中心的主要投资领域有以下几个方面：

（1）预备性投资。配送中心是占地较大的项目，它和仓库的不同之处在于，配送中心应处于与用户接近的最优位置，因此在基本建设主体投资之前，需有征地、拆迁、市政、交通等预备性的投资，这是一笔数额较大的投资，尤其在一些黄金地域，这项投资可超过总投资额的50%。

（2）直接投资。直接投资是指用于配送中心项目主体的投资，如配送中心各主要建筑物的建设费，货架、叉车、分拣设备的购置及安装费，信息系统的购置安装费，配送中心自有车辆的购置费等。

（3）相关投资。不同地区与基本建设及未来经营活动有关的项目，如燃料、水、电、环境保护等，都需要有一定的投资。在有些地区，相关投资可能很大，如果只考虑直接投资而忽视相关投资，投资的估计可能发生较大偏差。

（4）运营费用。不同配送中心选址也取决于配送产品、配送方式和用户状况。这些因素会造成运营费用较大的差别，在布局时必须重视这些投资因素，有时候建设费用虽低，但运营费用高，在投资中如果不考虑运营费用，则投资效果往往会判断不准。

2. 投资效果分析和确定

在准确掌握投资额度之后，确认其投资效果，而且以投资效果来做最后决策。投资效果问题归根结底是对投资效益的估算。配送中心和一般产品生产企业的主要区别在于它没有确定数量、确定质量、确定价格的产品，因而收益的计量性模糊，受不确定的收入因素影响较大。此外，在经营活动中，人的因素等不确定性因素很多。所以计算效益时需要对用户、市场占有率等若干方面做不同层次的估计，分别组成不同方案进行比较。

（五）配送中心选址的注意事项

大中城市的配送中心应采取集中与分散相结合的方式选址；在中小城镇，因配送中心的数目有限且不宜过于分散，故宜选择独立地段；在河道（江）较多的城镇，商品集散大多利用水运，故配送中心可选择沿江地段。应当注意的是，城镇要避免将那些占地面积较大的综合性配送中心设置在城镇中心地带，否则会带来交通拥堵等不良后果。

下面简要分析各类配送中心在选址时的注意事项。

1. 不同类型配送中心选址时的注意事项

（1）转运型配送中心。转运型配送中心大多经营倒装、转载或短期储存的周转类商品，大都使用多式联运方式，因此一般应设置在城市边缘地区的交通便利地段，以方便转运和减少短途运输。

（2）储备型配送中心。储备型配送中心经营的商品种类繁多，可根据商品类别和物流量，选择设置在不同的地段。例如，与居民生活关系密切的生活型配送中心，若物流量不大又没有环境污染问题，可选择接近服务对象的地段，但该地段应具备方便的交通运输条件。

2. 经营不同商品的配送中心选址时的注意事项

经营不同商品的配送中心对选址的要求不同，应分别加以注意。下面分析果蔬食品、冷藏品、建筑材料、燃料及易燃材料等配送中心选址的特殊要求。

（1）果蔬食品配送中心。由于蔬菜水果对时效性要求高，所以配送中心应该选择入城干道处，以免运输距离拉得过长，商品损耗过大。

（2）冷藏品配送中心。冷藏品配送中心往往选择在屠宰厂、加工厂、毛皮处理厂等的附近。因为有些冷藏品配送中心会产生特殊气味、污水、污物，而且设备及运输噪声较大，可能会对所在地环境造成一定影响，故多选择设置在城郊。

（3）建筑材料配送中心。通常建筑材料配送中心的物流量大、占地多，可能会产生某些环境污染问题，有严格的防火等安全要求，应选择城市边缘交通运输干线附近。

（4）燃料及易燃材料配送中心。石油、煤炭及其他易燃物品配送中心应满足防火要求，选择城郊的独立地段。在气候干燥、风速较大的城镇，还必须选择大风季节的下风位或侧风位。特别是油品配送中心，地址应远离居住区和其他重要设施，最好选在城镇外围的地形低洼处。

（六）配送中心选址难的原因

科学合理地进行配送中心选址具有一定的难度，其主要原因有：

（1）选址因素相互矛盾。选址涉及很多因素，而这些因素常常是相互矛盾的。例如，有利于配送的地方能较多地承接业务，但常常地价贵、租金高等。

（2）不同因素的相对重要性很难确定和度量。

（3）判断的标准会随时间变化而变化，现在认为是好的选址，过段时间就不一定是好的了。

5.4.2 配送中心的内部布局

（一）配送中心的内部结构

配送中心的种类很多，其规模大小各异，然而，无论是哪一种类型的配送中心，其内部结构基本上是相同的。也就是说，各种配送中心都是由指挥系统、管理系统和各种作业区组成的。现以一般配送中心为例，就其各个系统的性质和职能分别加以阐述。

1. 指挥和管理系统（管理机构）

指挥和管理系统是配送中心的中枢神经。其职能是：对外负责收集和汇总各种信息

（包括用户订货和要货信息），并做出相应的决策；对内负责协调、组织各种活动，指挥调度各类人员，共同完成配送任务。就其位置而言，有的集中设在某一区域（管理区）内，有的则分布在各个作业区，由一个调度中心统一进行协调。

2. 作业区

配送中心的类型不同，作业区的构成及其面积大小也不尽相同。一般的配送中心，其作业区包括以下几部分：

（1）接货区。在接货区内，工作人员必须完成接收货物的任务和货物入库、拣选之前的准备工作（如卸货、检验、分拣等工作）。因货物在接货区停留的时间不太长，并且处于流动状态，故接货区的面积相对来说都不算太大。它的主要设备有铁路（或公路）专用线、卸货站台和验货场区。

（2）储存区。在储存区内，工作人员存储或分类存储经过检验的货物。由于所选货物需要在这个区域内停留一段时间，并且占据一定的位置，因此相对而言，储存区所占的面积比较大。一般地，这个作业区大体上要占整个作业区面积的一半，个别配送中心（如煤炭、水泥配送中心）的储存面积甚至要占配送中心总面积的一半以上。储存区是存储货物的场所，在这个区域内一般都建有专用仓库（包括现代化的立体仓库），并且配置着各种设备，其中包括各种货架、叉车和吊车等起重设备。从位置上来看，储存区多设在紧靠接货站台的地方，有的也设在加工区的后面。

（3）理货区。理货区是配送中心的工作人员进行拣货和配货的作业场所，其面积大小因配送中心的类型不同而异。一般说来，拣选货和配送工作量比较大的配送中心（或者说是按照少批量、多批次方式向多家用户配送多种商品的配送中心），其理货区的面积都比较大；反之，拣选货及配货工作量不太大的配送中心，其理货区所占的面积也不大。与其他作业区一样，在理货区内也配置着许多专用设备和设施，其中包括手推载货车、重力式货架和回转式货架、升降机、传送装置、自动分拣设施等。包括分拣、选取、配送在内的理货作业是配送中心作业流程中的一项重要作业（有人称之为"核心工艺"），其效率高低不仅直接影响下道工序的正常操作，而且直接影响整个配送活动的运行质量及其效益。从这个意义上讲，理货区是配送中心的重点作业区。

（4）配装区。由于种种原因，有些分拣出来并配备好的货物不能立即装车发送，而是需要集中在某一场所等待统一发运，这种放置和处理待发送货物的场地就是配装区。在配装区内，配送中心的工作人员要进行配装作业，即根据每个货主的货物数量进行分放、配车和选择装运方式（单独装运或混载同运）。因在配装区内货物转瞬即出、停留时间不长，所以货位所占的面积不大。相对而言，配装区的面积要比储存区的面积小得多，需要指出的是，有一些配送中心的配装区与发货区合在一起，因此，配装作业常常融合于其他相关的作业中。此外，因配装作业的主要内容是分放货物、组配货物和安排车辆等，故在这个作业区内除了配置计算工具（微机）、小型装卸机械、运输工具以外，还应设有一些特殊的大型专用设备。

（5）发货区。发货区是工作人员将组配好的货物装车外运的作业区域。从布局和结构上看，发货区和进货区类似，也是由运输货物的线路和接靠载货车辆的站台、场地等组成。所不同的是，发货区位于整个作业区的末端，而进货区位于首端。

（6）加工区。有很多从事加工作业的配送中心，在结构上除了设置一般性作业区外，还设有配送货加工区。在这个区域内，配备着加工设备（如剪床、锯床、打包机等）。因加工工艺有别，各个（加工型）配送中心的加工区所设置的设备也不完全相同。和储存区一样，加工区所占的面积也比较大，尤其是煤炭、水泥、木材等生产资料加工区，其所占面积更大，典型的配送中心的功能分区如表5-6所示。

表5-6　典型的配送中心的功能分区

退货处理区	差异货处理区	设备存放及简易维护区	
接货区	理货区	储存区	
		加工区	废弃物处理区
出库待发货区	配装区	管理区	
	发货区		

（二）配送中心内保管场所的分配

所谓保管场所的分配，是指在库区内，为每一种库存物资分配适应的储存保管地点，一般应包括保管区的划分，库房、料棚、料场的分配，楼库各层的使用分配，确定存入同一库房的物资品种等。合理分配保管场所的目的在于做到物得其所、库尽其用、地尽其力。

1. 保管区的划分

在规模比较大的综合材料场或仓库，储存的物资品种多、数量大，为了便于管理，可按照仓库建筑物的布局和储存物资的类别，划定若干储存保管区。划分储存保管区的方法有：

（1）按物资的理化性质分区。该分区方法是将库存物资按其理化性质分成若干大类，对每一类物资划定一个储存保管区，如金属材料、非金属材料、机电产品等。这种划分储存保管区的方法有利于针对某类货物的特征，采取相应的保管措施，便于对某一类物资进行集中统一管理。

（2）按物资的使用方向分区。该分区方法是按照物资的使用方向和用途，将物资分为若干大类，如铁路材料场可将修车用料、建筑工程用料、通信信号用料等每类物资，划定一定的储存保管区。这种分区方法便于对基层用料单位配送，用料单位来料、领料时也比较方便。其缺点是，用于同一方向的物资品种繁多、性质各异，要求不同的保管条件，给保管带来一定困难。

（3）混合分区。混合分区是指将上述两种方法结合起来运用，有的按物资的性质分区，有的按物资的使用方向分区。

各种分区方法各有优缺点。通常情况下，铁路材料场多采用混合分区法。通用物资按理化性质划区（如金属材料、非金属材料），专用物资按使用方向分类划区（如机车车辆配件、通信信号器材等）。为了业务管理上的方便，材料场对物资的分类划区应与铁路物资目录的分类相一致。

2. 库房、料棚、料场的分配

划定保管区之后，就要对本保管区的仓储设备进行统一的规划和使用，对本保管区的库房、料棚、料场安排各自的用场，即把本类物资合理地分配到库房、料棚、料场。分配得是否合理，对提高保管质量、便利仓库作业、降低保管费用有直接影响，可以说它是做好物资保管工作的基础。

具体到某种物资应储存在什么地方，应综合考虑各方面的因素，如物资的理化性质、加工程度、自身价值、用途和作用、批量大小、单位重量、体积等。其中，物资的理化性质是划分保管场的主要依据。此外，物资在库保管时间的长短、仓库所在地的地理气候条件、储存物资的季节等，也是必须考虑的因素。大体可做如下安排：

（1）凡耐风吹、日晒、雨淋和温度、湿度变化对其无显著影响的物资，均可存放在露天料场，如生铁锭、毛坯、钢轨、大型钢材、铸铁管、原木、大型粗制配件等。

（2）凡受日晒、雨淋易变质损坏，而温度、湿度变化对其无显著影响的物资，可存放在料棚保管，如中型钢材、钢轨配件、优质木材、耐火砖、电缆等。

（3）凡受雨雪侵袭、风吹日晒的影响易造成损害的物资，应存入普通库房，如小型钢材、优质钢材、金属制品、有色金属材料、车辆配件、水泥、化工原料、机械设备等。

（4）受风吹、日晒、雨淋和温度、湿度变化的影响而易造成损害的物资，应存入专用库房，这些物资主要包括各种危险品，如汽油、炸药、压缩气体、毒性物品、腐蚀性物品、放射性物品等。

3. 楼库各层的使用分配

楼库多为3～5层。各层的保管条件和作业条件不同，应合理分配各层用途。

（1）楼库的最底层。地坪承载能力强，净空比较高，两侧和两端均可设库门和站台，收发作业方便；但地坪易返潮，易受库边道路灰尘的影响。因此应存放大批量、单位重量大、体积大、收发作业频繁、要求一般保管条件的物资，如金属材料、金属制品等。

（2）楼库的中间层。楼板承载力比较差，净空比较低，只能用竖井升降机或电梯从垂直方向搬运收发物资，作业不方便；但楼板比较干燥，采光、通风良好，受外界温度、湿度的影响小，保管条件较好。所以适合存放体积较小、重量较轻、保管条件比较高的物资，如电工器材、仪器仪表等。

（3）楼库的最顶层。除具有与中间层相同的条件外，还有对保管和作业不利的方面。因为层面直接受日光照射，受温度的影响比较大，而且收发作业更加不方便。因此适合存放收发作业不太频繁、要求一般保管条件的轻体物资，如纤维制品、塑料制品等。

4. 确定存入同一库房的物资品种

对存入同一库房的物资，应考虑彼此间的互容性。凡两种物资相互之间不发生或很少发生不良影响的，称两者之间具有互容性，如金属材料、金属制品、金属零配件、机械设备等。彼此之间不发生影响，允许存入同一库房。但也有些物资之间因某种原则不宜混存，一般有以下几种情况：

（1）相互之间会发生影响的物资。如粉尘材料与精密仪器仪表、腐蚀性物品与各种易被腐蚀的物资、大部分化工危险品（如炸药与起爆器材、易燃品和自燃物、易燃气体与助燃气体等）。

（2）要求不同保管条件的物资。如怕潮湿与干燥的物资、怕高温（或低温）与一般物资，由于彼此要求不同的保管条件，不可能在同一库房同时得到满足，所以不宜存入同一仓库。

（3）要求不同作业手段的物资。如体积大小相差悬殊、单位重量相差很大、要求不同的装卸搬运手段的物资，若存入同一库房会给收发作业带来很大困难，而且影响仓库的有效利用。另外，大型笨重物资最好存放在有起重设备的大型库房。

（三）保管场所的布置

物资保管场所的布置是指将各种物资合理地布置到库房、料棚或料场的平面空间。其布置应满足下列要求：最大限度地提高保管场所的平面利用率；有利于提高物资保管的质量；符合技术作业过程的要求，便于日常查点和收发；便于机械化作业等。

物资保管场所的布置分为平面布置和竖向布置。

1. 保管场所的平面布置

保管场所的平面布置是指对库房、料棚、料场内的料垛、料架、通道、垛间距、收发料区等进行合理的划分，正确处理它们在平面上的相互位置关系。

（1）保管场所平面的利用。以库房为例，其内墙线所包围的面积（如有立柱，应减去立柱所占的面积）为可使用面积，库内料架和料垛所占的面积为保管面积，其他则为非保管面积。应尽量扩大保管面积，缩小非保管面积。

（2）非保管面积包括通道、墙间距、收发料区、仓库人员办公地点等。

（3）保管场所平面布置有多种形式，可大致做如下分类：

1）垂直式布置。垂直式布置是指料架或料垛的排列与库墙和通道互相垂直。

2）横列式布置。横列式布置是指料架或料垛的长度与库房的长度方向互相垂直（与库房的宽度方向平行）。这种布置方式的主要优点是主通道长且宽，副通道整齐美观，对物资查点、存取方便；通风和自然采光良好；便于机械化作业。其主要缺点是主通道占用面积大，仓库面积利用率受到影响。

3）纵列式布置。纵列式布置是指料架或料垛的长度与库房的长度方向平行（与库房的宽度方向垂直）。这种布置方式的优缺点与横列式布置正好相反，其优点主要是仓库平面利用率比较高，其缺点是存取物资不便，对通风、采光不利。

4）纵横式布置。纵横式布置是指料架或料垛与主通道之间不是互相垂直成90°角，而是成60°、45°或30°的锐角。这种布置方式又分为料垛倾斜布置和通道倾斜布置两种情况：①料垛倾斜布置是指料垛的布置与库墙和通道之间成一锐角。这种布置方式的最大优点是便于叉车配合托盘进行作业。能缩小叉车的回转角度，提高装卸搬运效率；而最大的缺点是造成不少死角，仓库面积不能被充分利用。②通道倾斜布置是指料垛与库墙之间垂直布置，而通道与料垛和库墙之间成锐角。这种布置方式的优点是避免了死角，能充分利用仓库面积，而且同样便于物资搬运和提高作业效率。

综上所述，倾斜式布置方式，只能在一定的条件下采用，有很大的局限性，它只适用于品种单一、批量大、用托盘单元装载、就地码垛、使用叉车搬运的物资，不宜在一般的综合仓库中采用。铁路材料场和材料库主要采用垂直式布置，而且以横列式布置为主。究竟选用哪种布置方式最有利，要视具体情况而定。要根据库房面积的大小、库房的长宽比、料架的规格尺寸、物资的堆码方式、收发作业方式和机械化程度等综合考虑，提出最佳方案。

2. 保管场所的竖向布置

保管场所的竖向布置是指库存物资在仓库立体空间上的布置，其目的在于充分、有效地利用仓库空间，便于收发和提高保管质量。竖向布置可采取下列方式进行：

（1）就地堆垛。借助物品的外部轮廓或包装进行码垛。

（2）使用料架。将物品直接装入料箱、托盘后存入料架。

（3）托盘、集装箱堆码。将物品装入集装箱或码在托盘上，然后把集装箱或托盘进行堆码。

（4）空中悬挂。将某些物品悬挂在库墙或库房的上部结构上。

（5）采用架上平台。在料架上方铺设一层承载板，构成二层平台，可直接堆放物品或摆料架。

保管场所的竖向布置潜力很大，在不增加库房面积的情况下，物资的存放向高度方向发展，向空间要货位，可扩大储存能力，节约建筑投资。

5.5 物流园区的规划

5.5.1 物流园区概述

1. 物流园区的概念

随着"互联网+""一带一路"倡议等的深入推进，各式各样的产业园区、服务园区、物流园区等新业态和新模式不断涌现。但在一片繁荣之下，却孕育着难以掩盖的问题。目前国内多数的智慧物流园区项目，只是将线下工作粗暴地搬到线上，并增添了一定程度的数据可视化，难以主动观察和干涉园区正在发生的情况，也就无法使智能技术真正提高园区物流体系效率，带给产业需求实际的帮助。通过5G、人工智能、无人化设备等新技术体系的赋能，构建现代智慧物流园区，可以有效打通物流服务体系与园区管理体系，提高企业协同作业水平，提升园区整体运行效率。

物流园区（Distribution Park）也称物流园地。根据国家标准《物流术语》（GB/T18354—2006），物流园区是指为了实现物流设施集约化和物流运作共同化，或者出于城市物流设施空间布局合理化的目的而在城市周边等各区域，集中建设的物流设施群与众多物流业者在地域上的物理集结地。简而言之，物流园区是对物流组织管理节点进行相对集中建设与发展的，具有经济开发性质的城市物流功能区域；同时，也是依托相关物流服务设施，降低物流成本，提高物流运作效率，改善企业服务有关的流通加工、原材料采购，便于生产地和消费地直接联系，具有产业发展性质的经济功能区。

物流园区本身主要是一个空间概念，与工业园区、科技园区等概念一样，是具有产业一致性或相关性，且集中连片的物流用地空间。理解这个概念要注意物流园区与物流中心之间的联系和区别。国家标准《物流术语》（GB/T18354—2006）对于物流中心（Logistics Center）的定义是：从事物流活动且具有完善信息网络的场所或组织。应基本符合下列要求：①主要面向社会提供公共物流服务；②物流功能健全；③集聚辐射范围大；④存储、吞吐能力强；⑤对下游配送中心客户提供物流服务。

而物流园区是物流中心的空间载体，与从空间角度所指的物流中心往往是一致的。但是，它不是物流的管理和经营实体，而是数个物流管理和经营企业的集中地。

2. 我国物流园区的发展规划

2013年9月30日，国家发改委、国土资源部等12个部门发布《全国物流园区发展规划（2013—2020年）》（以下简称《规划》），将物流园区布局城市分为三级，其中，29个城市为一级物流园区，它们分别为北京、天津、唐山、呼和浩特、沈阳、大连、长春、哈尔滨、上海、南京、苏州、杭州、宁波、厦门、济南、青岛、郑州、合肥、武汉、长沙、广州、深圳、南宁、重庆、成都、昆明、西安、兰州、乌鲁木齐。70个城市入选二级物流园区布局，而三级物流园区布局城市则由各省根据规定自行确定（原则上应为地级城市）。分级的标准是该城市的物流需求规模大小以及在国家战略和产业布局中的重要程度。

《物流园区分类与规划基本要求》（GB/T21334—2017）按照园区依托的物流资源和市场需求特征，根据服务对象和功能，将园区分为货运服务型、生产服务型、商贸服务型、口岸服务型和综合服务型5类。调查结果显示，综合服务型园区占比60.6%；商贸服务、货运服务、口岸服务和生产服务等类型园区占比分别为17.1%、12.3%、5.5%和4.5%。根据中国物流与采购联合会、中国物流学会发布的《第五次全国物流园区（基地）调查报告（2018）》，2018年，全国符合此次调查基本条件的各类物流园区共计1 638家，比2015年第四次调查数据1 210家增长35.37%。2015—2018年，我国物流园区个数年均增长10.7%。总体上，我国物流园区数量增长速度较快。

从"十三五"时期来看，2016—2018年社会物流总额增速均高于6%，保持在6.1%～6.7%之间，2019年回落至6%以内。在产业升级的背景下，物流需求规模也在由单一的规模化、数量化转向系统化、多样化。

2018年12月25日，发改委和交通运输部联合印发《国家物流枢纽布局和建设规划》，提出到2020年布局建设30个左右国家物流枢纽；推动全社会物流总费用与GDP的比率下降至12%左右；到2025年布局建设150个左右国家物流枢纽，推动全社会物流总费用与GDP的比率下降至12%左右；到2035年基本形成与现代化经济体系相适应的国家物流枢纽网络，全社会物流总费用与GDP的比率继续显著下降，物流运行效率和效益达到国际先进水平。

5.5.2 物流园区的特点

物流园区是各种物流企业集中布局的场所。它提供一定种类、一定规模、较高水平的综合物流服务。其特点主要为：

（1）作为物流基础设施，物流园区的建设具有投资大、资金回收期长的特点，单独的企业难以承担物流园区的基础建设。尤其在目前我国物流市场还远未达到成熟阶段的情况下，物流企业数量多、规模小，无法形成对物流园区的集中投资。

（2）建设物流园区的核心目标是实现集约化和规模效应，单独企业的物流中心不能满足这个要求。从各个企业自身的角度来看，对物流园区的选址及功能定位都各有不同的需求。如果不能把众多企业的需求统一起来，就无法实现物流业的集约化和规模效应。统一物流企业的需求和集中建设资金的方法多种多样，例如，在日本，是由多个企业共同组成的社团来进行物流园区的建设和管理；在我国深圳，市政府则承担起了公用的物流基础设施建设的组织管理职责。

（3）物流园区可能会干扰城市的正常生活，对城市环境具有一定的负面影响，因此物流园区的建设需要政府部门统一规划。对物流企业来讲，物流园区距离城市中心区越近，运输线路越短，运输成本就越低；而对城市居民来讲，如果物流园区离城市中心区过近，将会增大城市道路交通的压力，干扰城市生活。如何解决这个矛盾，需要市政管理部门及交通运输管理部门进行统筹规划、统一管理。

5.5.3 物流园区的作用

作为城市物流功能区，物流园区包括物流中心、配送中心、运输枢纽设施、运输组织及管理中心和物流信息中心，以及适应城市物流管理与运作需要的物流基础设施；作为经济功能区，其主要作用是开展满足城市居民消费、就近生产、区域生产组织所需要的企业生产和经营活动。

物流园区主要有以下作用：

1. 物流园区的集约作用

（1）量的集约，表现为将过去许多个货站、货场集约在一处。

（2）货物处理的集约，表现为将过去多处进行的分散的货物处理集约在一处。

（3）技术的集约，表现为物流园区中采用类似生产流方式的流程和大规模处理设备。

（4）管理的集约，表现为利用现代化手段进行有效的组织和管理。

2. 物流园区的衔接作用

物流园区的衔接作用主要表现为实现了公路运输、铁路运输、航空运输、水路运输等不同运输形式的有效衔接。

3. 物流园区对联合运输的支撑作用

物流园区对联合运输的支撑作用主要表现在对已经应用的集装、散装等联合运输形式，通过物流园区使这种联合运输形式获得更大的发展。

4. 物流园区对联合运输的扩展作用

联合运输受过去条件的限制，仅在集装系统等领域才获得了稳固的发展，其他散杂和分散接运的货物很难进入联合运输的领域。有了物流园区之后，可以通过物流园区之间的干线运输和与之衔接的配送、集货运输使联合运输的对象大为扩展。

5. 物流园区对提高物流水平和改善城市环境的作用

物流园区对提高物流水平的作用主要表现为缩短了物流时间，提高了物流速度，减少了多次搬运装卸、储存环节。提高了准时服务水平，减少了物流损失，降低了物流费用。物流园区对改善城市环境的作用主要表现为减少了线路、货站、货场、相关设施在城市内的占地，减少了车辆出行次数，集中进行车辆出行前的清洁处理，从而减少噪声、尾气、货物对城市环境的污染。

6. 物流园区对促进城市经济发展的作用

物流园区对促进城市经济发展的作用主要表现为降低物流成本可降低企业生产成本，从而促进经济发展；完善物流系统可保证供给、降低库存，从而解决企业的后顾之忧。

5.5.4 物流园区的功能

物流园区的功能不仅体现在其固有的物流相关业务方面，还体现在其对物流系统运作的效率及所在区域的社会经济发展的宏观方面所起的作用。下面就对物流园区的功能进行阐述。

（一）物流园区的基本功能

物流园区的职能是为客户提供各种物流服务。所以，物流园区具有运输、配送、储存、包装、流通加工等物流系统应具备的服务功能。

（二）物流园区的效用功能

物流园区效用功能的发挥是物流系统有效运转的基础。为保证物流系统有效运转，现代物流园区应当发挥货物集散中心、物流信息中心、物流控制中心的效用功能。

（1）货物集散中心效用功能。该功能的核心在于货物的集散。市场规模及产销地之间距离的扩大，需要在干线运输与支线终端配送之间的物流园区发挥货物集散作用，从而降低物流成本，提高物流效率和收益。实现该效用功能所需的相应物流设备、设施应包括仓库、料棚、料场，特种货物存放所需的温控、监控设备和防灾报警装备等。除此之外，还应该有货物分拣设备、承载器具、装卸搬运设备以及办公设施。

（2）物流信息中心效用功能。在物流园区内几乎可以完成全部的物流作业，集中了实现物流系统功能所需的除运输路线外的所有设施、设备。在某种意义上说，物流园区是物流信息作业的中心，是物流的中枢。该层次功能的核心内容是采集、整理、处理物流相关数据，为高效率、低成本的物流提供技术支持与信息咨询。

（3）物流控制中心效用功能。物流控制中心的目的在于使各个物流环节有效地组织起来，高效率地协同运作，它是掌握全局的控制机构，其效用功能主要包括信息咨询，货源、车辆状况，货物、车辆追踪运输、配送计划的制订等内容。

（三）物流园区的宏观社会经济功能

物流园区不仅对物流运作过程具有重大的作用，而且可以大大降低企业库存，减少流动资金的占用，提高运输效率，降低物流成本，从而保证物流系统的有序运转，推动地区经济的发展。其具体功能表现在以下几方面：

1. 有利于供应链有效管理、运作的实现

物流园区是物流活动得以开展的空间物流集聚场所，是物流系统运作的基础，它保证了产品在供应链上运动时的各个物流环节的有效衔接。在物流网络中，物流园区的作用是作为商品周转、分拣、加工等的据点，能够促进商品按照客户的要求完成附加价值，克服其在运动过程中所产生的时间和空间障碍。

2. 有利于实现社会经济资源的优化配置

物流园区是各项物流活动开展的主要载体，它通过物流活动组织的空间集聚，实现物流服务的集约化运作，合理利用有关资源，创造规模效益，推动物流技术的创新，便于提高物流水平，降低社会生产和产品流通的成本，实现社会资源的优化配置。一方面，通过对不同运输方式的选择与衔接，完成多式联运中转换装作业，减少作业环节进而达到降低货损、提高效率的目的；另一方面，通过对货物进行有关的保管、包装等作业处理，完成所需的拼装集合运输或拆装配送运输，从而有效地衔接生产供应与市场需求，避免了资源浪费，有利于实现社会经济资源的优化配置。

3. 有利于地方经济和区域经济的协调发展

物流园区作为联系产供销的纽带，在促进生产和地方经济发展中具有重要的作用。建立物流园区，有利于对货源的集散进行统一的管理，实现合理的配载，提高车辆的装载率，提高运输效率，节约能源，减少环境污染，缓解交通压力。物流园区的合理规划及土地的合理使用，有利于促进地区功能的充分发挥，从而有效地促进地区的经济发展。随着经济的进一步发展，地区间经济交流与协调的发展趋势日益明显，物流园区在区域经济一体化的形成过程中处于重要的基础地位。物流园区的建设与发展对于提高地区竞争力、扩大与外界经济交流以及物流行业在全球化条件下谋求产业分工具有重要的作用。以物流园区布局与交通基础设施的建设为主的现代物流网络体系是改善地区综合投资环境的重要内容，对于本地区吸引投资、促进经济的发展具有十分重要的作用。

5.5.5　物流园区的分类

在建设物流园区经验方面，德国、日本和中国台湾地区走在了世界的前列。根据他们的经验和物流园区的功能，可以对物流园区进行多种分类：①按物流服务地域可分为国际型物流园区、全国型物流园区、区域型物流园区和城市物流园区；②按服务对象可分为为生产企业服务的物流园区、为商业零售业服务的物流园区、面向全社会的社会型物流园区；③按主要功能可分为配送中心型物流园区、仓储型物流园区、货运枢纽型物流园区。货运枢纽型物流园区又可分为：①为港区服务的物流园区——港口物流园区；②为陆路口岸服务的物流园区——陆路口岸物流园区；③为区域物流服务的物流园区——综合物流园区。此外，从专业化的角度可将物流园区分为行业物流园区和第三方物流园区。某些学者认为，物流就其功能而言主要是服务，因此物流园区分类过细是不适宜的，因为服务的对象、范围、内容等方面都有综合性的要求。划分种类只是为了便于研究和设计，更重要的是突出其综合性、系统性和前瞻性。

下面以深圳物流园区规划为例，对其总体规划布局加以介绍。在对深圳市物流与物流用地进行分析、预测和规划的基础上，结合深圳城市物流与地域空间结构特点，根据物流园区规划布局的目的与原则，经过综合分析和统筹考虑，深圳市物流园区的总体规划布局为：①配送中心型物流园区。配送中心型物流园区以服务于城市消费物流为主，是城市消费配送服务中心集中的地方。受深圳城市组团结构的影响，结合实际用地条件，深圳消费物流规划布局了四个物流园区，它们分别为：笋岗–清水河物流园区、宝安物流园区、南山物流园区和龙岗物流园区。②货运枢纽型物流园区分为三类：a．港口物流园区：深圳主要分东、西两大港区，因此，在西部规划了一个主要为港口物流服务的物流园区，主要作为港口物流集散、拆箱、拼箱、处理和简单加工的场所；b．陆路口岸物流园区：陆路口岸物流园区是深圳物流量比较大而集中的物流园区，也是需要加强管理和增强服务的物流园区；c．综合物流园区：平湖物流园区是深圳市和龙岗区政府基于平湖的铁路交通区位优势而开发建设的，其主要功能是依托铁路，作为发展公铁联运、水铁联运的中转物流园区，同时也作为经铁路运进深圳的大批量消费性物流的集中供、配货点。

5.5.6　物流园区区位选择的影响因素

物流园区是物流企业或配送中心集中布局的场所，它首先应该满足物流企业或配送中心的区位要求。国内外对物流园区的区位因素进行分析和研究的结果表明，物流园区的区位选择主要应该考虑以下因素，或具有下面空间布局的特征：

（1）接近市中心。市中心商业网点集中，是配送中心的主要供、配货对象，靠近市场、缩短运距、降低运费、迅速供货是配送中心布局的主要考虑因素。

（2）靠近交通主干道出入口。公路是配送中心供、配货的主要货运方式，靠近交通便捷的干道出入口，便成为配送中心布局的主要考虑因素之一。

（3）追求较低的地价区位。物流企业以效益为宗旨，一般占地面积较大，地价的高低对其区位的选择有重要影响。

（4）数量充足、素质较高的劳动力条件。随着物流园区的建设，许多大规模的配送中心聚集在一起，现代化的运作需要机械化处理设备，拥有一定数量和素质的劳动力也就成为影响配送中心区位选择的重要因素。

（5）良好的可达性。因配送产品类型和市场数量不同，配送中心对可达性的要求也有所不同。例如，易变质、腐坏的商品需要快速输送，要求较好的可达性，此类配送中心更应靠近市场分布，这在一定程度上导致了这类商品配送中心布局分散。

（6）靠近铁路枢纽。铁路具有运力强和运费低的优势，但运距超过400～480km时，铁路才具有竞争力。

（7）位于集中消费物流区。这主要因为：①消费物流是流量最大的物流，消费物流主要是从国际物流和区域物流中转化而来的，是国际物流和区域物流的下游物流，对国际物流和区域物流有着很大的影响。②物流配送中心接近市场和消费地是其空间布局的一大发展趋势。③物流市场的培育是一个由小到大的过程。物流经营是一种企业行为，物流产品（服务）的销售市场有一个由小到大的空间扩散过程，只有成功的物流企业才有可能占有更大的市场份额。不断学习和积累经验，逐渐扩大物流服务的市场空间和市场份额，是物流企业发展的必由之路。④物流是一个需要综合管理和多方协调的有机系统，这个系统覆盖的空间范围越大，需要协调和解决的问题就越多。⑤吸引外商、外资加入本地的物流产业建设，跳过一些发展过程中的门槛，吸取他人的经验教训，更快地与国际发展水平接轨，这一点也很重要，并且已得到国家宏观政策上的支持。

（8）物流园区规划建设与物流企业建立的本质差别。物流园区建设是一个有关物流的空间布局规划问题，与物流企业或物流经营实体的建立是不同的。规划物流园区是为物流中心或物流企业提供空间集中活动的场所，这一方面是为了满足物流园区本身发展的需要，更重要的是要综合考虑城市功能的空间布局及环境保护等方面的要求。

5.5.7 物流园区区位选择的评价体系

1. 对物流园区区位选择方案的基本评价

（1）物流园区的地理位置与城市布局的关系。从地理位置的角度来看，资源分布、地区的产业结构、工农业生产布局、消费区的分布及其规模，对物流系统有着决定性的影响。因此，要充分论证物流园区布局方案与现有行政区划、城市发展轴线、城市组团分布之间的关系。

（2）物流园区的位置与主要货物流向之间的关系。物流园区的营运效率与进入物流园区的货物处理量直接相关。如果物流园区建在主要货物流向上，则能够最大限度地吸引货源，提高物流设施的利用率，这也是实现集约化运输的基础。

（3）物流园区的位置与道路交通间的关系。这主要表现在两个方面：①物流园区与公路货运之间的关系，即是否连接主要货运干道，道路货运能力是否匹配，道路网络分布与连通情况等；②货运车辆对交通流的影响如何，新建的物流园区会对城市交通产生什么样的影响，是否会由于吸引了更多的货运车辆而增加了这些区域的交通压力。

（4）物流园区与综合交通的关系。物流园区与综合交通之间的关系主要表现在物流园区对多种运输方式转换的支持程度上，即是否方便和现有的港口、机场、铁路货运站连接。如果能够和这些货运中转枢纽紧密结合起来，物流园区的服务功能和运营效率就会有进一步的提高。

（5）物流园区布局方案与现有物流用地之间的关系。如何有效利用现有的物流用地及物流设施对物流园区的发展至关重要。一方面，利用现有的物流设施可以减少重复建设以降低成本；另一方面，充分利用现有的物流经营网络并加以发展，有利于发挥规模效应，促进集约化经营。

（6）物流园区与交通管制的关系。很多城市对货运车辆的通行有严格的限制，例如，在某些城市过境货运车辆只允许在夜间通行，或者在城市中心区的某些路段上禁止货运车辆通行。这些限制因素对于物流园区是否能够有效发挥作用有很大的影响。

（7）物流园区与口岸的关系。物流园区对国际物流的支持主要表现在与口岸（包括陆路口岸、水路口岸和航空运输口岸）的关系上，其中既有地理位置上的关系，也有服务功能上的联系。

2. 对物流园区区位选择方案的定量评价指标

以上几个方面的评价是从总体上对物流园区的选址方案进行定性评价，为了使评价结论更具有可比性，在评价指标体系中还增加了如下一些量化的评价指标：

（1）利用货运通道对物流园区进行评价。与通常所说的货运道路不同，货运通道是指连接主要物流节点（包括物流园区和重要的交通运输枢纽）的货运干线。在确定物流园区的定位、功能及结构的基础上，建立货运通道体系，其根本目的是改善物流园区的区位条件，保证物流园区各项功能的实现。对整个物流体系进行全面评价和优化，确定物流园区布局方案后，货运通道也就随之确定。对货运通道进行分析的技术指标，实际上也是间接地对物流园区区位选择方案进行评价的指标。主要的评价指标有以下几个：

1）自然密度。自然密度即单位面积内所拥有的货运通道长度，其计算公式为

$$T = \frac{D}{A}$$

式中　T——货运通道网的自然密度；

　　　D——货运通道网总自然里程（km）；

　　　A——所在区域土地面积（km^2）。

2）连接度。连接度反映了节点间的连接密度和形态，其计算公式为

$$C = \frac{D}{\sqrt{AN}}$$

式中　C——连接度；

　　　D——节点间主要连接公路的里程（km）；

　　　A——节点所在区域的面积（km^2）；

　　　N——节点个数。

由于货运通道主要以对外货运交通和区域内物流园区之间的货运交通为服务对象，因此节点仅包括物流园区和重要的对外交通枢纽。当连接度等于1.0时为树形连接，连接度等于2.0时为格子形连接，连接度等于3.22时为正三角形连接，连接度等于3.41时为格子加对角线连接。

3）货运通道的可达性。可达性是指从任一节点出发，通过货运通道到达另一节点的难易程度，用平均出行时间或平均出行距离来表示，其计算公式为

$$D = \frac{\sum_{j=1}^{M} \sum_{i=1}^{M} D_{ij}}{M^2 - M}$$

式中　D_{ij}——货运通道网中i、j点间的最短出行距离；

　　　D——货运通道网络平均出行距离；

　　　M——节点个数。

（2）利用配送道路体系对物流园区进行评价。配送道路体系是各物流园区市域配送区域范围内的道路网，它的基本功能是支持由物流园区向本地客户进行商业配送。相关的评价指标确定为以下几项：

1）配送道路体系的准时配送覆盖率。由于交通管制和不同的道路情况，配送道路体系经常无法满足准时配送的要求。配送道路体系的准时配送覆盖率是指能够满足准时配送要求的路段总长度占整个配送道路体系的比例，其计算公式为

$$C = 1 - \frac{\sum_{i=1}^{m} D_i}{\sum_{j=1}^{n} D_j}$$

式中　C——准时配送覆盖率；

　　　m——服务范围内限制货运车辆通行的路段数；

　　　D_i——限制货运车辆通行的路段长度；

　　　n——服务范围内的路段总数；

　　　D_j——路段长度。

2）配送道路体系覆盖范围。如果配送道路体系覆盖范围太广，会增加运输成本；若配送道路体系覆盖范围过小，又难以达到集约化运输的目的。一般来讲，市域配送车辆每次集配运行距离平均应该在20km左右，配送业务操作时间平均在4小时以内，因此市域配送道路体系的平均覆盖半径以6～10km为佳。评价指标为平均覆盖半径，其计算公式为

$$D = \sum_{i=1}^{m} D_i R_i$$

式中　D——平均覆盖半径；

　　　m——物流节点数；

D_i——第i个货物集配区与物流园区的距离；

R_i——第i个货物集配区分担的货运量比例。

5.5.8　物流园区规划时应坚持的原则

物流园区的建设应该是规划先行，既要按市场经济的原则运作，又要坚持政府的协调引导，在规划建设物流园区过程中，应该坚持以下原则：

1. 科学选址原则

根据物流园区在城市物流产业发展及物流体系中的地位和作用，可将物流园区分为综合物流园区和专业物流园区。前者以多功能化、社会化、规模化为主要特征；后者则以专业化、现代化为主要特征，如港口集装箱、保税、空港、钢铁基地、汽车生产基地等专业物流园区。专业物流园区选址符合它自身的专业要求即可，较容易确定。对于综合物流园区的选址，主要按照以下原则来确定：

（1）位于城市中心区的边缘地区，一般在城市道路网的外环线附近。

（2）位于内外交通枢纽中心地带，至少有两种以上运输方式可连接，特别是铁路和公路。

（3）位于土地开发资源较好的地区，用地充足，成本较低。

（4）位于城市物流的节点附近，现有物流资源基础较好，一般有较大物流量产生，如工业园区、大型卖场等，可利用和整合现有的物流资源。

（5）有利于整合、优化地区物流网络和信息资源的利用。

2. 统一规划原则

物流园区功能的发挥，需要很多政策、社会设施等宏观因素和条件的指导和支持，这些职能都必须由政府出面积极推动甚至实施。政府在物流园区的规划建设中应当扮演好基础条件的创造者和市场运作秩序维护者的角色。特别是在全国运输大通道大发展的情况下，建设物流园区需要从宏观经济出发，对国内外市场的发展和货物流通量等情况进行认真的调查分析和预测，根据长远和近期的货物流通量，确定物流园区长远和近期的建设规模。同时对物流企业、交通运输设施等的分布和发展现状也要做好调查。在充分掌握第一手材料的基础上，做好物流园区的规划，这要求政府具体问题具体分析，按照区域经济的功能、布局和发展趋势，依据物流需求量和不同特点进行统一规划，尤其要打破地区、行业的界限，按照科学布局、资源整合、优势互补、良性循环的思路进行规划，防止各自为政、盲目布点、恶性竞争、贪大求洋，避免走弯路、误时间、费钱财。

3. 市场化运作原则

规划建设物流园区，既要由政府牵头统一规划和指导，又要坚持市场化运作的原则。应该按照"由政府搭台，企业唱戏，统一规划，分步实施，完善配套，搞好服务，市场运作"的企业主导型市场化运作模式进行规划。政府要按照市场经济要求转变职能、强化服务，逐步建立起与国际接轨的物流服务及管理体系。物流园区的运作以市场

119

为导向，以企业为主体，在物流园区的功能开发建设、企业的进驻和资源整合等方面，都要靠园区优良的基础设施、先进的物流功能、有利于健康的生活环境和周到有效的企业服务来吸引物流企业和投资者共同参与，真正使物流园区成为物流企业公平、公开和公正地竞争经营的舞台。

4. 现代化原则

现代物流园区是一个具有关联性、整合性、集聚性和规模性的总体，其规划应该是一个高起点、高重心的中长期规划，并具有先进性和综合性。因此，规划现代物流园区必须瞄准世界物流发展的先进水平，以现代物流技术为指导，坚持高起点现代化；物流园区必须以市场为导向，以物流信息管理系统的建设为重点，以第三方物流企业为主体，成为现代物流技术的研发、应用或转化的孵化基地。

5. 柔性化原则

针对我国目前现代物流产业发展还不够完善，人们的认识还不够深入的情况，现代物流园区的规划应采取柔性规划，规划中应突出体现持续改进机制，确立规划的阶段性目标，建立规划实施过程中的阶段性评估检查制度，以保证规划的最终实现。

6. 风险预防原则

由于现代物流园区的建设投资大、周期长、效应长、建设风险大，因而必须有合理的"风险评估报告"，通过定性、定量结合的风险评估，真正建立一套科学的投资决策机制和项目风险评估机制，提高规划的科学性和可行性，并起到风险预防的作用。

7. 人才优选原则

物流园区的建设规划是非常复杂、非常庞大的工程，涉及的专业领域也很广泛，必须有众多的各种类型的专家型人才参与才能妥善地完成。所谓专家型人才，是指在某个领域积聚了多年经验，在理论上有一定造诣、有一定技术专长的人员。他们各有专长，但都不是万能的。如按专业划分，有土建专家、机械专家、计算机专家等。在项目进行的不同阶段，应该让不同类型的专家发挥作用。例如，在决策阶段，可以更多地发挥专门从事宏观研究的经济学家的作用；在规划设计阶段，可以更多地发挥技术专家的作用；在施工阶段，则应该由工程专家唱主角。如何将众多的专家有效地组织起来，就是领导部门的艺术。

5.5.9 物流园区的模式

根据国内外与物流园区功能相同或相当的物流基础设施开发建设的经验，中心城市物流园区在发展模式上可能的选择有四种，即经济开发区模式、主体企业引导模式、工业地产商模式和综合运作模式。

1. 经济开发区模式

物流园区的经济开发区模式是将物流园区作为一个类似于目前的工业开发区、经济开发区或高新技术开发区的项目进行有组织的开发和建设。

2. 主体企业引导模式

物流园区的重要作用是物流的组织和管理，它是物流企业和工业、商业企业在相对集中的场所，建设和开发物流园区，是希望在规模化运作物流资源的条件下，达到降低物流成本和提高物流经营与管理效益的目的。

3. 工业地产商模式

物流园区开发的工业地产商模式是指将物流园区作为工业地产项目，通过给予开发者适应工业项目开发的适宜的土地政策、税收政策和优惠的市政配套等相关政策，由工业地产商主持进行物流园区的道路、仓库和其他物流基础设施及基础性装备的建设和投资，然后以租赁、转让或合资、合作经营的方式进行物流园区相关设施的经营和管理。目前，经济发达国家，如澳大利亚、美国、德国等均有此种开发模式的范例。

4. 综合运作模式

综合运作模式是指将经济开发区模式、主体企业引导模式和工业地产商模式进行综合运用的物流园区开发模式。由于物流园区项目一般具有建设规模较大和涉及经营范围较广的特点，既要有政府在土地、税收等政策上的有力支持，也要在投资方面能跟上开发建设的步伐，还必须具备园区经营运作能力的保证，因此，单纯采用一种开发模式，往往很难使园区建设顺利推进，必须对经济开发区模式、主体企业引导模式、工业地产商模式等进行综合运用。

物流园区的规划和开发建设是统一进行的，设有专门的物业企业实行统一管理，物流园区（业主）与布局在其中的不同功能的物流经营企业之间的关系可以有几种，包括租赁、资产入股、合作开发与经营等。

单元小结

物流节点规划设计的过程可以说是一项系统过程，包括物流节点的经营环境分析、物流节点的市场需求现状和预测、具体的物流发展规划、物流节点的具体实施方案及合理的政策建议。根据物流系统规划步骤中的规划设计阶段，其关键是构成布局网络的选址问题；节点布置设计就是通过对物流系统中的物流、人流、信息流进行分析，对建筑物、机器、设备、运输通道和场地进行有机组合与合理配置，达到物流系统内部布置最优化。

案例分析

结合本案例谈谈你对S县设立物流园区有哪些建议，从功能、定位、服务几方面考虑。

S县的物流困局

目前，S县的物流产业处于原始自发的初级阶段，与S县产业在全国的地位已不匹配，严重制约了S县产业的发展。概括地讲，S县的物流产业主要呈现出五大特点：

1. 有总量没规模

为满足市场需求，S县物流业逐年扩大，目前以货运代理、运输和餐饮、住宿、汽车修理为主要服务内容的物流企业有近800家，已经进行营业登记的有300多家，运输路线以东北、华东、西北、华北和中南地区为主，运输货物主要是钢管、钢木家具和板材等，已初步具备形成物流产业的条件。但这些物流企业多为小型的配货站点，数量多、规模小、技术水平低，零星分布，布局散乱。

2. 有基础没产业

S县当地现有物流企业多依赖当地工业企业，路线单一，网点分布少，管理松散，设备落后。最突出的表现就是功能单一化、业态原始化、管理无组织化和无序化。

3. 有前景没带动

这种松散的物流方式信誉差，影响了行业信誉；同时更不利于S县物流对外整体形象的树立与展示。虽然S县实业界对此有所认识，但其特有的产业格局很难有效整合，个体企业即使认识到这一点，也无法独立运营供应链。

4. 有物流没功能

现有自发的物流业态仅能提供基本的停车、餐饮、住宿服务，物流信息服务渠道少，水平低，尚且不具备承接大型仓储、物流加工、配送等服务的能力，无法提供诸如信息化、金融保险、安全、汽修、培训、物流解决方案设计等物流附加服务。功能齐备、设施先进、面向未来发展需要的现代化物流体系还没有形成。

5. 有市场没管理

运输市场大多是"随行就市"自发形成的，缺乏统一的规划和管理，信息面窄，信用度差，丢货率较高。

S县物流业现状与其发展要求之间存在较大差距，如不加速发展，将会成为经济发展的瓶颈。现在的物流节点布局也不利于形成有秩序的城市空间格局，影响物流业整体水平的提高。

课后习题

A. 理论训练题

一、判断题

1. 狭义的物流节点仅指物流配送中心、物流园区和配送网点。 （ ）

2. 《物流业调整和振兴规划》确定了21个全国性物流节点城市。 （ ）

3. 物流节点按照结构层次可分为一级物流节点、二级物流节点和三级物流节点，包括物流园区、物流中心、配送中心和货运站3类。 （ ）

4．现代物流园区是一个具有关联性、整合性、集聚性和规模性的总体，其规划应该是一个高起点、高重心的中长期规划，并具有先进性和综合性。　　　　　　（　　　）

5．物流园区是物流企业或配送中心集中布局的场所，它首先应该满足物流企业或配送中心的区位要求。　　　　　　　　　　　　　　　　　　　　　　　　　　（　　　）

二、单项选择题

1．不属于国家一级物流园区的城市是（　　　　）。

A．石家庄　　　　　B．唐山　　　　　C．呼和浩特　　　　D．乌鲁木齐

2．物流节点与商业网点不同，它一般不发生物资的（　　　）业务。

A．包装　　　　　　B．供销　　　　　C．装卸　　　　　D．存储

3．位于整个物流配送中心作业区的末端的是（　　　）。

A．发货区　　　　　B．进货区　　　　C．受理区　　　　D．存储区

4．（　　　）模式不是中心城市物流园区在发展模式上的选择。

A．经济开发区　　　　　　　　　B．主体企业引导

C．工业地产商　　　　　　　　　D．综合运作

E．政府主导

5．（　　　）不是综合物流园区的特征。

A．现代化　　　　　B．多功能化　　　C．规模化　　　　D．专业化

三、多项选择题

1．按经济功能不同，配送中心可分为（　　　　）。

A．供应型配送中心　　　　　　　B．销售型配送中心

C．储存型配送中心　　　　　　　D．自有型配送中心

E．公共型配送中心

2．配送中心的选址主要应考虑的自然环境因素有（　　　　）。

A．气象条件　　　　B．地质条件　　　C．水文条件　　　D．地形条件

E．经济条件

3．下面城市中不属于全国性物流节点的有（　　　　）。

A．石家庄　　　　　B．太原　　　　　C．呼和浩特　　　　D．乌鲁木齐

E．兰州

4．按运营主体的不同，配送中心可分为以（　　　　）为主体。

A．制造商　　　　　B．批发商　　　　C．零售商　　　　D．以运输业务

E．政府调控

四、简答题

1．全国性的物流节点城市有哪些？

2．配送中心的内部布局原则是什么？

3．影响配送中心功能的主要因素是什么？

B. 技能训练题

1. 中海物流（深圳）有限公司为IBM公司配送时，先将IBM公司分布于世界各地的160多个供应商提供的料件集中到香港中转站，然后通关运到深圳福田保税区配送中心，这是一个很复杂的过程。这一过程属于配送中心的哪个基本功能？请说明它的含意。这一配送过程还涉及哪些基本功能？

2. 某企业需设立一个配送中心，通过该中心周边区域的销售处供货。现共有3个备选地点A、B、C，每个备选地点的各个影响因素的权重和得分情况如表5-7所示。

表5-7 每个备选地点的各个影响因素的权重和得分情况

影 响 因 素		土地成本	交通条件	自然条件	土地可得	人力成本
配送中心	A	3	7	5	9	7
	B	5	6	8	8	8
	C	7	6	6	8	7
权重		0.3	0.3	0.1	0.1	0.2

请根据表5-7选择配送中心的位置。

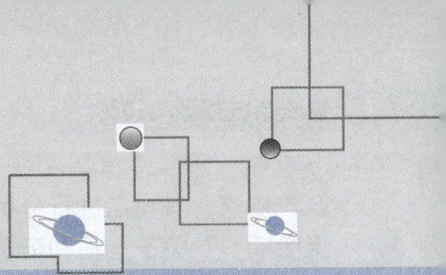

单元六

物流运输系统规划与设计

6.1 物流运输系统概述

6.1.1 运输的概念及其在物流系统中的作用

运输是连接生产、仓储和消费的桥梁，它可以克服空间障碍，使货物增加价值，是物流系统中最直观的功能要素之一，也是最基本的功能之一。

所谓运输，是指通过一定的运输系统实现人和物在一定空间内的位移的过程。这个系统由运输设施、路线、设备、工具以及人力组成，是具有从事运输活动能力的系统。

《物流术语》（GB/T 18354—2021）将运输定义为："利用载运工具、设施设备及人力等运力资源，使货物在较大空间上产生位置移动的活动。"同时，又将物流定义为："根据实际需要，将运输、储存、装卸、搬运、包装、流通加工、配送、信息处理等基本功能实施有机结合，使物品从供应地向接收地进行实体流动过程。"由此可以看出，货物运输系统是物流系统中的一个功能子系统。

运输和配送的概念经常被混淆使用，国家标准《物流术语》对配送的定义是："根据客户要求，对物品进行分类、拣选、集货、包装、组配等作业，并按时送达指定地点的物流活动。"关于运输和配送的区分，一般认为所有物品的移动都是运输，而配送则专指短距离、小批量的运输。其主要区别如表6-1所示。

表6-1　运输和配送的区别

运　　　输	配　　　送
① 长距离大量货物的移动	① 短距离少量货物的移动
② 据点间的移动	② 企业送交客户
③ 地区间货物的移动	③ 地区内部的货物移动
④ 货车一次向一地单独运送	④ 货车一次向多处运送，每处只获得少量货物

货物运输的基本目标是安全、迅速、准确、低成本。因此从事运输作业之前一般需要考虑如下因素：

（1）运输费用——运输货物所用的费用多少。

（2）在途时间——运输货物在途时间长短。

（3）运输频度——货物配送的次数、间隔时间。

（4）运输能力——运量能否满足运输货物的条件。

（5）运输安全——运输途中是否会发生破损及污染情况。

（6）送达时间——送达货物时间的准确性。

（7）货物整合——所运送的各类货物是否可以拼车、拼箱。

（8）运输信息——发货人能否提供运输货物所在位置的信息。

在这些因素中以哪种因素作为重点，必须根据不同的运输需要来确定。一般认为运费和运输时间是最为重要的选择因素，具体进行选择时则应从运输需要的不同角度综合地加以权衡。然而，必须注意运输服务与运输成本之间、运输成本与其他物流成本之间存在"效益背反"。若要保证运输的安全、可靠、迅速，成本就会增多；若要降低仓储费用而频繁地使用快速的高级运输工具，成本也会增多。所以在选择运输机具时，应当以总成本作为依据，而不能仅仅考虑运输成本。

我国经济突飞猛进的发展，带动了物流业的迅速发展，未来的物流必然是往智能、智慧的方向发展，运输也会融入众多信息技术，例如，通信技术、自动识别技术、射频技术（Radio Frequency，RF），等等。物流对于国家经济发展有着重要的支撑作用，而物流运输作为物流的重要组成要素，其地位不言而喻，不论企业规模大小，性质如何，都越来越重视和需要运输方面的人才。同时，在21世纪，物流企业在壮大的同时，尤其要注意企业社会责任的承担，这是企业的社会担当，也是企业的责任。而作为一名物流人，我们在加强自身学习，培养和锻炼好自身专业能力的同时，更要提高岗位能力和职业道德素养，做一名有能力、高素质的物流人。

6.1.2　物流运输的功能

运输提供两大功能：产品转移和产品储存。

1. 产品转移

运输的主要功能是使产品在价值链中移动。运输利用的是时间资源、财务资源和环境资源，只有当它确实能提高产品价值时，该移动才是必要的。

运输之所以涉及利用时间资源，是因为产品在运输过程中是难以存取的。这种产品通常是指转移中的存货，是各种供应链战略（如准时化和快速响应等）所要考虑的一个因素，及时的运输行为可以减少制造企业和配送中心的存货。

运输之所以要使用财务资源，是由私人车队所必需的内部开支，或者商业运输或公共运输所需的外部开支导致的。这些费用产生于驾驶员的劳动报酬、运输工具的运行费用，以及一般杂费和行政管理费用分摊。此外，还要考虑因产品损坏而必须补偿的费用。

运输直接或间接地使用环境资源。在直接使用环境资源方面，它是产业部门中最大的能源消耗者之一。尽管因采用燃效较高的运输工具和操作实践使这一能耗水平随时间推移呈下降趋势，但由于全球运输作业的增加和运距的延长，未来仍可能稳定在这种能耗水平上。在间接使用环境资源方面，由于运输造成拥挤、空气污染和噪声污染，对环境也造成了相当大的压力。为了协调运输与能源、环境的关系，应当改进各项生产技术，采用先进的管理手段，力求达到能耗强度低、经济效益高。

2. 产品储存

由于货物运输需要一定的时间，在仓库空间有限的情况下，利用运输车辆暂存也许不失为一种可行的选择。可以采取的一种方法是，将产品装到运输车辆上，然后采用迂回线路或间接线路运往其目的地。对于迂回线路来说，转移时间将大于比较直接的线路。当起始地或目的地仓库的储存能力受到限制时，这样做是可行的。在本质上，这种运输车辆被用作一种临时储存设施，但它是移动的，而不是处于静止状态。

实现产品临时储存的第二种方法是改道。当交付的货物处在转移之中，而原来的装运目的地被改变时这种情况才会发生。例如，假定某种产品最初计划从北京装运到乌鲁木齐，但是，在交付过程中如果确认上海对该产品的需要量更大，或有可利用的仓储能力，则该产品就有可能改道上海作为目的地。在传统上，电话常被用来指挥改道战略。而现在企业总部与运输工具之间的卫星通信可以更有效地处理这类任务。

概括地说，尽管用运输工具储存产品可能是昂贵的，但当需要考虑装卸成本、储存能力限制，或延长前置时间的能力时，从总成本或完成任务的角度来看往往是正确的。

6.1.3 物流运输系统的特征

物流运输在方法和形态上十分复杂、多种多样，针对不同的目标、需求等情况，具体方法和措施千变万化。同时，多样、复杂的运输也具有一定的共有特征，主要表现为以下几个方面：

（1）运输可以通过多种方式来实现。货物运输方式主要有公路运输、铁路运输、航空运输、水路运输以及管道运输。各种运输方式因为各自的技术特性，有不同的运输单位、运输时间和运输成本，同时也产生了不同的服务质量。即运输服务的利用者可以根据货物的性质、大小、所要求的运输时间、所能支付的运输成本等条件来选择相应的运输方式，或者合理运用多种运输方式，实行复合运输。

（2）运输服务分成自用型运输和营业型运输两种。自用型运输是指企业自己拥有运输工具，并且自己承担运行责任，从事货物的输送活动。自用型运输多限于公路运输，水路运输中也有部分这种状况，但数量很少；航空、铁路等需要巨大投资的运输方式，无法开展自用型运输。营业型运输以输送服务作为经营对象，为他人提供运输服务。营业型运在公路、铁路、水路、航空等运输业中广泛开展。对一般企业来讲，可以在自用型运输和营业型运输中进行选择，近来的趋势是逐渐从自用型运输向营业型运输转化。

（3）运输业者不仅在各自的行业中开展相互竞争，而且还与运输方式相异的其他运输行业的企业开展竞争。如果存在各种运输方式都适合承运的货物，围绕这类货物的运输就形成了不同运输方式、不同运输业者之间的竞争关系。这种不同的运输方式和运输业者的竞争关系的形成，为企业对运输服务和运输业者的自由选择奠定了基础。

（4）在运输业中存在着实际运输和利用运输两种形式。实际运输是指实际利用运输手段进行输送，完成商品在空间上的移动。利用运输是指自己不直接从事商品运输，而是把运输服务委托给实际运输商进行，这种利用运输业的代表就是代理型物流业者。他们从事广泛的物流活动，通过协调、组合多种不同的运输机构来提供运输服务，充分发挥各种运输手段的优点，并实现整体最优。

6.1.4 现代物流运输系统

现代运输工具与设施的不断改进、提高，使得现代物流中的运输观念已非平常意义上的运输，其触角已延伸到企业生产经营活动的大部分领域，成为一个系统。在一般情况下，厂商为了开展生产活动，需要进行原材料和零部件的调配运输。原材料和零部件的调配常常是大量运输，需要选择与大量运输相适应的运输手段。

原材料、零部件在工厂加工、制成成品以后，就会发生商品从工厂仓库到全国主要物流中心的大规模运输，这种形态的运输常称为"干线运输"或"核心运输"，它涉及利用货台、装卸机械等工具，并按一定的标准把商品单位化，进而在工厂和物流设施之间进行长距离的运输。这种长距离的运输既可以利用大型货车，也可以运用能发挥长距离运输优势的铁路（集装箱）运输或水路（集装箱）运输来进行。

商品进入厂商的物流中心后，接下来的运输业务主要是针对客户的订货而进行的发货，包括将商品向批发商的配送中心或大型零售商的配送中心运输，甚至直接向零售店铺进行配送。配送又可以分为都市内配送、地域内配送和货车货场配送。配送需要对商品进行分拣，实行小单位化，进而由中型或小型货车运输。配送既可以采取委托形式，也可以由批发商或零售商自己运输。在自己承担配送的情况下，不仅是向零售店铺配送商品，还包括与交易对象商谈、商品销售状况调查、店头商品管理等配送以外的功能。

6.2 现代物流运输方式优化组合

6.2.1 物流运输方式的分类

运输方式的选择

运输规划的一个重要内容是根据运输商品对运输时间与运输条件的具体要求，选择适当的运输方式和运输工具，使企业能用最少的时间，走最短的路线，花最少的费用，安全地把商品从产地运送到销售地。目前常用的运输方式主要有以下几种：

1. 铁路运输

铁路运输是最主要的货运方式之一。其特点是运量大，运输成本低，速度快，安全可靠，受气候和自然条件的影响较小，在货物运输中具有较高的连续性和准确性。铁路运输一般用来装运大宗散装产品，如煤、沙、矿物和农林产品等。铁路运输分整车和零担、快运和慢运等类别，类别不同则费用不同。一般来说，整车运输收费标准较低，零担运输收费较高。因此，生产商可将发往相同目的地的货物全部配载运输，以利用整车运输费用低的优势。

但是铁路运输也有其局限性，主要是线路和设站固定、灵活性较差，如果销售地点或使用单位不在铁路沿线，就需要转运，这样不但会增加运输费用和时间，而且还会增加损耗。

截至2020年年底，全国铁路运营里程已达14.6万公里，我国高速铁路营业里程达3.8万公里，占世界高铁营业里程的66%以上，位居世界第一，排名第二、第三的西班牙、日本高速铁路营业里程仅为3 000多公里。在运输经营上，我国铁路一些主要运输经济指标持续保持世界领先，其中，旅客周转量、货运量、货物周转量、换算周转量多年稳居世界第一；客运量仅次于日本，位居世界第二；主要铁路企业资产规模、经营收入也远超其他国家。

2. 公路运输

公路运输以公路为通道，以汽车为运输工具，又称为汽车运输。公路纵横交错、四通八达，因此机动灵活、简捷方便是其最明显的优势。在短途货物集散转运上，它比铁路运输、航空运输等有更大的灵活性，尤其在实现直达（即"门到门"）运输中，它的重要性更为显著。虽然其他运输方式各有其优势，但最终或多或少地都要依靠公路运输来完成运输任务，如车站、码头、机场的货物集散都离不开公路运输。公路运输的特点是速度较快、范围广，在运输时间和路线安排上有较大的灵活性，可直达仓库、码头、车站等地直接装卸货物。

但汽车运输的运载量较小，不适宜装卸大件、重件物品，也不适宜长途运输；成本费用较水路和铁路运输要高；超过一定的运输距离，运费会明显增加；车辆在运输过程中振动较大，尤其是在路况较差的条件下，很容易造成货损、货差事故。

2019年10月10日18时10分许，江苏省无锡市312国道K135处、锡港路上跨桥发生桥面侧翻事故。侧翻桥面上共有5辆车，其中3辆小车、2辆卡车。事故造成3人死亡，2人受伤。经初步分析，上跨桥侧翻系运输车辆超载所致。现场图片显示，涉事车辆载有6扎钢卷。其中一卷上贴的合格证标注着，生产厂家为日照钢铁控股集团有限公司，重量为28 535kg。若6扎钢卷重量一致，则该辆大货车实际载重超过170吨。根据《中华人民共和国安全生产法》第五十一条，从业人员有权对本单位安全生产工作中存在的问题提出批评、检举、控告；有权拒绝违章指挥和强令冒险作业。为了不危及别人的生命安全更为了自己的人身安全，我们都要做到不酒驾、不超速、不超载、不疲劳驾驶等，同时也要提醒身边的人。

3. 水路运输

水路运输包括海上远洋运输和内河运输，海上远洋运输的经营方式主要有班轮运输和租船运输两大类。班轮运输是指船舶在固定的航线上和港口间按事先公布的船期表航行，从事运输业务并按事先公布的费率收取运费的一种经营方式。其特点是：

（1）具有固定航线、固定港口、固定船期和相对固定的费率。

（2）运价内已包括装卸费用，货物由承运人负责配载装卸。

（3）承托双方的权利义务和责任豁免以签发的提单条款为依据，班轮运输比较适宜于一般杂货和小额贸易的货物运输。

按照惯例，只要班轮有航班和舱位，则无论数量多少、直达或转船，班轮公司一般都愿意承运。由于班轮运输的"四定"特点，采用这一方式还能为买卖双方洽谈贸易提供便利。如在国际营销中，除大宗货物外，CFR或CIF价格条件中的"F"都是以班轮运费率为计算依据的，这就为买卖双方的贸易洽谈提供了便利。此外，班轮运输还具有方便供货方、手续简便、能提供较好的运输质量的优点。一般来讲，为了保证船期、提高竞争力，班轮船舶的设备齐全，都有自己的专用码头、仓库和装卸设备，并有一套专门的管理制度，因此货运质量较有保证。班轮承运人通常在码头交接货物，并负责货物的转口工作，从而为供货方提供了极大的方便。

租船运输是指没有预定的船期表、航线、港口，船舶按租船人和船东双方签订的租船合同规定的条款行事的一种运输经营方式。租船运输一般用来整船装运货价较低的大宗货物，如谷物、石油、化肥、木材、水泥等。租船运输在海上运输中占有重要地位，据统计，国际海上运输总量中，租船运输约占4/5。

租船运输无固定航线、固定的装卸港口和船期，双方的权利义务由双方洽商并以租船合同的形式加以确定。租船运输受租船市场供求关系的制约，船多货少时运价低，反之则高。由于租船一般是整船装运，运量大，所以单位运输成本较低，对于低值大宗货物的运输，采用租船运输方式较为有利。此外，只要是船舶能安全出入的港口，租船都可进行直达运输。

在各种运输方式中，水路运输的运输能力最强，而且水路建设只需利用江、河、湖、海等自然水力资源，除去必须投资的船舶、建设港口之外，基本不需要额外的投资。此外，水路运输还有能耗小、成本低、运输效率高的优点。一般说来，水运业的成本结构具有可变成本高而固定成本低的特点。由于远洋运输平均运距较长，所以海运货运成本大大低于其他运输方式。对于运输体积大、价值低、不易腐烂的产品，如沙、煤、粮食、矿产、石油等是一种极为经济合理的运输方式。

但水路运输受水域、码头、港口、船期等条件的限制，并且受季节、气候等自然条件的影响较大，运输连续性较差，速度慢、时间长。

4. 管道运输

管道运输是一种不需要动力引擎、运输通道和运输工具合二为一、借高压气泵的压力把货物经管道向目的地输送的运输方式。管道运输具有迅速安全、货损货差小，货物无须包装、节省包装费用，成本低，管理较简单，不受地面气候条件影响，可连续作业等优点，但也只适合运输石油、天然气、化学品、碎煤浆等气体和流体货物。

管道运输的局限性在于固定资产投资大，专用性强，机动灵活性差（永远单向运输）。一般来讲，管道大多是由管道所有者用来运输自有产品，不提供给其他发货人使用。我国的管道运输目前多用于运输原油和天然气。

管道运输由于运输里程长，所经之处无人看管，不可避免的隐患是一些不法之徒对管道钻孔偷油，如果操作不当，很有可能引起爆炸。2019年1月18日，墨西哥中部伊达尔戈地区输油管道破裂并发生爆炸事故，造成66人死亡。有媒体报道称，爆炸是因为盗油贼钻开输油管引发当地居民哄抢造成的。偷油属于盗窃行为，如果情形严重，可能构成盗窃罪。

5. 航空运输

航空运输在商品运输中所占的比重较小，但其重要性越来越明显。对于那些体积小、价值高的贵重物品如仪器仪表、珠宝和鲜活商品如鲜花、活鱼、珍贵动物等，以及要求迅速交货或长距离运输的商品，是一种较为理想的运输方式。航空运输速度快，安全准确，虽然费用比铁路、公路等运输方式高，但许多企业的实践证明，它可降低所需存货的水平、仓储费用和包装成本。目前，航空运输经营方式主要有班机运输和包机运输。班机运输是在固定航线上定期航行，有固定始发站、目的站和途经站的运输方式。由于班机运输是定期开航，故收、发货人都可确切掌握发出时间和到达时间，保证货物迅速投放市场。其不足之处是舱位有限，且运费昂贵。

包机运输有整架包机和部分包机两种。整架包机是指航空公司或包机代理公司，按照双方事先约定的条件和费率，将整架飞机租给承租人，从一个或几个航空站装运货物至指定的目的地的运输方式。其特点是可运送大批量货物，运费相对较低。部分包机是指几家航空货运代理公司（或发货人）联合包租一架飞机。这种方式适用于1t以上又不足整机载重量的货物，运费比班机低，但运送时间比班机长。

但是航空运输的缺点也是很明显的，如载运量小、运输成本高、受自然条件影响较大、运输可达性差等。

据统计，航空运输的事故发生率是所有的运输方式中最低的，但是也有意外发生。《中国机长》这部电影是根据真实事件改编的，2018年5月14日，四川3U8633航班从重庆飞往拉萨，当飞机飞行高度达9 800米时，机长忽然听见驾驶舱挡风玻璃一声脆响，随后出现了裂痕。机长连忙呼叫地勤，申请下降高度，然后返航。刚说完这句话还未做出反应，风挡玻璃突然全部碎裂。副驾驶直接被压差吸出窗外，没有了风挡玻璃的飞机直接陷入失压的状态。在这一时刻，飞机上128人的生命直接亮起了红灯。这种情况下，整个驾驶舱的机长们通力合作，成功备降成都双流机场。机组人员的勇气和魄力使得他们在绝境中坚守着自己的责任，因为他们的存在，128条生命才能安然无恙。今后我们无论在什么岗位上，都不要忘记自己岗位职责，要勇于承担肩上的使命和责任。

6. 集装箱运输

集装箱运输是现代运输业的一项重要技术改革，不但具有装卸效率高、货损货差小、包装费用省、劳动强度低等优点，还可以加速车船周转，简化货运手续，降低货运成本，是目前发展迅速并在商品运输中占有重要地位的一种运输方式。

集装箱运输系统在现代物流中具有重要意义，主要体现在以下几个方面：

（1）减少了货物换装次数，方便装卸搬运，有利于联合运输的开展。集装箱标准化的尺寸比一般货物更适合采用机械化装卸手段，不仅提升了装卸效率，同时也大幅提高了装卸搬运工作的安全性，有效防止工伤事件的发生。

（2）增强了货物运输中的安全保障。集装箱的封闭性使货物在运输全过程中均处于一个密封的安全环境中，有利于防止货损、货差的发生。

（3）提高了物流运输工具和设施的空间与时间利用效率。集装箱的外形是立方体，材质坚固，可以比一般的货物包装承载更高的堆砌密度，提高了交通工具和仓储场地的空间利用效率，而中转效率的提高也间接提高了时间的利用效率。

集装箱标准化的特点更利于联合运输，特别是国际货物多式联运的开展。

2021年1~4月，全国沿海港口累计集装箱吞吐量为7 916万TEU，同比高速增长17.1%；内河港口累计集装箱吞吐量为1 038万TEU，高速增长25.9%。2021年集装箱海运业将实现800亿美元的利润，比之前的预测高出350亿美元，创历史纪录。如果运费在2021年接下来的时间超过预期，该行业的全年利润总额将有可能超过1 000亿美元，超过集装箱海运业历史最高纪录的3倍之多。物流企业顺应当今世界集装箱化迅猛发展的趋势，充分发挥集装箱运输安全、便捷、节能、环保和"门到门"的优势，提高物流运输效率，降低物流成本，为提高企业产品竞争力和国民经济可持续协调发展，提供快捷、高效的物流支持。

6.2.2 运输工具选择的制约因素

大多数物流运输活动会涉及一种运输方式以上的服务，物流管理者面临的挑战就在于几种运输方式的均衡必须在整体物流系统的大框架下完成。物流运输系统的目标是实现物品迅速、完全和低成本的运输，而运输时间和运输成本则是不同运输方式相互竞争的重要条件，运输时间与成本的变化必然带来所选择的运输方式的改变，目前企业对缩短运输时间、降低运输成本的要求越来越强烈，所以选择运输方式时一定要协调两者的关系，实现物流过程的合理运输。即从物流系统的总体目标出发，选择合理的运输路线和运输工具，以最短的路径、最少的环节、最快的速度和最少的劳动消耗，组织好物质产品的运输活动。

优化匹配运输方式有利于物流运输合理化，有利于做好物流系统决策，有利于加速社会再生产过程，促进国民经济持续、稳定、协调地发展；能节约运输费用，降低物流成本，还能节约能源，对缓解我国的交通运输和能源紧张具有重大的现实意义。

几种运输方式各有优缺点，企业选择采用时，必须结合自己的经营特点和要求、商品性能、市场需求和缓急程度，对各种工具的运载能力、速度、频率、可靠性、可用性和成本等因素做综合考虑和合理筛选。一般来讲，应重点考虑以下因素：

1. 货物的特点、性质

货物的特点、性质是影响企业选择运输工具的重要因素。一般来讲，粮食、煤炭等大宗货物宜选择水路运输；水果、蔬菜、鲜花等鲜活商品，电子产品，宝石以及节令性商品等宜选择航空运输；石油、天然气、碎煤浆等宜选择管道运输。

2. 运输速度和路程

运输速度的快慢、运输路程的远近决定了货物运送时间的长短。而在途运输货物犹如企业的库存商品，会形成资金占用。因此，运输时间的长短对能否及时满足销售需要，减少资金占用有重要影响，运输速度和路程也是选择运输工具时就应考虑的一个重要因素。一般来讲，批量大、价值低、运距长的货物适宜选择水路运输或铁路运输；而批量小、价值高、运距长的货物适宜选择航空运输；批量小、运距短的货物宜选择公路运输。

3. 运输能力和密度

运输能力一般以能够应付某一时期的最大业务量为标准。运输能力的大小对企业分销影响很大，特别是一些季节性商品，旺季时会使运输达到高峰状态，若运输能力小，不能合理、高效率地安排运输，就会造成货物积压，商品不能及时送往销地，进而使企业错失销售良机。

运输密度包括各种运输工具的班次，如汽车、船舶、飞机的班次，以及各班次的间隔时间。运输密度对商品能否及时运送，使其在客户要求的时间到达客户手中、争取客户、及时满足客户需要和扩大销售至关重要。因此它是影响企业运输决策的一个重要因素。企业在选择运输工具时，必须了解各种运输工具的运输密度，使企业能够压缩商品的待运期，抢时间、争速度，加快货物运输。

4. 运输费用

企业开展商品运输工作，必然要支出一定的财力、物力和人力。因此，企业进行运输决策时，要受其经济实力以及运输费用的制约。如果企业经济实力弱，显然不可能自设一套运费高的运输机构，如航空运输，来进行商品的运输工作。

5. 市场需求的缓急程度

在某些情况下，市场需求的缓急程度也决定着企业应当选择何种运输工具。如市场急需的商品须选择速度快的运输工具，以免耽误时机；反之，则可选择成本较低而较慢的运输工具。

6.2.3　运输路线的选择

运输路线包括起点、途经站点以及终点，运输路线受到商品产销关系的影响。选择正确的运输路线，其实质是消除商品迁滞、重复装运等现象，使各种运输工具安全、迅速运行，最大限度地减少商品运输里程，缩短商品在途时间，降低运输费用，尽快地实现商品的使用价值和价值，满足市场需要。

6.3　智能化交通的运用

6.3.1　智能交通系统

1. 智能交通系统的发展概述

智能交通系统（Intelligent Transport System，ITS）是以传统的交通工程理论与实践为基础，以提高交通系统的可靠性、安全性、经济性、舒适性及运行效率为目的，运用电子技术、信息技术、传感技术、系统工程技术等科学技术成果，对传统的交通工具、交通设施及其规划、运行及管理方法进行了改进和提高的一个新兴领域。

美国是最早开展有关智能交通系统研究与实践的国家之一。早在20世纪30年代末，通用汽车公司便向人们展示了汽车自动驾驶的远景，20世纪70年代实施的电子化路线导引项目（Electronic Route Guidance Project）中便已经开始智能交通系统的实践。日本于1973年在由通产省（Ministry of International Trade and Industry）主持开发的汽车交通综合控制系统（Comprehensive Automobile Traffic Control System）项目中拉开了智能交通系统研究与开发的序幕，并于20世纪80年代首先提出了"智能车辆系统"（Intelligent Vehicle System）这一概念。随后，欧美一些国家也提出了类似的概念，但采用了不同的名称，如德国称"道路交通信息学"（Road Transport Informatics），美国称"智能车辆道路系统"（Intelligent Vehicle Highway System，IVHS）。"智能交通系统"这一术语则是由"智能车辆道路系统"演化而来的，意在包容更为广泛的系统应用。

我国从20世纪90年代开始，在ITS方面进行了一系列的研究、试验和国际交流活动。原交通部也将ITS列入科技发展中长期规划。同时，交通运输部公路科学研究院成立了ITS工程研究中心，进行我国的ITS应用研究。

2020年11月5日，第十五届中国智能交通年会（ITSAC 2020）召开，以"新基建时期的ITS融合创新发展"为主题，聚焦新基建背景下智能交通科技创新和产学研用跨界融合。在未来产业技术领域，加快智能汽车、智能交通、智慧能源、智慧城市一体化的发展，基于大数据、云计算、人工智能等新技术，从单车智能、联网智能、智慧道路和车路网联动，最终实现深度融合的智能交通体系。

2020年，中国智能交通行业市场规模超过1 600亿元。未来，在政策支持、技术进步、城市化进程和机动车保有量持续攀升等多重因素推动下，智能交通需求快速增长的趋势已不可逆转，我国智能交通行业规模将稳步上升。综合政策规划和交通运输行业细分市场的发展状况，预计到2026年，我国智能交通行业市场规模将突破4 000亿元，年均复合增长率在16%左右。

2. 智能交通系统的主要内容及其系统特征

ITS是在较完善的道路设施基础上，将先进的信息技术、数据通信技术、电子传感技术、电子控制技术以及计算机处理技术等有效地集成运用于整个地面运输管理体系而建立的一种在大范围内全方位发挥作用的，实时、准确、高效的综合运输管理系统。

ITS由基础技术平台、整体管理平台和智能交通系统的七大领域三大模块构成。基础技术平台包括全球卫星定位系统（GPS）、地理信息系统（GIS）、遥感技术、无线网络系统等；整体管理平台主要由道路法规、道路建设、道路规划等组成；智能交通系统的七大领域包括交通管理系统、交通信息服务系统、车辆控制及安全系统、公共交通系统、商用车辆运营管理系统、紧急救援管理系统、高速公路自动监控系统。ITS的结构框架如表6-2所示。

表6-2 ITS的结构框架

智能交通系统（ITS）	基础技术平台	全球卫星定位系统（GPS）
		地理信息系统（GIS）
		遥感技术
		无线网络系统
	整体管理平台	道路法规
		道路建设
		道路规划
	ITS的七大领域	交通管理系统
		交通信息服务系统
		车辆控制及安全系统
		公共交通系统
		商用车辆运营管理系统
		紧急救援管理系统
		高速公路自动监控系统

从上述各子系统的功能与组成可知，ITS用通信系统将运输系统中的人、车、路三要素紧密地结合在一起，可大幅提升整个交通运输系统的运输和管理效率。智能交通系统对于传统交通运输来说是一种巨大的变革，它通过信息技术、控制技术等高新技术手段，引导个体交通行为趋于合理化，减少驾驶人员的操作失误，从而实现增加系统的安全可靠性的目标。

与传统的运输系统相比，ITS具有显著的系统协调、创新特征。在ITS的发展过程中，对于系统整体协调性要求十分严格。

ITS的发展涉及多种运输方式、多个行业领域，是社会广泛参与的复杂的系统工程，存在复杂的系统内、外协调问题，包括发展目标的协调、管理体制的协调、政策的协调、技术的协调、基础设施使用的协调、信息采集与应用的协调等。

ITS综合了交通工程、信息工程、通信技术、控制工程、计算机技术等众多学科领域的成果，需多专业领域的技术人员协同参与。在研发过程中，需要政府、企业、科研单位及高校共同参与，恰当定位各自角色和分担各自任务，使系统有效、有序展开。

系统创新特征通过信息技术对个体分散的交通活动进行引导整合，使其交通行为合理化，促进系统整体协调。通过信息技术提高管理水平，使交通信息采集、加工、发布系统化、实时化，支持管理者进行各种科学决策。通过信息技术实现交通运输系统与整个社会经济系统之间的有效衔接。

6.3.2　智能交通系统的体系结构

（一）智能交通系统体系结构概述

ITS的体系结构可定义为系统所包含的子系统应具备的功能及其用户所需的功能，以及各个子系统之间的相互关系和集成方式。它是ITS结构标准的指导性的框架。既可以通过既定的标准来设计、研制和管理现有标准的指导性框架，又可以通过既定的标准来设计、研制和管理现有的ITS，同时根据ITS的实际需求提出新的用户功能，促进ITS体系结构的完善。

（二）智能交通系统体系结构需满足的要求

（1）一致性。ITS的体系结构必须与国际标准化组织（ISO）和国际电信联盟（ITU）的有关内容相一致。

（2）可扩展性。ITS的体系结构必须具有扩展的空间。

（3）系统集成性。ITS由七大系统组成，通过系统集成，更好地实现客户的服务功能。

（4）系统适应性。不同类型的用户对于智能交通系统有着不同的需求，ITS必须具有适应性，能满足不同用户的需求。即ITS还必须平衡其7个子系统的功能，如平衡外场设备和车载设备的功能，不能在这两类设备上集中过多的功能。

（三）智能交通系统的研究体系

在已有的研究结果中，ITS的体系结构可分为三大研究体系。

（1）美国的智能车辆道路系统（IVHS）战略规划。它确定了全美IVHS计划的总目标和阶段目标，并制订了实现总目标的ITS开发与实施框架计划。

美国的ITS体系结构阐述了与用户服务功能有关的逻辑或功能需求，它定义了6个基本的用户服务功能：出行和交通管理、公共交通运行、电子收费、商用车辆运行、应急管理、车辆安全运行管理。而且，用户服务功能将随着技术的进步和实践的深入而不断增加和完善，如添加道路智能管理、行人支持系统等。

与服务功能对应，美国的ITS体系结构包含了19个子系统，这些子系统可以划分为四类：中心子系统（Central Subsystem）、外场设备子系统（Roadside Subsystem）、车辆子系统（Vehicle Subsystem）和远程访问子系统（Remote Access Subsystem）。

（2）日本政府于2000年完成通信设施初步建设，于2010年建成覆盖全国的光通信网络，日本政府希望公共设施的信息化成为社会信息化的催化剂，通过先进的通信技术把道路和车辆结合成为先进的道路运输系统。

（3）欧盟ITS的研究是通过实施两项研究计划开展的，即欧洲汽车安全专用道路设施（Delicated Road Infrastructure for Vehicle Safety in Europe，DRIVE）计划和欧洲高效安全道路交通计划（Programme for a European Traffic with Highest Efficiency and Unprecedented Safety，PROMETHEUS）计划。在这两项计划中，DRIVE注重道路基础设施的智能化研究，而PROMETHEUS注重汽车的智能化，两项计划相互促进，共同发展。

6.3.3　智能交通系统的功能与作用

ITS的核心是应用现代通信、信息、网络、控制的技术，建立一个高效运输系统。技术的成功运用能够使交通工具以更快、更安全的方式完成货物的空间移动，显著地减少交通事故，缓解交通压力，降低交通拥挤现象的发生频率。可以将智能交通系统与物流有机地结合起来，两者的结合点在于运输信息的管理与服务。智能交通系统可以为物流管理创造一个快捷、安全的运输环境，降低运输成本。

在物流生产活动中，智能交通系统所具有的功能不仅是降低物流成本，同时还具有其他一些具体的功能，如表6-3所示。

表6-3　ITS在物流生产活动中的功能

ITS功能	服 务 内 容
提供区域性的实时信息	向运行车辆和物流企业提供交通信息、气象信息等区域性实时信息
提供电子地图与地理信息系统	提供经纬度、位置、单位、电话号码等信息查询服务
提供路线选择咨询服务	为运行车辆提供行驶路线引导，还可辅助物流企业做好多客户循环路线的优化配车管理
提供车辆位置信息	向驾驶员提供车辆的准确位置信息，并将车辆位置信息传递给物流企业
具有双向通信系统	提供多通道型车载信息服务

6.3.4　智能交通系统在物流中的应用

物流必须依靠现代信息技术的支持。现代信息技术，如ITS等，可以对城市物流中的部分关键领域提供有力支撑，给物流经营方案的实施提供保

京东物流无人车

障，使限时送达和优质服务得以真正实现。

ITS在物流运输中有广泛的应用前景：

（1）ITS可为物流系统提供全面、准确的基础数据，分析预测货物流量、流向及其变化规律，减少物流规划中的盲目性。

一个区域的人口、资源、工商企业分布、工商企业规模、产品种类、产量、销售情况、主要销地，货物流量、流向，交通设施分布、交通状况等数据资料信息往往分别以文件、数据表格、地形图样、施工图样等形式保存在各个不同的单位和部门，并没有一个完整的管理系统把它们真正地统一管理起来，永久保存。这就给数据的查询、检索带来了许多不便，影响对交通问题的快速反应，不能满足信息迅速膨胀的现代物流管理的需要。同时，保存、整理这些资料也耗费了大量的人力、物力和财力。ITS可以将所有地形图资料的属性数据与地形图上的地理空间数据结合起来，自动进行多层叠加分析、路经分析、动态监测分析，直观生动地显示生产厂家、产品销地、配送中心、仓储设施、货物流向分布、流量大小、人口（消费地）以及相互间道路交通的分布信息，取得"一目了然"的效果，这对城市物流系统规划、完善城市物流分析起着重要作用。

（2）ITS为物流系统营运或物流企业的方案决策提供科学的参考依据，实现方案决策的可视化，促进物流相关部门管理的科学化、信息化进程。

GIS物流分析软件是集成了车辆路线模型、最短路径模型、网络物流模型、分配集合模型、设施定位等ITS模型、数学模型和运算法则于一体的物流分析软件，既可用于物流配送的车辆优化调度，解决诸如M个产地、N个销地的货物运输中，如何在保证服务质量的前提下，合理安排用车数量及每辆车的回程路线以使物流费用最优等问题；也可用于城市物流网络设施（如配送中心）的选址规划，在产地、销地、仓库、运输线路组成的物流网络中，确定仓库的最佳数量、位置、规模；还可以辅助解决划分最合理的销售市场范围或服务范围等问题。

基于GIS的车辆优化调度系统以GIS为基础平台，以区域电子地图为基础地理信息来源，集车辆优化调度算法和数据库管理于一体，是一个先进的图形、图像处理及数据可视化技术系统。它为用户的商业配送业务提供全面的解决方案、信息搜索、管理、统计分析，为物流配送优化调度的应用提供了一个良好的使用环境。

基于GIS信息平台，采用相应的软件进行线路优化和装车配载优化，以提高配送资源的利用率。如果单纯利用GPS技术，则只能实现物流配送车辆的位置、轨迹优化，对干线运输来说，基本可以满足要求，但是对多点配送来说，只知道车的位置是远远不够的。

（3）对货运车辆进行实时跟踪、监控，提高车辆利用率和客户服务水平，加速城市物流系统的信息化进程。

现代物流系统的重要特征之一是各种尖端信息技术和通信技术的使用确保了物流系统的目标（在正确的时间，将指定的货物低成本、高质量地送到正确的地点）的实现。GIS与全球卫星定位系统（GPS）集成，利用GIS软件制作市区电子地图，通过车载GPS系统可实时跟踪车辆的运行轨迹。一方面，物流企业可对企业所属车辆进行监控，提高车辆利用率；另一方面，客户可通过客户接口对自己所购货物的状态进行实时查询，对货物的发出时间、现在的位置以及到货时间做到心中有数，增强客户的信任度，从而提高对物流服务的满意度。

6.4 多式联运及国际多式联运

6.4.1 多式联运

近年来，随着经济发展水平的提高和社会分工的扩大，物流运输活动内部的复杂性日益增强，其所包含的运输方式与环节不断增多，越来越多的物流活动使用两种以上的运输方式。除了显著的经济效益外，国际航运的发展是其主要动力。多式联运的主要特点是在不同运输方式间自由转换运输工具。例如，将拖车上的集装箱装上飞机，或铁路车厢被拖上船等。这种转换运载工具的服务是使用单一运输方式的托运人得不到的。多式联运服务通常需要在彼此合作的各承运人单独提供的服务间达到妥协，也就是说，服务成本和绩效特征介于所涉及的那些运输服务之间。

多式联运服务的组合方法可有10种：①铁路运输和货车运输；②铁路运输和水上运输；③铁路运输和航空运输；④铁路运输和管道运输；⑤货车运输和航空运输；⑥货车运输和水上运输；⑦货车运输和管道运输；⑧水上运输和管道运输；⑨水上运输和航空运输；⑩航空运输和管道运输。这些组合并不是都实用，而其中有些可行的组合也未被用户采用。铁路运输和货车运输的组合称为驮背运输，得到了广泛使用。货车运输与水上运输的组合称为鱼背运输，也得到了广泛采用，尤其是在高价值货物的国际运输中。在一定范围内，货车运输—航空运输和铁路运输—水路运输的组合也是可行的，但其使用范围有限。

1. 平板车载运拖车

平板车载运拖车也称驮背运输，是一种公路和铁路联合的运输方式，货运汽车或集装箱直接开上火车车皮运输，到目的地再从车皮上开下来。

驮背运输（或载驳运输）是甩挂运输的基本原理应用于集装箱或挂车的换载作业形式。其基本方法是，在多式联运各运输工具的连接点，由牵引车将载有集装箱的底盘车或挂车直接开上铁路平板上，停妥摘挂后离去，集装箱底盘车或挂车由铁路车辆载运至前方换装点，再由到达地点的牵引车开上车船挂上集装箱底盘车或挂车，直接运往目的地。驮背运输组织方式加速了车辆周转，扩大了货物单元，节约了装卸或换载作业时间，提高了作业效率。它的运费通常比单纯的货车运输要低，因此货车运输公司可以延伸其服务范围。同样，铁路部门也能够分到某些一般只由公路运输的业务。托运人也得以在合理价格下享受到长距离"门到门"服务的便捷。上述种种特点已使得驮背运输成为最受欢迎的联运方式，数量也呈持续、显著上升趋势。

根据公路和铁路运输设备的所有人和运价结构的不同，平板车载运拖车有5种不同的服务方案。它包括：

（1）铁路部门向公路运输承运人提供运送拖车服务。铁路部门收取运送拖车服务费的方式有两种：①按一定比例从货物总运费中提取；②按固定价格收取服务费。

（2）铁路部门用自己的平板车运送自有的拖车和集装箱，提供"门到门"服务。铁路承运人与当地的货运公司达成协议，由货运公司在起点装车，在终点站送货。货运公司得到的是与公路公共承运人相当的运价。其服务方式主要分为两类：

1）铁路部门提供取货或送货服务，或两者都提供。

2）铁路部门提供拖车和集装箱，货运公司负责将其运进或运出火车站。

（3）托运人或货运代理人可以将自己的空拖车和集装箱或满载的集装箱和拖车装在铁路平板车上，按统一价格付费。费用是从匝道到匝道，即托运人负责取货和送货。

（4）托运人不但负责装满拖车或集装箱，而且负责将其装上运送拖车或集装箱的铁路设备。铁路部门则对运送的车辆（无论空或满）收取统一费用，这些费用是轨道和牵引设备的使用费。

（5）在平板车载运拖车服务中，铁路和卡车承运人可以联合报价。每个承运方向其他各方索要运费，这样每一方都可以将自己的服务延伸到其他各方的范围之内。

2. 集装箱运输

在平板车载运拖车协议下，整个拖车都在铁路平板车上运输。但也可以将拖车看成两部分，即包容货物的集装箱或箱子和拖车的底盘。在公路—铁路联运服务中，可以只拖载集装箱，从而省掉下部结构和轮子的重量。

标准集装箱是各种地面运输服务中通用的一种设备，但管道运输除外。因为集装箱运输避免了多式联运中成本高昂的小件货物中转再装卸作业，而且与货车结合可以提供"门到门"的服务，使用水运中的集装箱船，还可以提供水路—公路联运服务。目前这类服务形式正在迅猛发展，尤其是国际贸易的日益增长更进一步推动了其发展。集装箱还可用于与航空运输结合的联运形式，这就是当前的航空—公路联运，集装箱对航空运输非常重要，因为昂贵的运输成本使得空运中不可能运输拖车的底盘。现有飞机尺寸以及空运主要承运的小件货物的尺寸限制了大型集装箱在航空运输中的使用，但随着大型飞机投入运营，航空运费有所降低，航空—公路联运服务将得以拓展。

联运服务受标准集装箱尺寸的影响。对货车运输来讲，过大的集装箱或者与货车运输设备不相匹配的集装箱会将货车运输排除在联运方式之外。对其他运输方式也如此。目前，集装箱的尺寸是2.4m×2.4m×6m、2.4m×2.4m×12m。这两种集装箱都与标准的12m拖车及其他多数运输方式相符合。

6.4.2 国际多式联运

国际多式联运是在集装箱运输的基础上产生和发展起来的一种综合性的连贯性运输方式，它一般是以集装箱为媒介，把海、陆、空等单一运输方式有机地结合起来，组成一种国际的连贯运输。《联合国国际货物多式联运公约》对国际多式联运所下的定义是："按照多式联运合同，以至少两种不同的运输方式，由多式联运经营人将货物从一国境内接管货物的地点运到另一国境内指定交付货物的地点。"

（一）多式联运的条件

根据上述定义可以看出，多式联运应当具备的条件如下：

（1）要有一个多式联运合同，明确规定多式联运经营人（承运人）和托运人之间的权利、义务、责任、豁免的合同关系和多式联运的性质。

（2）必须使用一份全程多式联运单据，即证明多式联运合同及多式联运经营人已接管货物并负责按照合同条款交付货物所签发的单据。

（3）必须是至少两种不同运输方式的连贯运输，这是确定一票货运是否属于多式联运的重要特征。为了履行单一方式运输合同而进行的合同所规定的货物接送业务不应视为多式联运，如航空运输中从仓库到机场的这种陆空组合则不属于多式联运。

（4）必须是国家间的货物运输，这是区别于国内运输和是否符合国际法规的限制的条件。

（5）必须由一个多式联运经营人对全程运输负总的责任，这是多式联运的一个重要特征。由多式联运经营人去寻找分承运人，实现分段的运输。

（6）必须是采用全程单一运费费率。多式联运经营人在对货主负全程责任的基础上，制订一个货物从发运地至目的地的全程单一费率，并一次性向货主收取。

国际多式联运最大的好处是它能集中发挥各种运输方式的优点，使国际货物运输既快又安全。同时它简化了手续，减少了中间环节，加快了货运速度，降低了运输成本，并提高了货运质量，为实现"门对门"运输创造了条件。

（二）国际多式联运经营人

1. 国际多式联运经营人的性质

多式联运经营人不是发货人的代理或代表，也不是参加联运的承运人的代理或代表，而是多式联运的当事人，是一个独立的法人实体。对货主来说，他是货物的承运人；对分承运人来说，他又是货物的托运人。一方面，他与货主签订多式联运的合同，另一方面他又与分承运人签订各段运输合同，所以他具有双重身份。在多式联运方式下，根据合同的规定，联运经营人只是货物运输的总承运人，对货物负有全程运输的责任。

国际上承办多式联运业务的一般都是规模较大的货运公司或货运代理，具有一定的运输手段，如车辆、仓库，并与货主和各类运输公司都有密切的业务关系，国际上称这种企业为"无船公共承运人"。

2. 国际多式联运经营人的责任

国际多式联运经营人的责任期间是从接收货物时起到交付货物时为止。在此期间，对货主负全程运输责任，但在负责范围和赔偿限额方面，根据目前国际上的做法，可分为以下三种类型：

（1）统一责任制。在统一责任制下，多式联运经营人对货主负不分区段的统一责任。即货物的丢失或损失，包括隐蔽损失（即损失发生的区段不明），不论发生在哪个区段，多式联运经营人按一个统一原则负责，并一律按一个约定限额赔偿。

（2）分段责任制。在分段责任制（又称网状责任制）下，多式联运经营人的责任范围以各区段运输原有责任为限，如海上区段按《海牙规则》办理，航空区段按《华沙公约》办理。在某些区段上不适用上述公约时，则按有关国家的国内法处理。这种责任制的特点是各种法规的责任大小和赔偿限额不统一，对发展多式联运不利。

（3）修正统一责任。修正统一责任是介于上述两种责任制之间的责任制，故又称混合责任制，也就是在责任范围方面与统一责任制相同，赔偿限额方面与分段责任制相同。

6.5　运输系统规划设计

6.5.1　物流运输系统规划设计的内容

1. 确定物流运输战略

物流运输战略是为寻求物流的可持续发展，就物流运输的目标以及达成目标的途径与手段而制定的长远性、全局性的规划与谋略。物流运输战略的确定直接决定运输系统规划的其他要素。在进行运输系统规划设计时，首先需要对运输系统所处环境进行分析。环境分析主要包括国家的宏观运输政策、运输市场的发展状况、物流系统综合战略、其他物流节点的情况等。在对上述问题进行分析的基础上，确定运输系统战略，明确运输系统规划的方向。

2. 选择运输路线

在组织运输系统完成货物的运送工作时，通常存在多种可供选择的运输路线。运输工具按不同的运输路线完成同样的运送任务时，由于运输工具的利用情况不同，相应的运输效率和运输成本也会不同。因此，选择时间短、费用省、效益好的运输路线是运输系统规划设计中的一项重要内容，这也是运输战略的充分体现。

3. 选择运输方式

如何选择适当的运输方式是物流运输合理化的重要问题。一般来讲，可以在对货物品种、运输期限、运输成本、运输距离、运输批量以及安全性等具体项目做认真研究的情况下，选择使用一种运输方式或者联运方式。

4. 运输过程控制与信息系统

物流运输系统目标的实现依赖于有效的过程控制。由于运输过程的瞬间变动性，对运输过程控制的难度远远高于对固定节点的控制，因此在进行运输系统规划时，如何实现对运输系统的有效控制特别是过程控制，既是运输系统规划的难点又是重点。传统物流对运输过程的可控性差，但是随着信息技术的发展、信息化水平的提高，利用信息手段对运输过程进行控制和管理更加快捷、方便，同时可以使运输的管理者进行信息共享，减少信息滞后所带来的影响，从而为客户提供更好的运输服务。

6.5.2　影响运输系统规划设计的因素

1. 运输成本

通过合理的运输系统规划，确保使物流系统总成本降到最低限度，因为低费用的运输不一定就能获得最低的物流总成本。

2. 运输速度

在进行运输系统规划时，并不是速度越快越好，而是要选择恰当的运输方式，实现运输速度与运输成本之间的平衡。

3. 运输一致性

运输一致性是指在若干次装运中履行某一特定运输任务所需的时间，与计划的时间或前几次运输所需的时间是否一致，是运输可靠性的反应。如果某个运输作业花费时间变动的弹性非常大，这种不一致性就会导致整个物流系统的不一致性，从而产生低效率。

4. 与物流节点的匹配程度

物流运输系统的核心功能是发挥在各物流节点之间的一个桥梁作用，显然桥梁作用的发挥首先就要求运输系统与其他物流节点之间的良好对接。

6.5.3 运输系统规划设计实例

1. 设计背景

邯郸运输集团各子公司在运输管理中存在某些问题和不足，例如严重的空车行驶现象造成了资源的浪费，同时也制约了集团的发展。

邯郸运输集团的货物运输业务主要有两方面：①为本地的电厂、钢厂提供原材料的运输，寻找原材料等服务；②发展货物快运业务。

2. 集团内部的问题分析

（1）车辆调度方面的问题：车辆管理分散、运输计划不合理、车辆空载严重、车辆考核标准不统一。

（2）运输安排方面的问题：有时运输工具或运输方式选择欠妥，不合理运输时有发生，空驶率高，有的运输线路选择不当。

（3）信息方面的问题：由于运输的流动性大导致信息监督与协调滞后、在途监控欠及时。

3. 方案的设计

（1）运输方式选择的方案设计。无论采用何种运输方式，都应该遵循以下五大基本运输原则：

1）要求在运输过程中，保证商品的完好无损和运输工具及运输人员的安全。

2）保证快速地把商品送到目的地。

3）准确无误地把商品送到交货地点，包括运输途中的各种手续办理。

4）节约运杂费和管理费用。

5）为货主着想，简化手续，不断提高服务质量。

由于该集团的多个子公司主要从事运送煤炭、精铁粉、矿石等业务。

其主要运输路线是山西到邯郸这一路线。由于山西有些地区没有通铁路，只能采取公路运输的方式，货物的发收两地有铁路的应尽量采用铁路运输，也可以采用多式联运。

（2）运输路线选择的方案设计。在运输路线的选择上，邯郸运输集团的业务范围决定了运输路线选择模型，大型的运输系统的基本结构是一个复杂的网络。在这个网络中，许多点如中心仓库、零售商通过物理的或概念性的线段连接在一起，集团业务是通过大量的车辆在网络中各点运送货物来完成的。

在这个系统中，基本的运营问题是在已知客户地点、需求的运输量情况下解决车辆行驶路线和行程安排，是一个简单的运输网络。为低成本地完成到客户的配送，运输企业必须根据客户信息、企业运输能力和配送网络的基本交通条件选择一个最优路线进行配送。

在一个相对不变的道路交通环境中，假设道路交通条件（如车辆运行时间等）在一定时期内是不变的，然后设计出最优行驶路线。表上作业法、图上作业法及许多运输线路规划的数学模型实际上都是以道路交通条件不变为前提的。

路网中的交通流量每时每刻都在变化，车辆在路网中的运行时间又随着交通流量的变化而变化，简单地将其假设为固定不变的时间，必然导致最优结果往往在实际运行中不是最优的路线，有时甚至是很差的路线，是交通最拥挤的路线。随着城市社会经济的发展，交通拥挤问题越来越严重。由于交通拥挤给企业带来的经济损失，是每个运输企业必须面对的客观事实。因此，企业在进行运输路线选择时必须考虑道路交通环境变化可能对其运营产生的影响。

在选择运输路线时，可以把每次的运输成本分为三部分：公里成本、计时成本和直接运输成本。公里成本包括运输过程中的燃料、折旧、轮胎和修理费用；计时成本是指运输过程中每小时的固定车辆费用、司机费用和管理费用；直接运输成本为每次运输中的过桥费、过路费和罚款等非预料的费用。根据实时变化的道路交通条件选择的动态运输行驶路线可以给企业带来计时成本方面的节约。由于运输过程中的小时成本=小时数×每小时成本，因此，假定以每小时司机平均费用12元来计算，在路线选择过程中，如果运输能够避开拥挤路段，其每次运输过程节约30min，单从司机费用来讲，每次就可以节约6元钱，一年可节约300天×4次/天×6元/次=7 200（元）。实际上，一些近距离短途货运，每天的运输次数可能大于4次，仅司机费用的节约就非常可观。

（3）降低车辆空驶的方案设计。车辆空驶问题普遍存在于当今的运输企业中，邯郸运输集团也是如此，各子公司的空驶问题比较严重。解决方案如下：

1）集团内部必须要加强信息的沟通和合作，合理地安排往返货源。

2）加强各个子公司之间以及与其他运输公司之间的合作，与运输网点建立联系，各地物流机构之间建立稳固的横向合作关系，加强资源管理和共享。

3）拓展运输的业务，不能限制于主要的业务范围，要由主要的煤炭、铁精粉、矿石的运输业务拓展到各个行业的各种运输，才能解决根本的货源问题。

公司在安排运输任务的时候，应及时地为执行该运输任务的车辆安排返程的货源。

4. 方案的实施

设计方案的实施分为三个阶段。第一阶段是做好前期工作，它决定了整个方案能否顺利地实施。具体分为四个步骤：①制定合作的方式及合作合同，以平等互利、协商一致、等价有偿的原则，吸引其他物流企业并与之建立合作关系；②进行运输车辆的制度改革，制定新的管理制度来实现返程运输效率的提高；③选择合适的物流企业和运输网点组成合作伙伴，共同来实现返程运输的货源保证；④建立信息渠道，方便各个合作伙伴之间的联系，当有相应的返程运输任务时，能够将信息迅速传递给合作伙伴。

第二阶段是根据实际情况先在邯郸运输集团的主要运输路线进行该模式的试运行，然后根据实际的信息反馈来不断改进修正方案。

第三阶段要求相关管理部门对方案的运行过程进行全面的监控，并随时防备危机的发生，对风险进行控制和处理。

邯郸运输集团通过对运输系统的规划设计，解决了运输路线与方式的最优选择和车辆的调度优化以及空载行驶问题，降低了企业运营成本，提高了运输效率和货主满意度，优化了企业运输系统的管理系统，使人员和设备都得到了更加充分的利用，减少了资源的浪费，提高了企业的竞争力。

单元小结

运输是连接生产、仓储和消费的桥梁，可以克服空间障碍，使货物增加价值，是物流系统中最直观的功能要素之一，也是最基本的功能之一。物流配送中的运输已非过去意义上的运输，其触角延伸到企业生产经营活动的大部分领域，成为一个系统。运输规划的一个重要内容是根据运输商品对运输时间与运输条件的具体要求，选择适当的运输方式和运输工具，使企业能用最少的时间，走最短的路线，花最少的费用，安全地把商品从产地运送到销售地。ITS的核心是应用现代通信、信息、网络、控制的技术，建立一个高效运输系统，它可以对城市物流中的部分关键领域提供有力支撑，给物流经营方案的实施提供保障，使限时送达和优质服务得以真正实现。

案例分析

结合运输规划的相关知识，分析H集团运输系统管理控制的成功之道。

H集团运输效率提升的学问

H集团公司是世界知名的商业运营企业，在物流运营过程中，尽可能地提升效率是其经营的哲学。

H集团有时采用空运，有时采用船运，还有一些货物采用公路运输。在中国，H集团百分之百地采用公路运输，所以如何控制货车运输成本，提升运输效率，是H集团物流管理面临的一个重要问题，为此他们主要采取了以下措施：

（1）H集团使用一种尽可能大的货车，大约有16m加长的货柜，比集装箱运输货车更长或更高。H集团把货车装得非常满，这样有助于提升效率、节约成本。

（2）H集团的车辆都是自有的，司机也是自己的员工。H集团的车队大约有5 000名非司机员工，还有3 700多名司机，车队每周运输里程可以达7 000～8 000km。

H集团知道，货车运输是比较危险的，有可能会出交通事故。因此，对于运输车队来说，保证安全是运输管理最重要的环节。H集团的口号是"安全第一，礼貌第一"，而不是"速度第一"。在运输过程中，货车司机都非常遵守交通规则。H集团定期在公路上对运输车队进行调查，货车上面都带有公司的号码，如果看到司机违章驾驶，调查人员就可以根据车上的号码报告，以便进行惩处。H集团认为，货车不出事故，就是节省公司的费用，就能最大限度地降低物流成本，由于狠抓安全驾驶，运输车队已经创造了300万公里无事故的纪录。

（3）H集团采用全球定位系统对车辆进行定位，因此在任何时候，调度中心都可以知道这些车辆在什么地方，离商店有多远，还需要多长时间才能运到商店，这种估算可以精确到小时。H集团知道货车在哪里、产品在哪里，就可以提高整个物流系统的效率，有助于降低成本。

（4）H集团连锁商场的物流部门24小时营业，无论白天或晚上都能为货车及时卸货。另外，H集团的运输车队利用夜间进行从出发地到目的地的运输，从而做到了当日下午进行集货，夜间进行异地运输，翌日上午即可送货上门，保证在15～18个小时内完成整个运输过程，这是H集团在速度上取得优势的重要措施。

（5）H集团的货车把产品运到商场后，商场可以把产品整体卸下来，而不用对每个产品逐个检查，这样就可以节省很多时间和精力，加快了H集团物流的循环过程，从而降低了成本。这里有一个非常重要的先决条件，就是H集团的物流系统能够确保商场所得到的产品与发货单完全一致。

（6）H集团的运输成本比供货厂商自己运输产品要低，所以供货厂商也使用H集团的货车来运输货物，从而做到了把产品从工厂直接运送到商场，大大节省了产品流通过程中的仓储成本和转运成本。

H集团的集中配送中心将上述措施有机地结合在一起，制定出了一个经济合理的运输规划，使H集团的运输车队能以最低的成本高效率地运行。

课后习题

A. 理论训练题

一、判断题

1. 低费用的运输一定能获得最低的物流总成本。　　　　　　　　　（　　）

2. 平板车载运拖车又称驮背运输，是一种公路和铁路联合的运输方式。（　　）

3. 与公路运输相比，铁路运输运量大，运输成本低，运行的灵活性强。（　　）

4. 铁路货物运输的平均运距低于公路货物运输的平均运距。　　　（　　　）

5. 基于 GPS 的车辆优化调度系统为物流配送优化提供了良好的环境。（　　　）

二、单项选择题

1. （　　　）方式打破了过去海、陆、空互不连贯的传统运输方式。

    A．海陆联运　　　　B．多式联运　　　　C．海空联运　　　　D．陆桥运输

2. （　　　）运输方式在物流配送中最为机动灵活。

    A．公路　　　　　　B．铁路　　　　　　C．航空　　　　　　D．水路

3. 据统计，国际海上运输总量中，租船运输约占（　　　）。

    A．20%　　　　　　B．50%　　　　　　C．80%　　　　　　D．90%

4. 以下运输方式中，货运成本最低的是（　　　）运输。

    A．公路　　　　　　B．铁路　　　　　　C．远洋　　　　　　D．内河

5. 在下面的运输方式中，专用性强，机动灵活性差的是（　　　）运输。

    A．管道　　　　　　B．集装箱　　　　　C．远洋　　　　　　D．内河

三、多项选择题

1. 运输工具选择的制约因素包括（　　　）。

    A．货物的特点、性质　　　　　　　　B．运输速度和路程

    C．运输能力和密度　　　　　　　　　D．运输费用

    E．市场需求的缓急程度

2. 我国的东部集装箱主枢纽港群包括（　　　）。

    A．上海港　　　　　B．宁波港　　　　　C．青岛港　　　　　D．防城港

    E．连云港

3. 在"门到门"运输中，最有优势的运输方式是（　　　）。

    A．铁路运输　　　　　　　　　　　　B．公路运输

    C．水路运输　　　　　　　　　　　　D．管道运输

    E．航空运输

4. 当货运汽车采用迂回运输时，在（　　　）的情况下是合理的。

    A．储存能力受限制　　　　　　　　　B．再次装卸比迂回产生的费用高

    C．货物送达地改变　　　　　　　　　D．需要维修车辆

    E．不熟悉道路

5. ITS的功能有（　　　）。

    A．提供区域性的实时信息　　　　　　B．提供电子地图与地理信息系统

    C．提供路线选择咨询服务　　　　　　D．提供车辆位置信息

    E．具有双向通信系统

四、简答题

1. 简述国际多式联运经营人的性质和责任。

2. 简述物流运输系统规划设计的主要内容。

3. 如何将智能交通物流进行联合才能保证运输的高效性？

B. 技能训练题

就铁路和公路两种主要的运输方式而言，在其各自规划的节点中，大部分都是"分立"的，也就是说，有铁路及铁路站点的地方没有规划相应的公路及公路站点，有公路及公路站点的地方没有规划铁路及铁路站点。只有少数地区同时具备了铁路、公路及其站点的条件，但是也没有将两者"一体化"的规划。仍然是你干你的，我干我的。

请根据上述材料回答下列问题：

1. 分析这样做可能出现的弊病及其产生的后果。

2. 提出解决这些问题的办法和措施。

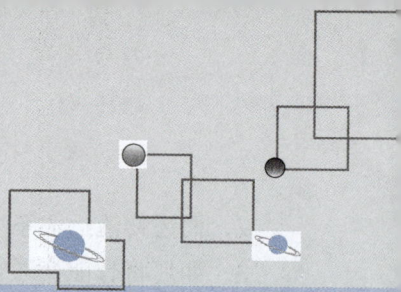

单元七

物流信息系统规划与设计

素质目标

- 践行社会主义核心价值观，培养团队协作意识和科学严谨的态度
- 培养物流管理者科学创新的设计理念

知识目标

- 了解物流信息共享平台的功能与作用
- 熟悉综合物流信息系统的体系结构
- 掌握综合物流信息系统的规划与开发

能力目标

- 针对不同物流企业，能够提出反映其特色的物流信息系统规划建议
- 可以鉴别物流信息系统软件的优劣

7.1 物流信息概述

7.1.1 物流信息的概念与分类

物流信息概述

物流信息（Logistics Information）是反映物流各种活动内容的知识、资料、图像、数据、文件的总称，涉及物流活动中的主要商务管理过程，如接收订单、订单处理、仓库管理、末端配送以及每一环节的异常处理及进行物流内部和外部的业务结算过程；同时包含质量服务信息，如质量监察、用户投诉处理、货件的跟踪查询和客户关系管理等。

2020年3月，工业和信息化部印发的《中小企业数字化赋能专项行动方案》中明确指出，鼓励以新一代信息技术与应用为支撑，搭建供应链、产融对接等数字化平台，提升中小企业应对危机的能力、夯实可持续发展基础。同年5月，国家发展改革委、交通运输部印发的《关于进一步降低物流成本的实施意见》也明确指出，要加快发展智慧物流，积极推进新一代国家交通控制网建设，加快物流基础设施数字化升级，推进新兴技术和智能化设备应用，提高仓储、运输、分拨配送等物流环节的自动化、智慧化水平。"加快5G商用步伐，加强人工智能、工业互联网、物联网等新型基础设施建设"是我国经济建设重要战略部署，"新基建"作为数字经济基础保障地位得到凸显。在"新基建"的助力下，围绕物流供应链、产业链的相关企业数字化水平明显提高，实现数据的跨界融合应用。

全球物流都面临着由移动互联和大数据作为核心引擎的新变革，部分龙头企业已经通过对数据的存储、挖掘、分析和使用实现价值转移，开展运价预测、信用评价、运费垫付、小额贷款、金融保理、消费白条、车后商城等基于业务数据的增值服务并实现盈利，完成了物流行业由"作业产生价值"向"数据产生价值"的路径探索，为进一步提升行业高质量服务水平，构建智慧物流生态体系奠定了良好的基础。

现代物流是涉及社会生活各个方面的错综复杂的社会大系统，它涉及原材料供应商、生产制造商、批发商、零售商以及最终消费者，即市场流通的全过程。现代物流必须完成三个使命：①商品的流动；②信息的流动；③资金的流动。商品的流动要做到准确、快速地满足消费者的需求，离不开信息流动。资金的流动同样也离不开相关信息的及时反馈。由此可见，在现代物流中，信息起着非常重要的作用，信息系统是构建现代物流的神经中枢，通过信息在物流系统中快速、准确和实时地流动，可以使企业迅速地了解市场的变化情况，真正地做到运筹帷幄，决胜千里，进而实现物流的良性循环。

具体的物流信息可以分为以下几类：

（1）采购信息。采购信息伴随配送中心的采购活动而产生，由配送中心向供应商发出。采购活动为后序各项物流活动的开展提供了可能。采购单及相应的反馈信息构成采购信息，它是基本的物流信息。

（2）进货信息。订单下达之后，是商品实物的真实流动，伴随着商品的入库，进货信息自然产生。

（3）库存信息。库存信息是表示库存商品的数量、结构、状态的信息，此信息也是制订采购计划、确定经济订货批量的重要依据。

（4）订货信息。订货信息是由客户向配送中心提出的，它详细反映了客户所需商品的品种、规格、数量等。

（5）流通加工信息。流通加工信息是流通加工过程产生的相应信息，这些信息反映商品再加工的情况。

（6）分拣配货信息。分拣配货信息往往由订货信息汇总而来，用于事前控制分拣配货活动并反馈该活动的完成情况。该信息有助于实现准确、高效的配送服务。

（7）发货信息。发货信息是商品实物流动的信号，标志着配送活动的开始。发货信息反映了物流的形态、方向、规模以及与之相适应的各种运输手段，与分拣配货信息的内容有所重叠。

（8）运输信息。运输信息反映了运输人员、运输车辆及运输线路优化等的详细情况。

（9）物流总控信息。物流作业信息经汇总、分析、提炼，形成有关物流活动的各种控制和管理信息，用以指导、协调物流活动，保证物流的正常、高效运转。

7.1.2 物流信息的特点

（1）物流信息量大、分布广，信息产生、加工和应用在形式、时间、地点上不一致。

由于物流过程通常涉及多个物流环节，尤其是运输通常涉及广泛的领域，因而信息源点多且分布广泛。

（2）物流信息动态性强，信息价值的衰减速度快，对信息管理的及时性要求较高。在大系统中，强调及时性，要求信息收集、加工、处理速度快。

（3）物流信息种类多，不仅生产系统内部各个环节有不同种类的信息，而且由于物流系统与其他系统，如生产系统、销售系统、消费系统等密切相关，因而还必须收集这些类别的信息。这就使物流信息的分类、研究、筛选等难度增加。

7.1.3 物流信息的作用与功能

物流系统是由多个子系统组成的复杂系统。合理组织物流活动就是使各个环节相互协调，根据总目标的需要适时、适度地调度系统内的基本资源。物流系统中的相互衔接是通过信息予以沟通的，而且基本资源的调度也是通过信息的传递来实现的。进行物流管理时，需要大量准确、即时的信息和用以协调物流系统运作的反馈信息。任何信息的遗漏和错误都将直接影响物流系统运转的效率和效果，进而影响企业的经济效益，因此，信息在物流活动过程中具有不可替代的重要作用。

（1）物流管理活动是一项系统工程，物资的采购、运输、库存以及销售等活动在企业内部互相作用，形成一个有机的整体。物流系统通过物资的流动，所有权的转移和信息的接收、发送而与外界不断作用，实现对物流的控制。

（2）物流信息可以帮助企业对物流活动的各个环节进行有效的计划、协调与控制，以达到系统整体优化的目标。

（3）物流信息有助于提高物流企业科学管理和决策水平。物流管理主要是通过加强供应链中各环节和实体间的信息交流与协调，使其中的物流和资金流保持畅通来实现供需平衡的。

物流信息在物流活动中所起的作用，主要是通过它的基本功能来实现的。它的基本功能主要有：

1. 市场交易功能

物流信息在市场交易中的作用是记录物流活动的基本内容，包括接货内容、安排储存任务、作业程序、制定价格以及人员信息查询等。物流信息在市场交易中表现出来的主要特征是程序化、规范化，强调整个系统的效率性和集成性。

2. 业务控制功能

物流服务水平和质量管理以及对现有客户资源的管理，主要是由信息系统做出相关的分析、判断。应该建立完善的考核指标体系来对作业计划和业绩进行整体评价，这就强调了信息系统作为控制系统的一个重要环节的分析作用。

3. 工作协调功能

在物流运作过程中，加强信息的集成与流通有利于提高工作的时效性，有利于提高工作的质量与效率，有利于降低劳动强度，从而保证物流作业的各环节都处于高效率的协调状态。

4.　支持决策功能

物流信息管理人员通过对物流信息的分析，可以对物流活动进行有效的评估和成本-收益分析，从而更好地进行决策。

7.2　物流信息共享平台

伴随着技术进步与模式创新，物流行业的内部管理、运营模式、生态建设方面呈现出平台化发展趋势。在企业业务层面，产品化、标准化的仓储管理系统、运输管理系统、订单管理系统的应用逐渐成熟，实现了企业业务的平台化管理和信息互联互通，破除了信息孤岛。物流园区也充分利用互联网、物联网等信息技术，向服务型、功能型、智能型的新模式转型，实现线上线下一体化、数字化和平台化管理。物流软件服务商通过SaaS服务的模式从原来的产品服务提升为平台服务。物流硬件服务商也通过平台模式提供定位、ETC（Electronic Toll Collection，电子不停车收费系统）、主动防御等服务，助力中小物流企业快速提升信息化管理水平。

物流信息共享平台

在运营模式方面，81%的传统物流企业有意愿转型或拓展物流平台业务以提升社会化运力整合能力和运输透明化管理能力，有效拓展业务规模，实现降本增效。在生态建设方面，平台型物流企业依托交易数据建立以"承运"为核心的生态体系，油品、保险、金融、后市场等服务平台应运而生，构建良性生态圈。

7.2.1　基本功能

物流信息共享平台是指基于计算机通信网络技术，提供物流信息、技术、设备等资源共享服务的信息平台。它具有整合供应链各环节物流信息、物流监管、物流技术和设备等资源，面向供应链全体用户提供信息服务、管理服务、技术服务和交易服务的基本特征。物流信息共享平台具有以下基本功能：

1.　数据交换功能

数据交换功能是信息平台的核心功能，主要是指电子单证的翻译、转换和通信，包括网上报关、报检、许可证申请、结算、缴（退）税、客户与商家的业务往来等与信息平台连接的用户间的信息交换。在数据交换功能中，还有一项很重要的功能——存证管理功能。存证管理是将用户在信息平台上产生的单证信息加上附加信息，按一定的格式以文件形式保存下来，以备将来发生业务纠纷时查询、举证之用。

2.　信息发布功能

信息发布功能以Web站点的方式实现，企业只要通过Internet连接到信息平台Web站点上，就可以获取站点上提供的物流信息。这类信息主要包括水、陆运输价格，新闻和公告，政务指南，货源和运力，航班船期，空车配载，铁路车次，适箱货源，联盟会员，职业培训，政策法规等。

3.　会员服务功能

会员服务功能主要是为注册会员提供个性化的服务，包括会员单证管理、会员的货物状态和位置跟踪、交易跟踪、交易统计、会员资信评估等。

4. 在线交易功能

交易系统为供方和需方提供一个虚拟交易市场，双方可发布和查询供需信息，对自己感兴趣的信息可与发布者进一步洽谈，交易系统可以为双方进行交易撮合。

7.2.2 扩展功能

1. 智能配送功能

利用物流中心的运输资源、上游厂家的供货信息和消费者的购物信息进行最优化配送，使配送成本最低，在用户要求的时间内将货物送达。通常的解决方法是建立数学模型，由计算机运用数学规划方法给出决策方案，管理人员再根据实际情况进行选择。智能配送要解决的主要问题包括：路线的选择、配送的发送顺序、配送的车辆类型、客户限制的发送时间。

2. 货物跟踪功能

采用北斗/GPS系统跟踪货物的配送状态和位置。状态和位置数据存放在数据库中，用户可通过呼叫中心或Web站点获得跟踪信息。

3. 库存管理功能

通过掌握各个仓库的库存以及库存量的变化情况，综合考虑运输成本等方面的影响因素，最终使总成本达到最小。可解决的典型问题包括：下一轮生产周期应生产的产品数量、补充货物的最佳数量、补充货物的最低库存点（安全库存）等。

4. 决策分析功能

建立物流业务的数学模型，通过对已有数据的分析，帮助管理人员鉴别、评估和比较物流战略和策略上的可选方案。典型分析包括车辆日程安排、设施选址、客户服务分析等。

相关法规建立和网络安全技术进一步完善后，可通过物流信息平台网络实现金融服务，如保险、银行、税务、外汇等。在此类业务中，信息平台起着一个信息传递的作用，具体业务在相关部门内部处理，处理结果通过信息平台返回客户。

7.2.3 物流信息共享平台的作用

物流信息共享平台通过对共用数据的采集，为物流企业的信息系统提供基础支撑信息，满足企业信息系统对公用信息的需求，支撑企业信息系统各种功能的实现。同时，通过共享信息系统支撑政府部门的行业管理与市场规范化管理等协同工作机制的建立。它的具体作用如下：

1. 整合物流信息资源

物流信息共享平台最重要的作用就是能整合资源，完成各系统之间的数据交换，实现信息共享。物流信息共享平台可以担负信息系统中公用信息的中转功能，各个担负数据采集功能的子系统按一定规则将公用数据发送给信息平台，由信息平台进行规范化处理后加以存储，根据需求规划或者各物流信息系统的请求，采用规范格式将数据发送出去，通过信息交换和信息传递，满足不同客户的信息需求，提高了物流系统的效率。

2. 整合社会物流资源

通过物流信息共享平台，可以加强物流企业与上下游企业之间的合作，形成并优化供应链。当合作企业提出物流请求时，物流企业可通过物流信息共享平台快速建立供应链接，提供相关物流服务。这有利于提高社会大量闲置物流资源的利用率，起到调整、调配社会物流资源、优化社会供应链、理顺产业链的重要作用，这样不但会产生很好的经济效益，而且会产生很好的社会效益。例如，上海、深圳、天津的物流信息共享平台都有为车主和货主提供车货配载的功能，这样就有效地利用了空车资源。

3. 推动电子商务的发展

物流信息共享平台的建设，有利于实现与电子商务B2B或B2C系统的对接。任何一种交易都是以物的转移或服务的提供为最终目的，电子商务作为一种交易模式，当然也不例外。随着电子商务交易系统建设的深入，如何为其配置电子化的物流系统已成为关键问题，而物流信息平台是解决这一问题的最佳方案之一。

4. 推动物流电商的发展

基于物流信息共享平台，物流企业能够发展自己的物流电商平台，通过互联网被更大范围内的货主客户主动找到，能够在全国乃至世界范围内拓展业务；贸易公司和工厂能够更加便捷地找到性价比更合适的物流公司。通过物流电商平台可以把世界范围内最大数量的有物流服务需求的货主企业和提供物流服务的物流公司吸引到一起，提供中立、诚信、自由的网上物流交易市场，帮助物流供需双方高效达成交易。

7.3　综合物流信息系统体系结构

一个综合性的物流信息系统从横向角度出发，应涵盖各类业务职能的信息，包括订货、运输、配送、仓储、加工、质量、财务和人力资源等方面的信息。同时，综合性物流信息系统从纵向角度出发，应涵盖不同层次的业务部门和人员的信息，这些信息从低层到高层依次是数据文件层、业务处理层、策略运用层和战略计划层。数据文件层的目标是实现将收集、加工的物流信息以数据库的形式或文件形式进行存储管理的功能；业务处理层的目标是对发生在物流业务活动过程中的合同、票据、报表等业务表现方式进行日常处理；策略运用层的目标是针对中、高级管理人员进行业务活动的控制、监督和协调；战略计划层的目标是建立各种物流系统分析模型，辅助高级管理人员制订各种物流战略计划。

建立综合物流信息系统是为了满足物流业务对信息管理的要求，实现对物流业务的及时化、信息化、智能化、网络化操作。综合物流信息系统必须对以下几个信息管理子系统进行有效的整合与集成，建立相互之间的信息交换与传递以及相应的功能连接，从而实现对物流业务的统筹运作与科学管理：

（1）需求管理子系统（也可称为客户管理子系统）。该系统的职能是收集客户需求信息、记录客户购买信息、进行销售分析和预测、管理销售价格、处理应收货款及退款等，通过对客户资料的全方位、多层次的管理，使物流企业之间实现流通机能的整合，物流企业与客户之间实现信息和收益共享及风险共担，从而在供应链管理模式下实现跨企业界限的整合。

（2）采购管理子系统。该系统主要是面对供货商的作业，包括向订货、进货验收、供货商管理、采购决策、存货控制、采购价格管理、应付账款管理等功能，同时，与客户管理系统建立功能连接。

（3）仓库管理子系统。该系统包括储存管理、进出货管理、机械设备管理、分拣处理、流通加工、出货配送管理、货物追踪管理、运输调度计划、分配计划等内容，同时，与客户管理系统建立连接。该系统可以对不同地域、不同属性、不同规格、不同成本的仓库资源实现集中管理，采用条码、射频等先进的物流技术设备，对出入仓库货物实现联机登录、存量检索、容积计算、仓位分配、损毁登记、状态报告等自动处理，并向系统提交图形化的仓储状态。

（4）财务管理和结算子系统。财务管理系统主要是对需求管理子系统和采购管理子系统所传送来的应付、应收账款进行会计操作，同时对配送中心的整个业务与资金进行平衡、测算和分析，编制各业务经营财务报表，并与银行金融系统联网进行转账。同时，结合成熟的财务管理理论，针对物流企业财务管理的特点，根据财务活动的历史资料进行财务决策。然后运用科学的技术手段、有关信息、特定手段和方法进行财务预算、财务控制，并进行财务分析，最终实现企业价值最大化。结算系统主要是充分利用现有的业务信息管理系统和计算机处理能力，以达到自动为客户提供各类业务费用信息、大幅度降低结算业务工作量、提高结算业务的准确性和及时性的目的，从而为广大物流企业的自动结算提供一套完整的解决方案。

（5）物流分析子系统。该系统通过应用GIS技术与运筹决策模型，可以完善物流分析技术。通过建立各类物流运筹分析模型来实现对物流业务的互动分析，提供物流一体化运作的合理解决方案，以实现与网络伙伴的协同资源规划。

（6）决策支持子系统。该系统除了获取内部各系统业务信息外，关键在于取得外部信息，并结合内部信息编制各种分析报告和建议报告，提供分析图表与仿真结果报表，供配送中心的管理人员作为决策的依据。通过建立决策支持子系统，及时地掌握商流、物流、资金流和信息流所产生的信息并科学地加以利用，在数据仓库技术、运筹学模型的基础上，通过数据挖掘工具对历史数据进行多角度、多维度的分析，实现对企业中的人力、物力、财力、客户、市场、信息等各种资源的综合管理，为企业管理、客户管理、市场管理、资金管理等提供科学决策的依据，从而提高管理层决策的准确性和合理性。物流中心的信息系统必须是一个对各类管理系统的有机整合与集成，在相互之间建立相应功能的连接，从而实现对各类信息的交换与传递。

7.4 综合物流信息系统规划与开发过程

现代物流业发展的一个鲜明特点是以通信技术、信息技术等为代表的高新技术的应用。通过物流信息整合已有的资源，构筑综合物流信息系统，为物流业的发展提供支撑，使物流系统（主要指社会物流）发挥最大的整体效益。综合物流信息系统规划是在物流业发展目标和物流业发展产业政策基础上，结合运输平台的发展进行规划的一个信息系统发展总体框架及实施步骤。由于物流系统是一个涉及交通运输、贸易流通、国际通关等过程中多个部门、多方参与的复杂系统，综合物流信息系统的发展规划在于提出物流信息系统发展的战略目标、物流信息系统体系结构和物流相关各部门、各物流企业等参与者在综合物流信息系统建设中的责任与权益及建设策略等一系列问题，它对物流业发展具有重要意义。

7.4.1　综合物流信息系统规划应考虑的因素

1. 物流的网络化

互联网的出现使得网络物流呈现出物流节点普遍实行信息化管理和整个系统具有无限的开放性的特点。物流信息的跨地区即时传递提供了经济合理的解决方案，使信息流、商流和资金流的处理得以即时请求、即时完成。网络的应用使物流信息能够以低廉的成本即时传递，通过完善的物流信息管理系统即时安排物流过程，促使物流行业产生了革命性的变化。由于物流信息能够即时甚至提前于物流过程在相关环节中传递，使得系统可以收集到足够的信息，提前测算并模拟出最佳的物流线路，指导实际的物流过程，使得货物的实际输送过程变得相对自动化，甚至是精确。消除了无效物流和冗余物流，缩短了等待时间，加上自动化的操作水平和即时的响应速度，使得"按需生产、零库存、短在途时间、无间隙传送"成为网络物流的理想状态。在网络物流系统中，起决定作用的不再是物流设施或者设备的处理能力，而是物流信息系统，它是在物流过程中进行信息采集、管理、分析和调度，并根据反馈情况及时进行调整的软系统。

2. 物流的网络RTK技术的应用

网络RTK（Real Time Kinematic）技术，是利用卫星定位连续运行参考站网支持的网络实时动态定位技术。综合了Internet与GPS的优势与特色，充分考虑用户需求，使GPS、GSM、GIS等技术紧密结合，具有功能完善、操作简单、维护方便的特点，其功能多、精度高、覆盖面广、定位速度快；信息传输采用GSM公用数字移动通信网，具有保密性高、系统容量大、抗干扰能力强、漫游性能好、移动业务数据可靠等优点；构筑在国际互联网这一最大的网络公共平台上，具有开放度高、资源共享程度高等优点。

随着WAP（无限传输协议）的运用及XML语言的开发，随时随地地通过各种类型的端口接收信息已成为可能，网络GPS的运用已经为交通运输体系的发展起到了不可忽视的作用，并将会在以后为物流运输企业业务的发展提供前景更加广阔的网络GPS服务，它可以向物流企业提供以下功能：实时监控功能、双向通信功能、动态调度功能、数据存储和分析功能。由网络GPS的优点可以看到它在技术运用中的强大优势，这种优势可以为物流企业具体业务的开展提供便利，各物流运输企业都可以充分运用自己的权限，进入网络GPS监控界面对车辆进行监控、调度和即时定位等操作。物流运输企业通过使用网络GPS，不仅能够提高服务质量和管理水平，实施运输全过程的动态管理，而且有助于提升企业形象，树立良好的品牌，在激烈的市场竞争中取得成功。

3. 开发和应用新的计算机软件

计算机智能软件的开发给物流以新的方式来处理存储与移动产品的传统业务，新的技术与新的物流战略一起出现。例如，协同计划预测与补充（CPFR）战略使零售商与制造商可以比较各自对特定产品的预测，并对生产和销售目标达成共同的决策，高级计划与调度软件使双方之间的动态协调关系成为可能，预警系统的开发则可以满足波动的需求及根据订货调动库存。又如，在线交易与市场依赖于供应链执行与计划软件来处理互联网上的订单，同时也依靠供货人具有库存可见性的软件。新兴的基于互联网的软件模型将使供应链上的中小企业获得运输管理系统（TMS）或仓库管理系统（WMS）的好处，他们可以通过交纳月费或交易费来使用应用服务提供商（ASP）提供的解决方案，而不必因更大范围的软件一体化而支付大量的软件安装与使用费用。加快物流信息化步伐，建立和完善计算机管理系统、订货系统、库存系统、结算系统等，实现管理信息化，提高管理的技术含量等，都必须依靠计算机软件的开发和应用。

4. 服从物流整体规划

综合物流信息系统的建设作为大的物流规划的一部分，要在物流整体规划战略的指导下进行，要符合物流规划的目标和原则，服务于物流规划，使物流规划的效果能够真正发挥出来。

5. 统一规划，分步实施

综合物流信息系统应该统一规划、统一领导，充分利用现有的社会信息化资源，避免重复建设。同时在实施过程中应该根据实际情况分步实施，注重实效，稳步前进。

6. 政府推动，第三方实施，市场运作

综合物流信息系统建设涉及不同的管理部门、各类物流企业及货物的供需双方，要处理好各方面的关系，需要有政府的协调和推动。综合物流信息系统需要采取第三方实施的原则，确保系统具有独立性，这样才能在公平、公开、公正的基础上，提供有序竞争的环境，从而满足广大客户对物流信息系统服务功能的需求。综合物流信息系统的经营要实行市场化的运作。为了调动主要经营者的积极性，可以采用主要经营者持股方式，并实行风险抵押，使经营业绩和经营者的利益挂钩，增强实体运行活力。

7. 加快物流信息标准化建设

现在大部分企业的物流信息系统还是封闭运作的，信息在内部网络是按共同的标准协议进行数据交换的。综合物流信息系统要对不同物流信息系统之间的数据进行交换，就特别需要标准化的物流信息，以实现不同物流信息系统数据的顺利交换。如果物流信息数据不是标准、规范、统一的，势必加大数据交换的难度，降低综合物流信息系统的利用效率，造成资源浪费和信息失真，因此必须加快我国物流信息标准化的建设。

8. 制定政策法规和配套措施

综合物流信息系统在运作过程中会发生如单证收费、会员权利和义务、经营管理、备份举证等方面的诸多问题。这就需要制定一整套相应的法规和规章制度来加以规范。除此

之外，推进综合物流信息系统发展的配套措施也是必不可少的，如人才引进的优惠政策、税收优惠政策、土地使用优惠政策、通信资费优惠政策等。

9. 加快物流信息人才的培养

综合物流信息系统的建设需要专业的物流信息人才，因此必须加快对物流信息人才的培养。要建立行之有效的人才引进机制和对优秀人才的奖励机制，增强内部人员物流信息技术的培训。同时，应积极与社会教育机构合作，加大对物流信息人才培养的投入，通过多种途径培养不同层次的人才；也可以从国外引进高质量的物流信息管理人才。

7.4.2　综合物流信息系统规划

建立综合物流信息系统，不是单项数据处理的简单组合，必须要有系统规划。因为它涉及传统管理思想的转变、管理基础工作的整顿提高以及现代化物流管理方法的应用等许多方面，是一项范围广、协调性强、人机紧密结合的系统工程。

物流信息系统规划是系统开发的最主要阶段，一旦有了好的系统规划，就可以按照数据处理系统的分析和设计持续进行工作，直到系统的实现。综合物流信息系统规划和实现的过程大致如图7-1所示。

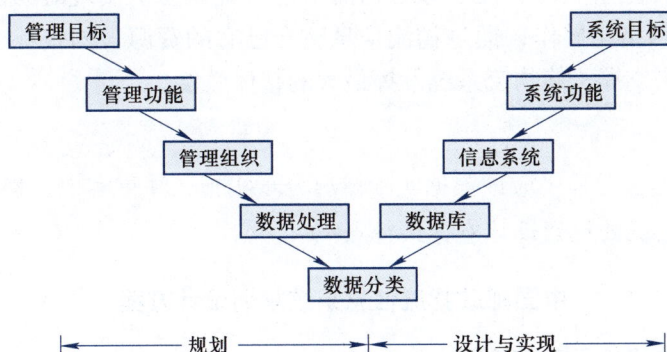

图7-1　综合物流信息系统规划和实现的过程

综合物流信息系统的总体规划基本上分为四个步骤：

（1）定义管理目标。确立各级管理的统一目标，局部目标要服从总体目标。

（2）定义管理功能。确立管理过程中的主要活动和决策。

（3）定义数据分类。在定义管理功能的基础上，把数据按支持一个或多个管理功能分类。

（4）定义信息结构。确定信息系统各个部分及其数据之间的相互关系，导出各个独立性较强的模块，确定模块实现的优先关系，划分子系统。

7.4.3　综合物流信息系统开发

有了系统规划以后，还要进行非常复杂的开发过程，主要包括以下内容：

（1）调查现有系统对现行系统和管理方法及信息流程等有关情况进行现场调查，给出有关的调研图表，提出信息系统设计的目标以及达到此目标的可能性。

（2）系统逻辑设计。在系统调研的基础上，从整体上构造出物流信息系统的逻辑模型，对各种模型进行优选，确定最终方案。

（3）系统的物理设计。以逻辑模型为框架，利用各种编程实现系统的输入、输出、存储及处理方法。此阶段的重要工作是程序设计。

（4）系统实施。将系统的各个功能模块进行单独和联合调试，对其进行修改，最后得到符合要求的综合物流信息系统软件。

（5）系统维护与评价。在信息系统试行一段时间以后，根据现场要求和变化，对系统做一些必要的修改，进一步完善系统，最后和用户一起对系统的功能、效益做出评价。

单元小结

信息系统构建现代物流的神经中枢，通过信息在物流系统中快速、准确和实时流动，可以使企业迅速地了解市场的变化情况，实现物流的良性循环。物流系统是由多个子系统组成的复杂系统。合理组织物流活动就是使各个环节相互协调，根据总目标的需要适时、适度地调度系统内的基本资源。建立综合物流信息系统是为了实现对物流业务的及时化、信息化、智能化、网络化操作，通过物流信息整合已有的资源，构筑综合物流信息系统，为物流业的发展提供支撑，使物流系统发挥最大的整体效益。

案例分析

中国邮政物流系统的规划设计有什么特点？

中国邮政物流信息系统规划设计方案

一、中国邮政物流信息系统现状

1. 现状描述

中国邮政系统经过几十年的建设，已建成了比较发达的体系，几乎可以送达国内任何一个角落。

从组织架构方面来看，中国邮政物流有限公司作为顶层系统，依次下设省级、市级、地级等分支机构。各分支机构与顶层系统之间存在着纵横交错的信息和数据交换需求，只有打通各机构之间的信息壁垒，才能确保信息和数据交换的顺利进行，使整个物流系统的效率和效益最大化。

从业务层面来看，中国邮政系统的服务内容涉及运输、配送、保管、装卸、包装等各项业务，这些业务均使用计算机应用系统及辅助应用软件来进行数据处理，为中国邮政物流作业效率的提高奠定了基础。

2. 现状分析

中国邮政物流信息系统覆盖全部业务范围，各项业务的内容、技术之间均存在强关联性，随着业务量和业务种类的增加，整体信息系统产生的数据资源也在成倍增长，系统内各机构之间信息和数据的共享需求、系统内外的信息集成需求日益增加。因此，为了提升整体管理效率，中国邮政物流系统需要建立一个统一高效的一体化信息管理平台，重点协调和解决各机构所属信息系统之间的沟通和关联问题，为经营管理者提供决策支持。

3. 设计原则

（1）对物流信息系统进行设计时，要从中国邮政的企业战略目标出发，将"一体化"思想贯穿整体设计，深度分析企业内部业务内容和业务层、管理层对信息的需求，借鉴国内外成功经验，重点解决机构间、业务间的信息壁垒，帮助中国邮政的管理水平登上一个新的高度。

（2）以邮件的整个流动环节为划分依据，以业务需求的实际需要为出发点，在进行信息系统设计时应考虑易用性和可维护性。同时要通过严格的权限设置，实现不同岗位对数据的安全访问。

（3）根据"集中式管理，分布式控制"的要求，在设计系统方案时，要重复考虑在各种情况下系统运行时所可能遇到的问题，采用高可靠性的产品和技术，提高整体系统的安全能力、应变能力和容错能力。

二、系统规划

中国邮政物流信息系统建设应从中国邮政整个物流信息系统管理的战略目标出发，追求供应链控制中一致协同的物流业务数据，为实现供应链一体化管理提供安全、准确的信息，最终实现中国邮政物流整体业务的一体化运营。

三、解决方案

中国邮政物流信息系统由市场营销系统、物流运输系统、辅助决策系统、企业管理系统四部分组成。各系统又包含若干子系统，各子系统既相互独立地开展业务，又通过统一的数据结构相互连接成一个整体，还可以根据业务的需要增加子系统，扩大业务范围。

中国邮政物流信息系统不仅考虑到了满足内部经营管理的需要，而且也为外部客户提供了完善的信息查询服务。但环境在变化，企业在发展，系统本身也必须不断完善、不断发展，才能适应新的市场需求。

课后习题

A. 理论训练题

一、判断题

1. 订货信息是制订采购计划、确定经济订货批量的重要依据。 （　　）

2. 通过应用 GPS 技术与运筹决策模型，可以完善物流分析技术。 （　　）

3. 智能配送要能够解决路线的选择、客户限制的发送时间等问题。 （　　）

4. 现代物流必须完成三个使命：①商品的流动；②信息的流动；③资金的流动。
（　　）

5. "批量生产、少量库存"成为网络物流的理想状态。　　　　　　　　（　　）

二、单项选择题

1. 网络物流的理想状态必须保持产品的（　　）库存。
   A. 零　　　　　　　　B. 经济　　　　　　　C. 少量　　　　　　　D. 充足

2. 信息传输采用（　　）公用数字移动通信网，具有保密性高、系统容量大、抗干扰能力强、漫游性能好、移动业务数据可靠等优点。
   A. GPS　　　　　　　B. GIS　　　　　　　　C. GSM　　　　　　　D. TMS

3. 物流网络整个系统具有（　　）的特点。
   A. 开放性　　　　　　B. 封闭性　　　　　　C. 半开放性　　　　　D. 半封闭性

4. （　　）功能是物流共享信息平台的核心功能。
   A. 数据交换　　　　　B. 会员服务　　　　　C. 在线交易　　　　　D. 智能配送

5. 管理销售价格、处理应收货款及退款业务属于综合物流信息系统的（　　）管理子系统。
   A. 需求　　　　　　　B. 采购　　　　　　　C. 仓库　　　　　　　D. 财务管理和结算

三、多项选择题

1. 一个综合性的物流信息系统在纵向上需要的信息类型是（　　）。
   A. 数据文件层　　　　　　　　　　　B. 传输交换层
   C. 策略运用层　　　　　　　　　　　D. 战略计划层
   E. 业务处理层

2. 综合物流共享信息平台的基本功能包括（　　）。
   A. 数据交换功能　　　　　　　　　　B. 会员服务功能
   C. 在线交易功能　　　　　　　　　　D. 智能配送功能
   E. 货物跟踪功能

3. 综合物流信息系统开发主要包括（　　）。
   A. 调查现有系统　　　　　　　　　　B. 系统逻辑设计
   C. 系统的物理设计　　　　　　　　　D. 系统实施
   E. 系统维护与评价

4. 综合物流信息系统总体规划的步骤包括（　　）。
   A. 定义管理目标　　　　　　　　　　B. 定义管理功能
   C. 定义数据分类　　　　　　　　　　D. 定义信息结构
   E. 定义数据标准

5. 网络物流的理想状态是（　　）。
   A. 按需生产　　　　B. 零库存　　　　　C. 大批量　　　　　D. 无间隙传送
   E. 短在途时间

四、简答题

1. 物流信息的功能有哪些?
2. 物流信息可以分为哪几类?
3. 综合物流信息系统的结构包括哪些方面?

B. 技能训练题

测试任务: 在综合物流信息系统中完成如表7-1所示信息的录入。多个学生在录入时可调整公司编号后两位（01～99）。

表7-1 仓储客户的信息

公司编号	NOKIA01	客户名称	NOKIA	客户简称	NOKIA
联系人	王先生	联系人职务	经理	联系人电话	0755-81000000
联系人手机	13000000000	联系人传真	0755-81000000	联系人邮箱	××××@ns-china.net
行业性质	第三方物流	业务规模	全国	成立日期	
运行情况	正常	网址	http://www.nokia.com	包租面积	500m^2
备注					

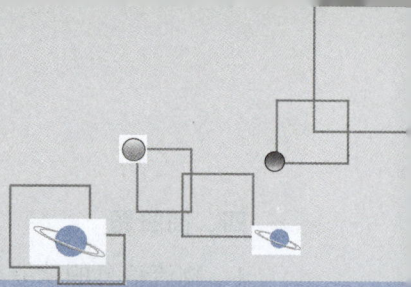

单元八

一体化供应链设计

素质目标

- 树立全局意识和团队合作意识，培养良好的沟通协作能力和人际交往能力
- 培养一体化供应链系统的职业理念

知识目标

- 熟悉一体化供应链设计的原则
- 掌握从产品出发的供应链设计流程
- 了解核心企业供应链的实施策略
- 掌握供应链合作关系设计流程

能力目标

- 能够对供应链企业间的合作关系提供建设性意见
- 能够开展核心企业的供应链设计

8.1 一体化供应链设计问题和原则

供应链要取得卓越的成绩，必须进行一体化设计和运作。在过去的几十年中，管理者越来越清楚地意识到，即使能够使单个职能部门的绩效达到最优，也不一定能够实现企业整体总成本的最小化，或提高企业的运作效率。一体化管理则可以通过部门间的协调，实现企业总成本最小化这一目标。

8.1.1 一体化供应链的概念

随着经济全球化和知识经济时代的到来，无国界化企业经营的趋势越来越明显，整个市场竞争呈现出明显的国际化和一体化。设计和运行一个有效的供应链对于每一个企业都是至关重要的，因为它可以提高客户服务水平，从而达到成本和服务之间的有效平衡；提高企业竞争能力，从而渗透进入新的市场，并通过降低库存来提高工作效率等。所谓一体化供应链，是指对供应链中的物流、信息流、资金流、增值流、业务流以及贸易伙伴关系等进行的计划、组织、协调和控制一体化管理过程，最终达到提高物流效率、降低物流成本的效果。本单元讨论一体化供应链设计的原则、从产品出发的供应链设计、核心企业与供应链设计及企业合作与战略联盟设计。

8.1.2　一体化供应链设计应考虑的问题

在供应链的设计问题上应充分考虑以下几方面的问题：

1. 供应链设计与物流系统设计

物流系统是供应链的物流通道，是供应链管理的重要内容。从产品出发的物流系统设计，是指原材料和外购件所经历的采购入厂——存储——投料——加工制造——装配——包装——运输——分销——零售等一系列物流过程的设计，它也被称为通道设计（Channel Designing），是供应链系统设计中最主要的工作之一。设计一个结构合理的物流通道对于降低成本、减少库存、缩短制造提前期、实施JIT生产与供销、提高供应链的整体运作效率都是很重要的。但供应链设计却不等同于物流系统设计。从产品出发的供应链设计是企业模型设计，它从更广泛的思维空间——企业整体角度去勾画企业蓝图，是扩展的企业模型。它既包括物流系统，又包括组织以及价值流和相应的服务体系建设，它把整体思维观融入供应链的构思和建设中。企业之间要有并行的设计才能实现并行的运作模式，这是供应链设计中最为重要的思想。

2. 供应链设计与环境因素

一个设计精良的供应链在实际运行中并不一定能完全按照设计方案运作，甚至无法达到预想的效果。产生这种设计方案与运行效果之间差距的原因并不一定是设计或构想的不完美，而是环境因素在起作用。因此，构建和设计一个供应链，一方面要考虑供应链的运行环境（地区、政治、文化、经济等因素），同时还应考虑未来环境的变化对实施供应链的影响。所以要用发展的、变化的眼光来设计供应链。无论是系统的构建还是物流通道设计，都应具有较高的柔性，以提高供应链对环境的适应能力。

3. 供应链设计与企业再造工程

从企业的角度来看，供应链设计是一个企业的改造问题，任何企业都会或多或少地进行供应链设计。供应链的设计或重构不是要推翻现有的企业模型，而是要从管理思想革新的角度以创新的观念武装企业（如动态联盟与虚拟企业、精细生产）。这种基于系统进化的企业再造思想符合人类演进的思维逻辑。尽管迈克尔·哈默（Michael Hammer）和詹姆斯·钱皮（James A. Champy）一再强调彻底的、剧变式的企业重构思想，但实践证明实施BPR（Business Process Reengineering，业务流程重组或企业流程再造）的企业最终还是走向改良的道路。所谓无源之水、无本之木的企业再造是不存在的。因此在实施供应链的设计与重建时并不在于是否"打破那个瓷娃娃"（M.C.杰克逊《透过"新潮"管理法看系统管理学》），而是需要新观念、新思维和新手段，这是实施供应链管理所要明确的。

4. 供应链设计与先进制造模式

供应链设计既是从管理新思维的角度去改造企业，也是先进制造模式的客观要求和推动的结果。如果没有全球制造、虚拟制造这些先进制造模式的出现，集成化供应链的管理思想是很难得以实现的。正是先进制造模式的资源配置沿着"劳动密集—设备密集—信息密集—知识密集"的方向发展，才使得企业的组织模式和管理模式发生相应的变化，从制造技术的技术集成演变为组织和信息等相关资源的集成。供应链管理适应了这种趋势，因此供应链的设计应把握这种内在的联系，使供应链管理成为适应先进制造模式发展的先进管理思想。

8.1.3 一体化供应链设计的原则

在供应链的设计过程中必须遵循一些基本原则，以保证供应链的设计和重建能满足供应链管理思想的要求并得以顺利贯彻实施。

一体化供应链
设计的原则

1. 自顶向下和自底向上相结合的设计原则

系统建模存在两种设计方法，即自顶向下和自底向上的方法。自顶向下的方法是从全局走向局部的方法，自底向上的方法是从局部走向全局的方法；自上而下是系统分解的过程，自下而上则是一种集成的过程。在设计一个供应链系统时往往是先由高层主管做出战略规划与决策，规划与决策的依据来自市场需求和企业发展规划，然后由下层部门实施决策，因此供应链的设计是自顶向下和自底向上的统一结合。

2. 简洁性原则

简洁性是供应链设计的一个重要原则。为了能使供应链具有灵活、快速响应市场的能力，供应链的每一个节点都应该是精简的、具有活力的，能实现业务流程的快速组合。例如，供应链的选择就应以少而精为原则，通过和少数的供应商建立战略伙伴关系来减少采购成本，推动实施JIT采购法和准时生产。生产系统的设计更应是以精益思想（Lean Thinking）为指导，努力实现从精益的制造模式转变到精益的供应链这一目标。

3. 集优原则（互补性原则）

供应链各个节点的选择应遵循强强联合的原则，达到实现资源外用的目的。每个企业只集中精力致力于各自的核心业务过程，就像一个独立的制造单元（制造孤岛）。这些所谓单元化的企业具有自我组织、自我优化、面向目标、动态运行和充满活力的特点，能够实现供应链业务的快速重组。

4. 协调性原则

供应链业绩好坏取决于供应链合作伙伴关系是否和谐，因此，建立战略伙伴关系的合作企业关系模型是实现供应链最佳效能的保证。和谐管理理论主要关注系统是否形成了充分发挥系统成员和子系统的能动性、创造性及系统与环境的总体协调性。只有和谐而协调的系统才能发挥最佳的效能。

5. 动态性原则（不确定性原则）

不确定性在供应链中随处可见，许多学者在研究供应链运作效率时都提到不确定性问题。不确定性的存在导致需求信息的扭曲。因此要预见各种不确定因素对供应链运作的影响，减少信息传递过程中的信息延迟和失真。增加透明度，减少不必要的中间环节，提高预测的精度和时效性，对降低不确定性的影响都是极为重要的。

6. 创新性原则

创新设计是系统设计的重要原则，没有创新性思维就不可能有创新的管理模式，因此在供应链的设计过程中创新性是很重要的一个原则。要产生一个创新的系统就要敢于打破各种陈旧的思维框架，用新的角度、新的视野审视原有的管理模式和体系，进行大胆的创新设计。进行创新设计要注意几点：①创新必须在企业总体目标和战略的指导下进行，并与战略目标保持一致；②要从市场需求的角度出发，综合运用企业的能力和优势；③发挥企业各类人员的创造性，集思广益，并与其他企业共同协作，发挥供应链整体优势；④建立科学的供应链和项目评价体系及组织管理系统，进行技术经济分析和可行性论证。

7. 战略性原则

供应链的建模应有战略性观点，用战略性的观点来考虑问题，减少不确定性影响。从供应链战略管理的角度考虑供应链建模的战略性原则，还体现在供应链发展的长远规划和预见性上。供应链的系统结构发展应和企业的战略规划保持一致，并在企业战略指导下进行。

8.2 从产品出发的供应链设计

设计和运行一个有效的供应链对于每一个制造企业都是至关重要的，它可以使企业获得提高客户服务水平、达到成本和服务之间的有效平衡、提高企业竞争能力、提高柔性、渗透进入新的市场、通过降低库存提高工作效率等好处。但是供应链也可能因为设计不当而导致浪费和失败。

马歇尔·L. 费舍尔（Marshall L. Fisher）认为，供应链的设计要以产品为中心。供应链的设计首先要明白用户对企业产品的需求是什么。产品生命周期、需求预测、产品多样性、制造提前期和服务的市场标准等都是影响供应链设计的重要问题。必须设计出与产品特性一致的供应链，即进行所谓的从产品出发的供应链设计（Product-Based Supply Chain Design，PBSCD）。

不同的产品类型对供应链设计有不同的要求。高边际利润、需求不稳定的革新性产品的供应链设计就不同于低边际利润、有稳定需求的功能性产品。两种不同类型产品的比较如表8-1所示。

表8-1 革新性产品和功能性产品的比较（在需求上）

产品类型		功能性产品	革新性产品
需求特征	产品生命周期（/年）	>2	1～3
	边际贡献	5%～20%	20%～60%
	产品多样性	低（每一目录10～20个）	高（每一目录上千个）
	预测的平均边际错误率	10%	40%～100%
	平均缺货率	1%～2%	10%～40%
	季末降价率	0	10%～25%
	按订单生产提货期	6个月～1年	1天～2周

由表8-1可以看出，功能性产品一般用于满足用户的基本需求，其变化很少，具有稳定的、可预测的需求和较长的生命周期，但它们的边际利润较低。为了避免低边际利润，许多企业在式样或技术上进行革新，以吸引消费者的购买从而获得较高的边际利润。革新性

产品的需求一般不容易预测，其生命周期也较短。正因为这两种产品不同，才需要有不同类型的供应链去满足不同的管理需要。

当知道产品和供应链的特性后，就可以设计出与产品需求一致的供应链。供应链设计与产品类型策略如表8-2所示。

表8-2　供应链设计与产品类型策略

产品类型		功能性产品	革新性产品
供应链类型	有效性供应链	匹配	不匹配
	反映性供应链	不匹配	匹配

从表8-2可以看出产品和供应链的类型，管理者可以根据它判断企业的供应链流程设计是否与产品类型一致，即基于产品的供应链设计策略：有效性供应链流程适于功能性产品，反映性供应链流程适于革新性产品，否则就会产生问题。

产品的供应链设计步骤如图8-1所示。

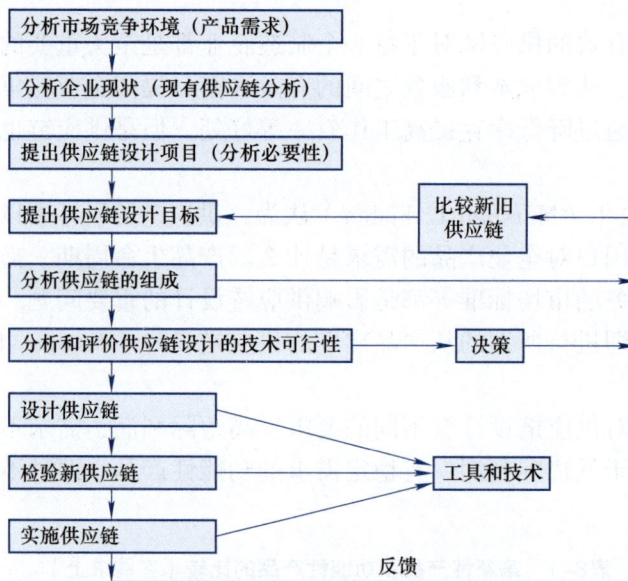

图8-1　产品的供应链设计步骤

（1）分析市场竞争环境（产品需求）。这一步骤的目的在于找到针对哪些产品市场开发供应链才有效。为此必须知道现在的产品需求是什么，产品的类型和特征是什么。分析市场特征的过程要向卖主、用户和竞争者进行调查，提出诸如"用户想要什么？""他们在市场中的分量有多大？"之类的问题，以确认用户的需求和因卖主、用户、竞争者产生的压力。同时对于市场的不确定性要有分析和评价。

（2）分析企业现状。这一步骤主要分析企业供应链管理的现状（如果企业已经实施供应链管理，则分析供应链的现状）。其目的不在于评价供应链设计策略的重要性和合适性，而是着重研究供应链开发的方向，分析、找到、总结企业存在的问题及影响供应链设计的阻力等因素。

（3）针对存在的问题提出供应链设计要求，分析其必要性。在了解产品的基础上，围绕着供应链可靠性和经济性两大核心要求，提出供应链设计的目标，这些目标首先包括提供服务水平和低库存、低单位成本两个目标之间的平衡，并且还必须包括降低成本、提高效率、提高客户满意度的目标。

（4）根据基于产品的供应链设计策略提出供应链设计的目标。供应链设计的主要目标是获得高客户服务水平和低库存投资、低单位成本两个目标之间的平衡（这两个目标往往相互冲突），同时也包括以下目标：①进入新市场。②开发新产品。③开发新分销渠道。④改善售后服务水平。⑤提高客户满意度。⑥降低成本。⑦通过降低库存提高工作效率等。

（5）分析供应链的组成，提出组成供应链的基本框架。供应链中的成员组成分析主要包括制造工厂、设备、工艺和供应商、制造商、分销商、零售商及用户的选择及其定位，以及确定选择与评价的标准。

（6）分析和评价供应链设计的技术可行性。这不仅仅是一种策略或改善技术，也是开发和实现供应链管理的第一步。它在可行性分析的基础上结合本企业的实际情况，为开发供应链提供技术选择建议和支持。这也是一个决策的过程。如果认为方案可行，则实施下面的步骤；如果不可行，则要重新进行设计。

（7）设计供应链。在供应链设计中，要广泛应用到许多工具和技术，包括归纳法、集体解决问题、流程图、模拟和设计软件等。该步骤主要解决以下问题：

1）供应链的成员组成（供应商、设备、工厂分销中心的选择与定位、计划与控制）。

2）原材料的来源问题（包括供应商、流量、价格、运输等问题）。

3）生产设计（需求预测、生产什么产品、生产能力、供应给哪些分销中心、价格、生产计划、生产作业计划和跟踪控制、库存管理等问题）。

4）分销任务与能力设计（产品服务于哪些市场、运输、价格等问题）。

5）信息管理系统设计。

6）物流管理系统设计等。

（8）检验新供应链。供应链设计完成以后应通过一定的方法、技术进行测试、检验或试运行，如果不行，则返回第（4）步重新进行设计；如果没有什么问题，就可以实施供应链管理了。

（9）实施供应链。供应链实施过程中需要核心企业的协调、控制和信息系统的支持，使整个供应链体现产品从生产到消费的全过程，即从产品设计到批量生产以及配送、销售，都是供应链实施时必须考虑的范畴。

8.3　核心企业与供应链设计

8.3.1　核心企业的概念及在供应链中的地位

（一）核心企业的概念及经营范围

1. 核心企业的概念

核心企业是指在一条供应链中处于主导地位的企业，该企业的经营理念和经营运作方式将直接决定整条供应链上其他企业的经营效益。核心企业可以是产品制造企业，也可以是大型零售企业，如美国的沃尔玛，但一般是指产品制造企业。

2. 核心企业的经营范围

核心企业经营范围如图8-2所示。

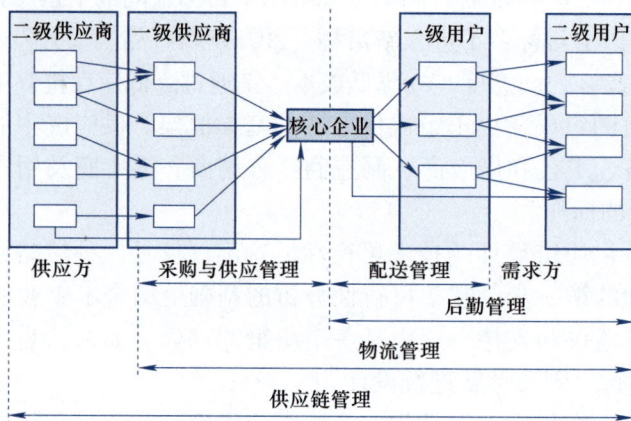

图8-2　核心企业的经营范围

（1）采购与供应管理是指处理企业与供应市场之间的各类业务活动，如采购、库存、运输、订单处理等，但不包括供应商的供应商，即只与一级供应商的业务有关。

（2）配送管理是指处理与企业最直接的用户之间的业务关系，把产品销售给用户，但主要是一级用户，不涉及二级用户等非直接的用户。

（3）后勤管理是指经过分销渠道到达最终用户过程中的物流管理和信息管理。

（4）物流管理是指供应链的中间部分物流和信息流。它包括采购、库存管理、仓储管理、生产作业计划与控制、分销配送管理，即从原材料的采购进厂、生产再到产品交给用户，不包括供应商和分销商的分销商及最终用户。

（5）供应链管理是跨企业范围的、比物流管理更广泛的管理，它从战略层次上把握最终用户的需求，通过企业之间的有效合作获得成本、时间、效率等方面的最佳效果。它包括从原材料采购直到运送给最终用户的所有活动，是对整个供应链的过程管理。

（二）核心企业在供应链中的地位

如图8-2所示，核心企业在一条供应链中处于核心地位，联系着供应商和分销商（用户）。一般来说，每条供应链都有一个核心企业。因此，核心企业的经营理念和运作方式将直接影响着链上其他企业的经营状况，决定着整条供应链在市场上的竞争能力。

由于核心企业在一条供应链中处于主导地位，决定着供应链在市场中的竞争能力，因此在设计供应链时一定要考虑核心企业与上下游企业的关系，分析合作伙伴的状况。

在上游要根据业务的协议或合同加强与供应商、承运单位的联络，以掌握与接收货物有关的资料情报，以便制订计划，合理安排人力和物力。在下游要加强与分销商/用户、外运承运单位的联系，以利于充分掌握收货单位或提货时间、能力及外运承运的时间、能力、要求等，从而合理确定发货计划。

8.3.2　核心企业的供应链设计

核心企业供应链的设计至关重要，设计得合理与否决定了整条供应链的市场竞争能力。核心企业供应链的设计可以参考图8-3。

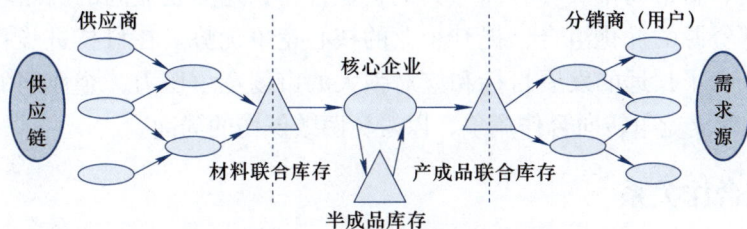

图8-3　核心企业的供应链设计

如图8-3所示，通过建立联合库存管理模式，使供应商、分销商与核心企业进一步集成起来形成一个整体，从而部分消除了由供应链环节之间的不确定性和需求信息扭曲现象导致的供应链的库存波动，使供需双方共享需求信息，起到了提高供应链的运作稳定性的作用。

核心企业供应链的实施策略包括：

（1）建立供需协调管理机制。首先，供需双方应本着互利互惠的原则确立共同的合作目标；其次，为协调供需双方利益，建立联合库存的协调控制方法；再次，为了提高整个供应链的需求信息的一致性和稳定性、减少由于多重预测导致的需求信息扭曲、增加供应链各方对需求信息获得的及时性和透明性，建立一种信息沟通的渠道或系统；最后，建立一种公平的利益分配、激励机制，以使各个企业能有效协调运作。

（2）发挥制造资源计划（MRPⅡ）系统和配送资源计划（DRPⅡ）系统的作用，使两种资源计划系统在供应链系统中很好地结合起来。

（3）建立快速反应系统。其目的在于减少供应链中从原材料到用户过程的时间和库存，最大限度地提高供应链的运作效率。

8.4　企业合作与战略联盟设计

企业合作与战略联盟是指两个或两个以上的与物流活动紧密相关的企业为了实现资源共享、风险和成本共担、优势互补、扩大市场、降低成本、增强竞争力等特定战略目标，在保持自身独立性的同时，通过股权协作或契约联结的方式建立比较稳固的战略合作伙伴关系，在某些领域内协作行动，以取得双赢或多赢效果的一种战略行为。

随着世界经济的一体化，企业的竞争日益激烈，无论是竞争的强度、方式、手段和策略，还是竞争的范围及结果都大大超出了以往。生产制造企业逐渐认识到他们应集中精力创造核心价值，由第三方物流企业为其提供全球化、一体化的综合物流服务，以降低物流成本，控制物流操作环节，实现全球性扩张。与此同时，物流企业也意识到只有与客户紧密合作，建立战略伙伴关系，才能在日趋激烈的国际物流市场竞争中确保自身的长期、稳定发展。

企业为了增强其核心竞争优势，优化产品、技术、资本、市场和人才等资源结构，纷纷寻求与其他企业建立各种形式的企业战略联盟。企业要想在未来的市场竞争中立于不败之地，在充分发挥自身核心专长的同时，必须在新技术开发、新产品设计、新工艺采用、新质量标准控制、新市场拓展等方面与其他企业合作，建立企业间的战略联盟，实现企业内部资源和外部资源的优化组合，提升企业的核心竞争优势。在科技进步日益加快的全球化市场竞争中，为了长远的发展目标和应对强大的市场竞争压力，企业间的竞争关系已开始转变，纷纷从对立竞争转向合作竞争，以避免两败俱伤的局面。

8.4.1 供应链合作关系

供应链合作关系也就是供应商-制造商关系。供应链合作关系可以定义为供应商与制造商之间，在一定时期内的共享信息、共担风险、共同获利的协议关系。

供应链战略合作关系的形成，是为了降低供应链总成本、降低供应链上的库存水平、增强信息共享水平、改善相互之间的交流、保持战略伙伴相互之间操作的一贯性、产生更大的竞争优势，以实现供应链节点企业的财务状况、质量、产量、交货、用户满意度以及业绩的改善和提高。显然，供应链企业间的战略合作关系的建立是为了保证供应链的整体竞争力。这样一种战略合作关系形成于集成化供应链管理环境下，形成于供应链中为了特定的目标和利益的企业之间。显然，战略合作关系必然要求强调合作与信任。

（一）促进战略合作关系发展的主要因素

1. 强调长远的共同利益

企业之间存在长远共同利益时，企业趋向于选择合作而不是竞争。因此，强调长远共同利益能够促使双方的合作更加稳定。

2. 改变收益结构

收益结构的变化能改变参与方之间的相互作用，从而改变其在博弈中的地位。如果收益结构变化，就可能从不稳定合作转变为稳定合作，从非合作博弈转变为合作博弈。

3. 战略合作的准则

必须建立一定的企业合作准则，在合作中采用一定的策略实现企业的自我控制，增强战略合作的稳定性。

4. 供应链整体战略决策的公平性

在知识经济时代，供应链所面临的核心挑战是如何随着供应链形成并实施其战略决策，从而获得节点企业积极的和自愿的合作。当节点企业认为供应链整体战略决策公平时，他们在信任和承诺态度的基础上会显示出高度的自愿合作精神。

实施供应链合作关系就意味着新产品（技术）的共同开发、数据和信息的交换、市场机会共享和风险共担。在供应链合作关系环境下，制造商选择供应商不再是只考虑价格，而是更注重选择能在优势服务、技术革新、产品设计等方面进行良好合作的供应商。

供应商为制造企业的生产和经营供应各种生产要素（原材料、能源、机器设备、零部件、工具、技术和劳务服务等）。供应商所提供要素的数量、价格，直接影响到制造企业生产的好坏、成本的高低和产品质量的优劣。因此，制造商与供应商的合作关系应着眼于以下几个方面：

（1）制造商让供应商了解企业的生产程序和生产能力，使供应商能够清楚地知道制造商需要产品和原材料的期限、质量和数量。

（2）制造商向供应商提供自己的经营计划、经营策略及响应措施，使供应商明白制造商的要求与希望，以使供应商能随时达到制造商要求的目标。

（3）制造商与供应商要明确双方的责任，并各自向对方负责，使双方明确共同利益所在，并为此团结一致，以达到双赢的目的。

供应链合作关系发展的主要特征就是从以产品（物流）为核心转向以集成（合作）为核心。在集成（合作）逻辑思想指导下，供应商和制造商把他们的相互的需求和技术集成在一起，以实现为制造商提供最有用产品的共同目标。因此，供应商与制造商的交换不仅是物质上的交换，还包括一系列可见和不可见的服务（研发、设计、信息、物流等）。

供应商要具备创新和良好的设计能力，以保证交易的可靠性和时间的准确性。这就要求供应商采用先进的管理技术（如JIT、TQM等），管理和控制中间供应商网络。对制造商来说，要提供的活动和服务包括：控制供应市场、管理和控制供应网络、提供培训和技术支持、为供应商提供财务信息等。

供应链合作关系设计流程

（二）供应链合作关系设计流程

供应链合作关系设计流程如图8-4所示。

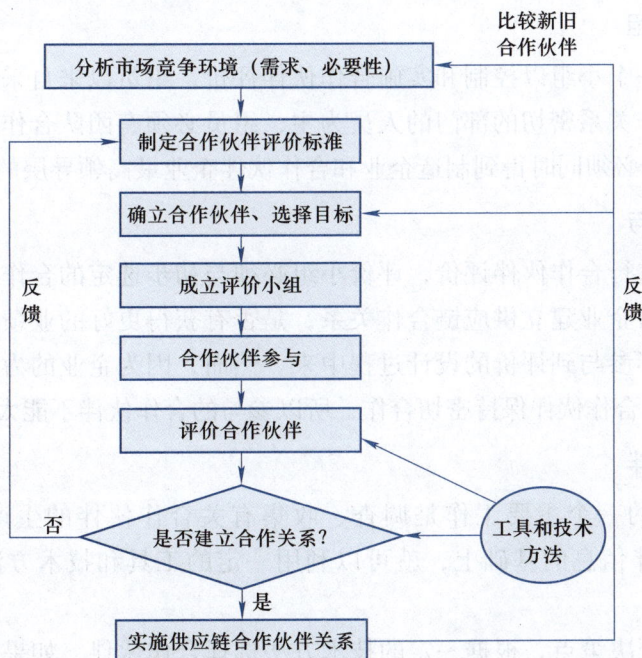

图8-4 供应链合作关系设计流程

1. 分析市场竞争环境（需求、必要性）

市场需求是企业一切活动的驱动源。建立基于信任、合作、开放性交流的供应链长期合作关系，必须首先分析市场竞争环境。要找到针对哪些产品市场开发供应链合作关系才能有效，就必须知道现在的产品需求是什么，产品的类型和特征是什么，以确认用户的需求，确认是否有建立供应链合作关系的必要。如果已经建立供应链合作关系，则根据需求的变化确认供应链合作关系变化的必要性，从而确认合作伙伴评价选择的必要性。同时分析现有合作伙伴的现状，分析、总结企业存在的问题。

2. 制定合作伙伴评价标准

合作伙伴综合评价指标体系是企业对合作伙伴进行评价的依据和指标，通过综合评价能够反映出企业和外部环境所构成的复杂系统的不同属性。建立供应链范围内的合作伙伴综合评价指标体系时应遵循的原则包括全面性、科学性、简明性、稳定性、可比性、灵活性、可操作性等。虽然不同企业、不同环境下的合作伙伴评价指标侧重点不一样，但所涉及的内容是一样的，都涉及合作伙伴的业绩、设备管理、人力资源开发、质量控制、成本控制、技术开发、用户满意度、交货协议等可能影响供应链合作关系的内容。

3. 确立合作伙伴、选择目标

企业必须明确合作伙伴评价程序如何实施、信息流程如何运作、由谁负责，而且必须确立实质性、实际的目标。其中，降低成本是主要目标之一，合作伙伴评价、选择不仅仅是一个简单的评价、选择过程，它本身也是企业自身和企业之间的一次业务流程重构过程，实施得好，它本身就可带来一系列的利润。

4. 成立评价小组

企业必须建立一个小组以控制和实施合作伙伴评价。组员以来自采购、质量、生产、工程等与供应链合作关系密切的部门的人员为主，组员必须有团队合作精神，具有一定的专业技能。评价小组必须同时得到制造企业和合作伙伴企业最高领导层的支持。

5. 合作伙伴参与

一旦企业决定进行合作伙伴评价，评价小组必须与初步选定的合作伙伴取得联系，以确认它们是否愿意与企业建立供应链合作关系，是否有获得更好的业绩的愿望。企业应尽可能早地让合作伙伴参与到评价的设计过程中来。然而，因为企业的力量是有限的，它只能与少数的、关键的合作伙伴保持密切合作，所以参与的合作伙伴不能太多。

6. 评价合作伙伴

评价合作伙伴的一个主要工作是调查、收集有关合作伙伴的生产运作等方面的信息。在整理合作伙伴信息的基础上，就可以利用一定的工具和技术方法对合作伙伴进行评价了。

评价过后有一个决策点，根据一定的技术方法选择合作伙伴，如果选择成功，则开始实施供应链合作伙伴关系；如果没有合作伙伴可选，则返回第二步重新开始评价选择。

7. 实施供应链合作伙伴关系

在实施供应链合作伙伴关系的过程中，市场需求不断变化，可以根据实施情况的需要及时修改合作伙伴评价标准，或重新开始合作伙伴评价选择。在重新选择合作伙伴的时候，应给予原合作伙伴以足够的时间适应变化。

通过建立供应商与制造商之间的战略合作关系，可以达到以下目标：

（1）对于制造商：

1）降低成本（降低合作成本）。

2）实现数量折扣、稳定而有竞争力的价格。

3）提高产品质量和降低库存水平。

4）缩短交货提前期和提高可靠性。

5）完善面向工艺的企业规划。

6）更好的产品设计和对产品变化更快的反应速度。

7）强化数据信息的获取和管理控制。

（2）对于供应商：

1）保证有稳定的市场需求。

2）更好地了解（理解）用户需求。

3）提高运作质量。

4）提高零部件生产质量。

5）降低生产成本。

6）提高对买主交货期改变的反应速度和柔性。

7）获得更高的（与非战略合作关系的供应商相比）利润。

（3）对于双方：

1）改善相互之间的交流。

2）实现共同的期望和目标。

3）共担风险和共享利润。

4）共同参与产品和工艺开发，实现相互之间的工艺集成、技术和管理集成。

5）减少外在因素的影响及其造成的风险。

6）降低投机思想和投机比率。

7）增强矛盾冲突解决能力。

8）在订单、生产、运输上实现规模效益以降低成本。

9）减少管理成本。

10）提高资产利用率。

（三）处理好供应链企业合作关系的若干问题

供应链的良好运作是以供应链成员企业相互间充分信任和相互合作为基础的。供应链上的企业甚至可以了解到另一个合作企业的生产作业计划，由此可见供应链中的企业相互间是相当信任和合作的。缺乏这种信任和强烈的合作愿望，供应链的有序运作是不可能实现的。但是，供应链不可能永远是一团和气。供应链中的企业都是独立的利益个体，虽然相互间存在战略伙伴关系，却同时也存在自身的利益，而这些企业加入供应链的最根本的想法也就是为了获得更多的利益。由于存在利益的分配问题，不免存在着异议、矛盾甚至冲突。要保证供应链成员之间良好的信任和合作，就必须意识到这些问题的客观存在和找到相应的解决办法。

目前供应链中企业间的连接手段主要是合同，并由核心企业充当事实上的链管中心。这种运作方式虽然很好，但是在实际运作中仍然存在许多问题。首先是在法律上存在许多问题，使得供应链成员之间的信任和合作缺乏有力的保障；其次是由于对信任和合作没有良好的保障，不免损失了供应链的功效。具体地讲，供应链企业合作关系中存在以下几个方面的问题。

1. 合同问题

供应链企业间的合同有两种：一种为长期合同，即原则性合同，这种合同确立两家企业间的长期合作关系；另一种是短期合同，如订货合同，这种合同几乎每天都会发生。这两类合同从根本上规范了供应链企业间的行为。但是，由于这两类合同仍然存在一些设计上的缺陷，所以有时会让合作双方都对对方不满，而同时双方又都感到很委屈。这是需要进一步研究解决的问题。

2. 知识产权问题

由于供应链和知识产权各自的特点，知识产权问题是供应链中所涉及的一个重要法律问题。供应链中的知识产权问题包括商标权的使用、专利权的使用、专属知识产权等。

在供应链上，当一项专利被分解成产品在几个企业之间生产时，如何保护专利所有人的利益成为必须解决的问题。当一个企业使用某专利的一部分进行生产时，生产出来的产品同时提供给许多家应用这项专利其他部分的企业。对于这种分别利用某部分专利进行生产的行为，存在专利使用费如何分担的问题。除专利使用费问题外，一些企业也存在没有申报专利的核心技术（如可口可乐的配方至今没有申请专利）在供应链中使用的问题。在这种情况下，核心技术需要严格保密。在保护机密时，如何做到信息充分共享而不致损害合作关系、降低供应链的功效，是必须协商解决的问题。

在如今的电子产品、软件产品中，企业往往拥有自己的专属知识产权。专属知识产权在这些企业中相当于核心能力。但是由于要和其他企业实现信息共享，专属知识产权必须在供应链企业间公开，如果企业间不了解信息或共享不充分，将有损合作，降低供应链功效。因此，制定信息共享与知识产权保护的相关措施是合作企业必须认真考虑的问题。

3. 利益协调问题

供应链上合作企业之间的产品传递时必须有一个合理的价格。目前商品价格有两种形式：一是成本价，即以成本为基础制定价格；二是市场价，即依据市场竞争结果而形成价格。供应链从根本上说也是一个市场，供应链上的产品传递价格理应以市场价为准。但供应链上产品成本构成清晰，交易双方相互间极为了解，隐藏成本价也常常被使用。然而，成本定价对一些优势企业是极为不利的，特别是掌握了某些稀缺资源（核心技术）的企业，想获得一些超额利润很可能不被供应链认可。

供应链定价反映共同利润在企业间的合理分配。在供应链环境下，各个企业在战略上是相互合作关系，但是各个企业的利益不能被忽视。供应链获得的一个总利润需要在供应链中各个企业间进行合理的分配，这种合理的分配主要体现在价格上。产品传递价格的高低实质上反映了企业间分配利润的多少。

在供应链上，有时会出现两种情况：①为了积极配合，一个企业总是为另一个企业提供无偿服务，总是付出而得不到任何回报；②因供应链优化的需要使得某些企业承担额外支出，而另一些企业得到额外收益。例如，物流优化时将本应放在B仓库的产品放在A仓库，这种优化的结果使B仓库节省了库存费用而A仓库却增加了额外支出。如果实际情况只是如此简单的话，将B仓库节省的费用补给A仓库即可解决问题。事实上发生的情况比这要复杂得多，首先这种问题一般涉及多个企业，其次是涉及支出与收益的对象需要进一步协调的问题。

4. 供应链自身的定位问题

供应链在认识上是作为一种生产组织模式或是一种管理方式，但在运作时却表现出很多的如同一个企业实体的特性，如作为一个整体与其他供应链竞争、有统一的计划、与外界的边界等。这一思想在许多文献中表露出来，但没有形成广泛的共识，因此接受它还有待时日。但不管怎么说，供应链作为一个许多企业的集合体或联盟是公认的。

关于企业的法律非常多，主要有《中华人民共和国公司法》《中华人民共和国个人独资企业法》《中华人民共和国合伙企业法》等。那么，供应链也需要得到法律的承认，需要法律来规范和定位。

在一个法治社会，任何活动没有法律的规范是不可想象的。但是时至今日，我国仍然没有关于物流供应链的法律法规。在解决供应链的问题时，更多的是借用关于企业的法律，或是将企业法延伸至供应链层次。这种做法毕竟有许多局限性。因此，必须解决供应链的法律定位问题，并使供应链得到法律的认可。

5. 供应链的跨国协调问题

供应链的全球化已经是客观事实了，供应链的运作涉及许多国家，跨越众多法域。国家不同，政策、法律就不同。每个国家都有自己的海关，都有自己的关税政策。供应链是众多企业一体化的产物，不能因为国界的阻隔和法域的障碍而固守自闭。供应链的正常运行必须面对这些现实问题。

前些年，一些国际集团利用某些发展中国家对保税区的特殊政策进行逃税。这些集团先在某国的保税区设立一家企业，然后以母公司无利润的极低价格将产品卖给这家企业，再以一个非常高的价格买回这些产品或加工后的产品。这样，母公司根本不盈利，只需缴纳非常少的税或者根本不缴纳任何税；而保税区的企业盈利极高，由于保税区实行免税政策，因此也不用缴税，从而达到逃税的目的。

1994年，我国南方曾发生过版权与国际走私相联系的一个案例。一部在境外创作完成的职务作品在境内未经授权而被使用。境外的作者到境内来主张权利。依照《中华人民共和国著作权法》，该作品的版权可以属于该作者；而依该境外版权法，职务作品的版权属于单位，该作者根本就不是版权人。

按照供应链的优化成本和资源利用原则，美国所有的商用卫星都应当在我国发射，因为我国卫星发射成本最低。但是，美国政府多次阻止了美国的卫星或者美国为其他国家制造的卫星在我国发射，这是因为美国怕我国得到它的某些核心技术。

虽然有些共同利益存在，但仍有许多潜在的风险会影响供应链战略合作关系的参与者。同时，企业可能会因为对战略合作关系的失控、过于自信或合作伙伴的过于专业化等原因降低竞争力。而且，企业可能会因过高估计供应链战略合作关系的利益而忽视了潜在的缺陷。所以，企业必须对传统合作关系和战略合作关系策略做出分析对比，再进行最后的决策。

受新冠疫情影响，部分跨国供应链中断，面临重构，一些产业正加速转移，供应链风险一时凸显。为有效应对疫情对全球供应链的影响，维护世界经济稳定，各国需发挥各自的比较优势，共同维护全球供应链安全，促进疫情防控背景下的贸易便利化和物流供应链畅通。我国也正在加强同经贸伙伴的沟通协调，优先保障在全球供应链中有重要影响的龙头企业和关键环节恢复生产供应，维护全球供应链稳定。

8.4.2 物流战略联盟

所谓物流战略联盟，是指某一行业中在某一战略方面采用相同或相似战略的各个企业组成的联盟。建立物流战略联盟的基础包括相互信任、有利于促进物流运作的信息共享、高于各自独立经营时的水平的具体目标、各合作伙伴都要遵循的基本章程以及退出联盟的规定。

联盟是介于独立的企业与市场交易关系之间的一种组织形态，是企业间由于自身某些方面发展的需要而形成的相对稳定、长期的契约关系。物流战略联盟是以物流为合作基础的企业战略联盟，它是指两个或多个企业之间，为了实现自己物流战略目标，通过各种协议、契约而结成的优势互补、风险共担、利益共享的松散型网络组织。在现代物流中，是否组建物流战略联盟，作为企业物流战略的决策之一，其重要性是不言而喻的。在我国，物流水平还处于初级阶段，组建联盟便显得尤为重要。

（一）物流战略联盟产生的原因

（1）利益是物流战略联盟产生的最根本原因。企业之间有共享的利益是物流联盟形成的基础。物流市场及其利润空间是巨大的。在西方发达国家，物流成本占GDP的10%左右，而我国占20%，如此大的市场与我国物流产业的效率低下形成鲜明的对比，生产企业与运输企业通过供应链的方式形成联盟有利于提高企业的物流效率，实现物流效益的最大化。

（2）大型企业为了保持其核心竞争力，通过物流联盟方式把物流外包给一个或几个第三方物流公司。例如，英国的Laura Ashley（罗兰爱思）是一家时尚家居零售商和批发商，从1953年的一个小作坊发展到在全球28个国家和地区拥有540家专卖店的国际化企业。20世纪80年代，Laura Ashley公司开始使用联邦快递的服务来经营北美地区业务；20世纪90年代初，Laura Ashley面临着一个物流问题，即陈旧和集中的存货系统使公司在正常生产的基础上很难提供充足的产品，只靠Laura Ashley公司的仓储和供应网络会延迟送货时间，尤其在英国以外的国家。为了提升竞争地位、增加核心竞争力，Laura Ashley公司决定与联邦快递（Fedex）结盟，外包其关键性的物流功能，如存货控制和全球物流配送。1992年3月，Laura Ashley公司将其未来10年内总计2.25亿美元的全球物流服务项目外包给联邦快递公司。Laura Ashley公司减少了其一半的库存货物，减少了10%～12%的物流费用。补货时间控制在48小时内，提高了供货质量。尤其重要的是，那些"易损"的产品现在能够更可靠、更频繁和更准时地配送。

（3）中小企业为了提高物流服务水平，通过联盟方式解决自身能力不足的问题。近年来，随着人们消费水平的提高，零售业得到了迅猛的发展，这给物流业带来了新的发展机遇，同时也带来了新的挑战。因物流发展水平长期落后，如物流设备、技术落后，资金不足，按行政条块划分物流区域等，很多企业尤其是中小企业不能一下子适应新的需求，于是通过联盟的方式来解决这个矛盾。

（4）以第三方物流为中心，对物流服务的各个机构尤其是第三方物流公司进行整合，在数量上和质量上服务能力都大大提高，解决了单独靠一家企业或第三方物流机构不能完成的问题，因此产生新的联盟方式。

（5）国际互联网技术的广泛应用使跨地区的物流企业联盟成为可能。信息高速公路的建成使得世界距离大大缩短，异地物流企业利用网络也可以实现信息资源共享，为联盟提供了有利的条件。

（6）我国物流企业积极响应国家"一带一路"倡议，伴随我国企业走向世界，服务中资企业海外项目，参与国际供应链项目竞争，与国外知名物流企业同台获取服务机会。随着供应链服务范围的扩大，服务对象的多元化，对物流企业服务能力提出更高的需求，这种大范围、长距离、高标准的跨国供应链服务，就需要通过物流联盟形式来应对。随着我国逐渐成为世界制造业中心、国际采购中心，很多企业积极拓展海外市场，将产品和服务输送到不同的国家和地区。海外物流基地、海外仓、国际运输线等需求越来越多，这就使得仅靠一两家物流企业很难满足这种复杂的多样化需求。物流企业只有结成联盟，通过各行业和各企业之间的联合，实现物流供应链全过程的有机融合，形成一个强大的力量，共进退、同荣辱，共同努力，才能满足全球供应链，海外物流的需求，支持我国制造业走向世界，服务全球。

（二）物流联盟的优势

（1）大企业通过物流联盟迅速开拓全球市场，如Laura Ashley公司，正是通过与联邦快递联盟，完成其全球物流配送，从而使业务在全球范围内进一步展开。

（2）长期供应链关系发展成为联盟形式，有助于降低企业的风险。单个企业的力量是有限的，它对一个领域的探索失败了损失会很大，如果几个企业联合起来，在不同的领域分头行动，就会减少风险。而且联盟企业在行动上也有一定的协同性，因此对于突如其来的风险，能够共同分担，这样便减少了各个企业的风险，提高了抵抗风险的能力。

（3）企业尤其是中小企业通过物流服务提供商结成联盟，能有效地降低物流成本（通过联盟整合，可节约成本10%~25%），提高企业竞争能力。由于我国物流业存在着诸多不利因素，让这些企业结成联盟能够在物流设备、技术、信息、管理、资金等方面互通有无，优势互补，减少重复劳动，降低成本，达到共同提高、逐步完善的目的，从而使物流业朝着专业化、集约化方向发展，提高整个行业的竞争能力。此外，物流联盟有助于物流合作伙伴之间在交易过程中减少相关交易成本。物流合作伙伴之间经常沟通与合作，互通信息，建立起相互信任的关系，减少了履约风险；即使在服务过程中产生冲突，也可以通过协商加以解决，从而避免无休止的讨价还价，甚至诉诸法律。

（4）有利于提高服务水平。在联盟之前，物流企业可能只为客户提供单一的或范围有限的服务，如果客户需要其他服务，必须自己寻找另外的物流企业来完成，并且这两者之间的衔接不会很顺畅，容易出现问题。通过联盟，物流企业可以在更广的领域、更深的层次来承接多方面的服务，充分发挥专业化分工与协作的优势，因此更有利于提高服务水平。

（5）第三方物流公司通过联盟有利于弥补在业务范围内服务能力的不足。例如，联邦快递公司发现自己在航空运输方面存在明显的不足，于是决定把一些不是自己具有核心竞争力的业务外包给Fritz公司，与Fritz公司联盟，将其作为它的第三方物流提供商。

（三）物流联盟的方式及不足

供应链联盟可分为资源补缺型、市场营销型和联合研制型三种。物流联盟的方式可分为以下几种：

（1）纵向联盟。纵向联盟即实现垂直一体化，这种联盟方式是在供应链一体管理的基础上形成的，即从原材料供应到产品生产、销售、服务，形成一条龙的合作关系。垂直一体化联盟能够按照最终客户的要求，为其提供最大价值的同时，也使联盟总利润最大化。但这种联盟一般不太稳固，主要是在整个供应链上，不可能使每个环节都能同时达到利益最大化，因此打击了一些企业的积极性，使它们有随时退出联盟的可能。

（2）横向联盟。横向联盟即实现水平一体化，由处于平行位置的几个物流企业结成联盟，包括第三方物流。这种联盟能使分散的物流获得规模经济和集约化运作，降低了成本，并且能够减少社会重复劳动。但它也有不足的地方，例如它必须有大量的商业企业加盟，并有大量的商品存在，才可以发挥它的整合作用和集约化的处理优势。此外，这些商品的配送方式的集成化和标准化也不是一个容易解决的问题。

（3）混合模式。混合联盟是指既有处于上下游位置的物流企业，也有处于平行位置的物流企业的加盟。

（4）项目联盟。项目联盟是指以项目为核心的联盟模式。各个物流企业根据项目分工进行合作，由此形成一个联盟。这种联盟方式只限于一个具体的项目，联盟成员之间合作的范围不广泛，优势不太明显。

（5）基于Web的动态联盟。在市场竞争中，为了占据市场的领导地位，供应链应成为一个动态的网络结构，以适应市场变化对柔性、速度、革新、知识的需要。不能适应供应链要求的企业将被淘汰，优秀的企业会补充进入供应链。供应链从而成为一个能快速重构的动态组织，实现供应链的动态联盟。但这种联盟方式缺乏稳定性。

（四）建立一个强有力的物流联盟的注意事项

（1）联盟要给成员带来实实在在的利益。联盟采取的每一项措施都要考虑每个成员的利益，使联盟的每个成员都是受益者，并能协调处理成员间的摩擦，提高客户服务能力，减少成本和获得持久的竞争优势。

（2）联盟战略目标要与企业的物流战略目标一致或部分一致。联盟是一个独立实体，是一个系统一体化的组织，联盟成员须坚持共同目标，一同努力，优化企业的外部行为，共同实现联盟的目标。

（3）联盟成员的企业文化的精神实质基本一致。企业文化往往决定着企业的行为，只有企业文化大体相同的企业才有可能在行为上取得一致，从而结盟。

（4）联盟成员的领导层相对稳定。如果联盟成员经常更换领导层，后一任领导可能不认同前一任领导的决策，导致联盟不稳定性加大，因此领导层的相对稳定是联盟长期稳固发展的重要因素。

单元小结

随着经济全球化和知识经济时代的到来，无国界化企业经营的趋势越来越明显，整个市场竞争呈现出明显的国际化和一体化。设计和运行一个有效的供应链对于每一个企业都是至关重要的。核心企业供应链设计得合理与否决定了整条供应链的市场竞争能力。供应链合作关系也就是供应商-制造商关系。供应链合作关系可以定义为供应商与制造商之间在一定时期内的共享信息、共担风险、共同获利的协议关系。

供应链战略合作关系的形成是为了降低供应链总成本、降低供应链上的库存水平、增强信息共享水平、改善相互之间的交流、保持战略伙伴相互之间操作的一贯性、产生更大的竞争优势以实现供应链节点企业的财务状况、质量、产量、交货、用户满意度以及业绩的改善和提高。

案例分析

星玛丽服饰一体化供应链系统设计的要点是什么？

一体化供应链系统使星玛丽服饰顺利抵御行业冲击

服装行业是洗牌最为频繁的行业之一，在电商横行的大环境下，传统服装商场难以为继，波司登、七匹狼、九牧王等老牌企业也不能幸免，但是位于马鞍山市的星玛丽服饰公司却能够逆势成长，在经过了多年的发展后，从当初几十平方米的小店，发展成为拥有多家连锁商场、营业面积近5000平方米、员工近千人的专业服装零售企业，并仍在不断扩张中。这得益于其总经理建设"一体化"供应链系统的经营理念。

一、构建一体化供应链系统，全面提升供应链反应速度

对于服装市场来说，速度是能够抓住流行、抢占市场的关键。公司总经理认为，"速度"有两层含义，一层意思是迅速抢占先机，另一层意思是快速完成工作。为顾客提供快捷的消费体验是新零售时代的核心竞争技术，这意味着要有能够对客户需求做出快速反应的高速运转的供应链系统。

针对零售行业的特点，星玛丽服饰自主研发了一系列仓储与调度管理系统，在国内创新设立了"服装微仓"模式，将智能技术深度融入仓储环节中，大大增强了星玛丽服饰对客户需求的反应速度。截至2018年底，该系统已累计为两千余家客户、五百多个知名品牌商提供服务，惠及近2亿消费者，仓储网络涵盖河北、黑龙江、浙江、北京等30多个省市。

通过智能管理系统对库存进行管理，企业管理层能够掌握实时库存信息，而大规模调度算法、优化算法和控制软件的使用，帮助管理者实现了实时的动态调度优化和控制，所有出入库分拣可以通过操作控制平台自动完成，每小时可分拣超过60 000件服装。自动化的配送设施可以确保每个订单在预定时间内到达正确的目的地，实现了高效快速完成工作的目标。

通过深入研究连锁店的运营特征，研发连锁店仓储大数据分析平台，企业总部产品中心可直接获得各个销售终端上报的销售数据以及顾客需求偏好；同时各店铺的经营者也可以直接进入平台查看新款服装，并根据顾客的需求下单。信息的传递结构呈扁平化特征，减少了传递中间环节，也就意味着削减了供应链中的牛鞭效应，同时减少了传统零售方式在审批过程中浪费的时间，帮助企业抢占先机。

二、"微仓"优势助推企业发展

合理的库存调度和及时的物流服务将星玛丽服饰的积压库存降到相当低的水平。每到季末促销时，星玛丽的促销商品只占总商品的18%，大约只有竞争对手的一半的水平。

一体化的供应链设计使得星玛丽有绝佳的供应商伙伴关系、对市场足够熟悉，并且有强大的物流能力。它的库存总是有恰到好处数量和品种的产品，在某种款式售罄时，也刚好有新款即将上架，可为顾客提供更多的选择。这在很大程度上帮助星玛丽服饰成功应对了行业的剧烈变化。

无论是精细化的管理模式，还是以垂直一体化为核心的供应链运作模式，星玛丽服饰商场的成功，为国内广大服装企业提供了借鉴："多品种、少库存"的方式，精益求精塑造品牌形象；采用信息技术以快速响应市场需求，从而提升市场竞争力，完成企业升级转型。

课后习题

A. 理论训练题

一、判断题

1. 功能性产品的需求一般不容易预测，生命周期也较短。　　　　　　　　　　（　　）

2. 在一般情况下，增加供应链中从原材料到用户过程的时间和库存，可以提高供应链的运作效率。　　　　　　　　　　　　　　　　　　　　　　　　　　（　　　）

3. 核心企业是指在一条供应链中处于主导地位的企业。　　　　　　（　　　）

4. 供应链是许多企业在管理上的集合体或联盟。　　　　　　　　　（　　　）

5. 供应链中的合作关系是指供应商与消费者之间的合作关系。　　　（　　　）

二、单项选择题

1. 供应链是一个（　　　）系统，包括不同环节间的信息流、产品流和资金流。

　　A. 动态　　　　　　　　B. 固定　　　　　　　　C. 独立　　　　　　　　D. 复杂

2. 从原材料供应到产品生产、销售、服务，形成一条龙的合作关系，企业之间的这种联盟方式称为（　　　）联盟。

　　A. 横向　　　　　　　　B. 纵向　　　　　　　　C. 混合　　　　　　　　D. 项目

3. 有效性供应链流程设计（　　　）。

　　A. 适用于功能性产品

　　B. 适用于革新性产品

　　C. 既适用于功能性产品又适用于革新性产品

　　D. 既不适用于功能性产品又不适用于革新性产品

4. 从企业的角度来看，供应链的设计是（　　　）原有的企业模型。

　　A. 推翻　　　　　　　　B. 维持　　　　　　　　C. 改造　　　　　　　　D. 恢复

5. 企业之间物流战略联盟产生的最根本原因是追求（　　　）。

　　A. 最大利润　　　　B. 最优价格　　　　C. 最低成本　　　　D. 最大市场

三、多项选择题

1. 在供应链的设计过程中，应遵循的一些基本原则有（　　　）。

　　A. 自顶向下和自底向上相结合原则　　　　B. 简洁性原则

　　C. 互补性原则　　　　　　　　　　　　　D. 创新性原则

　　E. 静态性原则

2. 核心企业经营范围一般包括（　　　）。

　　A. 采购与供应管理　　　　　　　　　　　B. 后勤管理

　　C. 配送管理　　　　　　　　　　　　　　D. 物流管理

　　E. 供应链管理

3. 核心企业供应链的实施策略是（　　　）。

　　A. 建立供需协调管理机制

　　B. 发挥制造资源计划系统的作用

　　C. 发挥配送资源计划系统的作用

　　D. 建立快速反应系统

　　E. 设计供应链通道

4. 供应链联盟主要分为（　　　　）。

　　A. 资源补缺型　　　　　　　　　　B. 市场营销型

　　C. 互利互惠型　　　　　　　　　　D. 规模经营型

　　E. 联合研制型

5. 供应链战略合作关系的形成，是为了（　　　　　）。

　　A. 降低供应链上的库存水平　　　　B. 增强信息共享水平

　　C. 改善相互之间的交流　　　　　　D. 保持战略伙伴相互之间操作的一贯性

　　E. 产生更大的竞争优势

四、简答题

1. 简述供应链与物流的联系与区别。

2. 在供应链的设计过程中，进行创新设计应注意哪些方面的问题？

3. 如何从产品的角度出发，进行供应链的设计、规划？

B. 技能训练题

　　某生产化学制品的公司年销售量为10万余吨，在全国设有5家分公司。公司经营的产品品种有500多种，非危险品采用50kg的塑料桶进行配送。

　　公司销售产品的流程为：100名业务员的订单直接用电话通知总部或者分公司，销售服务室用ERP软件开提货单，驾驶人到附近的仓库提货并进行配送。

　　公司的仓库情况为：主仓库大小120m×80m，没有月台。存放的商品有300种。每个仓管员负责保管50～80种产品。产品用1m的钢制托盘笼子和散堆方式存放，使用4辆叉车进行出入库作业，由5个装卸工负责成品的装卸和按单拣货。内设一个办公室负责调度和开提货单。主仓库又划分为4个仓库，4个仓管员分别负责几十种产品的拣选和搬运工作。

　　在主仓库附近10km内还有4个分仓库，负责其他四个分厂的产品的仓储，每个仓库有一名仓管员负责保管产品。

　　该公司仓储作业目前存在的问题有：

　　（1）仓库经常出现缺货，只能经常修改客户订单。

　　（2）上午是提货高峰，几个仓库可能都要提货，装卸货物时运输车辆需要排队。业务员早上报货下午就要送到，备货时间太短。

　　（3）主仓库的场地大，管理困难。

　　（4）仓库货物清点方式为：仓管员在仓库清点后交给叉车工，叉车工将货物拉出仓库装到车上。装卸高峰仓管员出库清点有难度。

　　该公司该如何解决上述问题？

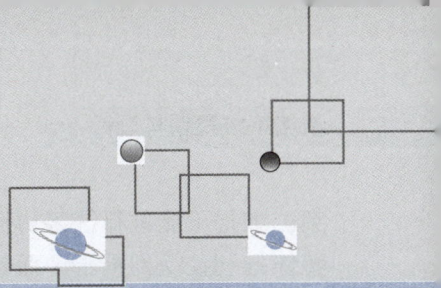

单元九

物流运营组织系统规划与设计

9.1 物流运营组织系统概述

21世纪初，我国出现了新一轮的物流热。这一轮物流热的产生主要是因为跨国公司进入我国后对物流服务的需求增大，同时我国物流服务业面临的市场开放的压力增大，传统储运企业急于转型升级为现代物流企业，以应对加入WTO后将面临的挑战。另外，电子商务的发展提高了对配送服务体系的配套要求，也对物流热起到了很大的推动作用。新的物流热又促使物流运营组织不断完善与发展。

9.1.1 物流运营的特点

尽管物流的含义随着企业生产管理和营销组织方式的变化不断丰富和扩展，但是，物流系统的运营始终是一个"计划、执行和控制的过程"。不管物流的定义如何发生变化，作为社会经济生活中的一项重要活动，物流运营具有以下一些重要特点：

1. 物流运营是跨边界的活动

从企业内部来看，销售部门与财务部门在存货水平控制方面的部门目标是有冲突的，而市场营销部门在仓库选址和存货配置方面的要求和企业储运部门的管理目标也会有冲

183

突。如果不能进行统筹协调，则在各部门追求各自的部门目标的同时，很有可能使得企业整体的利益受到损害。而物流的运营就是要兼顾企业内部不同部门之间的利益关系，从企业全局的角度出发，获得效益的最大化。

从企业外部来看，供应商的供货方式或物流企业的服务必须与制造企业的生产组织方式相协调，如JIT方式、供应商管理存货（Vendor-managed Inventory）方式、供应链管理（Supply Chain Management）方式和经营由分销改变直销，物流企业要提供更快捷的多批次、小批量的发货服务，更多的售前装配服务（或配货装箱）和售后安装服务（或维修和技术咨询），更多的物流单证管理服务，以及反向物流管理等增值服务。当客户的市场边界已经扩大到全球范围的时候，物流的运营服务就必须转向国际化。

2. 物流运营的目标是要降低物流总成本

在客户服务水平确定以后，物流的运营管理就会围绕如何降低客户的物流总成本这个中心来展开。物流作为企业的第三利润源泉，主要是通过提高物流管理水平，降低物流成本的方式来给企业创造利润的。实际上，整个物流的发展过程，就是不断降低物流成本、提高物流效率的过程。因此，物流运营管理就是要在保证一定的服务水平的情况下尽可能地降低物流成本。而在物流运营过程中，当某项物流作业的成本降低时，可能会导致另一项成本的提高。物流的运营管理往往需要在这些问题之间进行权衡，以获得整体上的最优。如运输成本与存货成本的权衡、采购批量与存货成本的权衡、减少承运人的数量与分散货运风险的权衡、实际集中存货管理与货运成本和脱销成本的权衡、增值服务成本与客户服务水平的权衡、物流自营与物流外包以及保持企业对物流运作控制权的权衡等。

3. 物流运营管理是优化资源配置的过程

综观物流运营的全过程，从产品的包装，到托盘的堆载，到装箱的技巧；从单点仓库的选址和库内空间的分配，到仓库网络的设计和存货的分布；从运输工具的配载，到承运人的管理，到多式联运的组织，到货运路线的安排；从物流技术装备的应用，到物流IT系统的上线；从具体物流运作环节的安排，到总体物流管理解决方案的设计，都是在进行资源配置的优化。

要谋求物流总成本的最低，就必须对跨边界的物流运作进行资源统筹。不同的客户服务需求会提出不同的资源整合要求，如货物的紧急发运就可能要求选择空运服务资源；产品的全球营销可能要求在全球范围内整合仓库网络资源；物流系统改造可能要求选择咨询服务资源；要求物流过程的可见性必然提出选择IT系统资源的要求，等等。所以，物流运营管理过程实际上就是优化资源配置的过程。

9.1.2 物流运营组织管理的内容

物流运营组织管理的内容有：

（1）物流运营管理组织机构的设计。物流运营管理组织机构的设计是指确定整个企业物流组织的框架和结构，确定企业中各职能部门、各层次及各个环节的联系和协调方式。这要求从企业的生产技术、经济特点及外部环境条件出发来具体考虑。它包括五个方面内容：物流决策组织系统的设计、物流指挥系统的设计、职能参谋系统的设计、组织内部各个局部开展工作的一般要求的确定、组织信息沟通方式的选择。

（2）物流组织规章制度的建立。从总体和局部两方面着手，具体明确各层次、各环节管理部门的行为准则、工作要求以及协调、调查和反馈制度。从制度上保证管理工作的整体性、系统性和有效性。

（3）物流组织人力资源的配备。物流组织人力资源的配备是指组织中干部和工作人员的配备。这要按照组织中层次、职务、岗位和职责的不同，从工作要求出发，选拔适当人才。这是管理运营管理组织机构能够发挥功效的根本性保证。

物流运营管理组织机构的设计、物流组织规章制度的建立以及物流组织人力资源的配备三方面的紧密结合，是运营管理组织总体正常营运、开展组织行为的前提。

9.1.3　物流运营组织管理的主体

物流运营组织管理的核心是在供应链中流动的存货，所以物流运营组织管理在本质上是对存货资产的管理。因此也有学者从企业资产运营的角度，把物流解释为对供应链中各种形态的存货进行有效协调、管理和控制的过程。而在整个供应链中，制造企业处于一个中心的地位。正是由于制造企业生产过程中所需要的原材料供应，以及产成品向下端企业（包括商业流通企业、消费者或者其他制造企业等）的销售所产生的物流需求，推动了整个供应链物流的发展。图9-1是一个典型的供应链物流运营组织示意图。

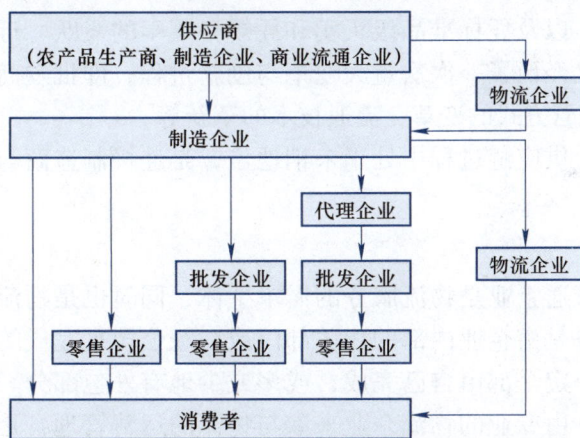

图9-1　典型的供应链物流运营组织示意图

从图9-1可以看出，在整个供应链运营过程中，参与物流运营的基本主体是制造企业与商业流通企业（包括批发企业、零售企业等），可以把制造企业与商业流通企业统称为货主企业。通常意义上所说的企业物流，实际上是指货主企业的物流。同时，货主企业也可以把自身的全部或部分物流业务外包给专业的物流服务企业来完成。因此可以说，物流运营组织管理的主体主要包括制造企业、商业流通企业以及物流服务企业三个方面。

1. 制造企业

物流业的业务来自供应链的各个环节，而制造企业是供应链的重心，是带动供应链运作的主体，因此，制造企业的运营是产生物流需求的源泉。同时，在供应链上，物流的量在供应链上的分布是不均匀的。大量物流集中在制造企业的供应物流、生产物流和销售物流上，从产品到客户的配送则只是整个物流的一小部分。从这个意义上讲，制造企业是物流服务的最大需求者。有需求就有发展，因此，制造企业发展的需求是物流业发展的源泉。此外，制造企业也是物流服务的重要提供者。我国的制造企业在"大而全""小而全"思想作用下，大多数物流需求是由企业自理的，尽管物流不是其主业，但是其对物流业的影响却是不可忽视的。物流业的发展要充分考虑这一现状，考虑到制造企业的物流需求者和物流服务提供商的双重角色。物流业的发展一方面要紧紧围绕物流需求，另一方面要跟随服务的重要提供商，无论从哪个方面，物流业的发展都应该围绕制造企业这个核心。

2. 商业流通企业

从供应链运营过程来看，商业流通企业主要包括商业批发企业和商业零售企业两类，每类又有各种不同的运营模式。

商业发展过程中的一次具有根本意义的变革是批发商业与零售商业的最终分离。产业革命以后，机器大工业为批发商业的最终独立提供了可能。批发与零售相分离的意义不仅在于流通职能上的专业分工，而且在于两者相分离之后演化出了一系列流通组织形式，进一步促进了商业的发展。随着批发商业从零售商业中独立出来，批发商队伍日益壮大，于是自发地产生了原始的批发市场和有一系列制度与规则的现代批发市场。批发市场的产生可以说是批发商业的一次革命。

批发商业的变革还表现在批发销售形式的变革上，即从现品销售到样品销售，从凭样品销售到凭标准销售，以及凭标准品级买卖和凭规格买卖的飞跃。近年来，面对来自零售商的挑战，批发商业又经历了一次次重大变革与创新过程，即批发商的连锁化和一体化、批发经营的专业化、经营方式的变革、流通技术的革新等。

商业零售业在整个供应链过程中处于末梢地位，是连接制造商与最终消费者之间的一个关键纽带。

3. 物流服务企业

制造企业和商业流通企业是物流服务的需求主体，同时也是物流运营管理的主体，许多货主企业的物流业务是由企业内部的相关部门或二级公司来完成的。当然，大部分货主企业的物流业务并不一定全部由自己完成，或多或少地有外包部分。这就出现了对专业性物流服务企业的需求，由专业的物流企业来参与物流的运营管理，是社会专业化大生产的必然结果，也是提高物流效率、降低物流成本的有效途径。

根据物流服务企业的服务类型，可以把物流企业分为两类。一类是提供功能性物流服务业务的物流企业，这类企业在整个物流服务过程中发挥着很大的作用，这类企业一般只提供某一项或者某几项主要的物流服务，如仓储服务企业、运输服务企业等。第二类是提供一体化物流服务的第三方物流企业，第三方物流企业一般是综合性的物流服务公司，能为客户提供多种物流服务。

9.2 物流运营组织的形式

为了有效地进行物流组织和管理，实现物流管理的目标，首先必须　物流运营组织的形式

186

建立合理的物流组织结构。所谓组织结构，是指企业内部组织按分工协作关系和领导隶属关系有序结合的总体。它的基本内容包括明确组织结构的部门划分和层次划分，以及各个机构的职责、权限和相互关系，由此形成一个有机的整体。

9.2.1　物流运营组织结构设计的基本原则

确定企业管理组织结构的基本思路是精简、统一、自主、高效。结合物流系统和物流运营的特点，物流运营管理组织结构的设计应遵循以下基本原则：

1.　有利于实现组织目标的原则

组织结构设计的目的是实现预期的目标。对于物流运营组织结构设计来说，其目标是更加高效地完成物流服务。因此，必须根据物流系统的总目标、总任务来设计各项组织结构，使其有利于快速、高质量地达到预期目标，提高经济效益和社会效益。为此，要摒弃那些无效结构和无效劳动。

2.　加速物流运转和降低成本的原则

物流运营的完成要经过仓储、运输和增值服务等过程，而这个过程中物流运营的速度、成本和质量是影响物流运营目标实现的最直接因素。物流组织结构的设计应该能够加速这一过程、降低成本费用、提高物流服务质量。这就不仅要考虑组织内部诸要素的协调，而且要考虑外部环境的影响。只有内部诸要素协调，又适应外部环境，并能够随环境的变化而变化，组织才具有生命力。

3.　有利于发挥人的积极性和责、权、利一致的原则

物流运营管理的目标必须由人来完成，只有人的积极性得到充分发挥，人的素质不断提高，这一目标才能完成好，物流运营的经济效益才能有保证。所以，物流组织结构的设计要特别注意人的因素，如人员合理地组合，特别是要保证组织内部各部门和各人员的责权利合理地结合。组织中某个人或某个部门负责某项职务，就应赋予相应的权力，责权利一致，才能保证任务的完成。另外，权力分配、信息沟通、控制系统、激励机制和职务设计等相应系统也要同步开发，这些方面的合理设计和安排都有利于调动人的积极性。如果责权利不明确，必然会造成许多"内耗"，把效率和效益都耗掉。所以，设计组织结构时，必须同时制定相应的严格而细致的岗位责任制度，以保证物流结构按照设计时的基本思路运转。

4.　等级划分和适当集权、分权的原则

在组织结构的设计过程中，必然要将组织的职权和职责按上下级关系进行划分，组成一个垂直等级结构，以利于集权和统一指挥。但同时也要考虑到各部门和各执行人员的权限和主观能动性，进行适当的放权，使整个物流系统的运营更加高效迅速。这一原则是统一领导与分级管理、原则性与灵活性相结合的需求。

5.　结构精简、高效的原则

一个组织要运转高效，必须进行精简设计。结构庞杂的最大坏处是工作传递缓慢，办事效率低下，且容易相互扯皮。在物流运营结构设计时，应考虑与物流运营的规模和经

营任务相适应，精简管理层次，压缩管理人员的编制。因此，企业要在服从物流运营需要的前提下，因事设部门、设职位，因职用人，尽量减少不必要的部门和人员，力求精兵简政，以达到组织结构设计的合理化，提高工作效率。

6. 统一指挥原则

现代物流的管理和组织要求在信息技术和信息系统的支持下，开展一体化管理和通盘运作，这样才能发挥物流的集约化和规模化效应，降低物流成本。如果在组织结构设计上进行过多的条块分割和划分管理层次，将大大降低物流运营的效率。因此，在物流管理组织结构的设计上，应尽可能减少管理的层次，实行扁平式管理，以保证物流管理组织的统一性。

9.2.2 物流运营组织结构的部门划分

物流企业内部的组织结构，从横向上看可划分为若干不同部门。组织结构应服从各自经营管理活动的需要，根据合作经营分工的专业、经营对象的技术复杂程度及其品种、经营操作的物质技术装备先进程度、经营的规模等具体因素加以权衡，从经营管理的水平加以确定。一般来说，从物流企业担负物流职能的共性出发，物流企业内部的组织结构基本上可划分为业务经营部门、职能管理部门和行政事务部门，而各部门的进一步划分则因企业的具体情况不同而有所不同。

1. 业务经营部门

业务经营部门是指直接参加和负责组织商品流通经营业务活动的部门。它的主要任务、职责、权限是直接从事物流活动的经营，对外建立经济联系，并负责处理经营业务纠纷等，其部门的规模和分工程度直接影响着企业内部其他部门的组织结构设计。

2. 职能管理部门

职能管理部门是指专为经营业务活动服务的管理工作部门。它直接担负计划、指导、监督和调节功能，包括计划与统计、劳动与工资、价格、信息等管理，以及在专业技术上给予帮助，按经理的委托向经营业务部门布置工作，负责收集、整理经营业务的信息等，是各级领导的参谋部门，不直接从事企业的经营活动。物流企业的职能管理部门是依据管理职能及管理工作的复杂性及其分工的需要而设计的。一般来说，物流企业都要设计计划与统计、财务与会计、劳动与工资、定价与市场专门职能管理部门。

3. 行政事务部门

行政事务部门是指间接地服务于经营业务和职能管理部门活动的部门，包括秘书、总务、教育、保卫等部门。其主要任务和职责权限是为经营和管理工作提供事务性服务、人事管理、安全保卫和法律咨询等。

上述只是物流企业组织结构设计的一般模式。它并不是永久不变的，应当随着企业自身条件和内部经济条件的变动加以必要的调整和充实，保证企业目标的顺利实现。

9.2.3 物流运营组织结构的基本形式

组织结构要体现组织各部分之间的关系，这是由组织的目标和任务以及环境因素所决定的。合理的组织结构是实现组织目标、提高组织效率的保证。经过长期的实践和发展，组织结构已经形成了多种形式。结合物流运营的特点，物流运营组织结构设计主要可以参考以下几种基本形式。

1. 直线职能式组织结构

直线职能式组织结构的主要特点是设计两套系统，一套是直接参与和负责组织物流经营的业务执行部门，它包括从事物流活动的各个业务经营部门，担负着整个物流活动过程的作业实现，如直接从事商品物资的购销、仓储、运输、整理加工、品质检验、配送等部门。另一套是按专业管理的职责和权限设置的职能管理部门，它是专门为物流经营业务活动服务的管理工作部门，直接提供物流活动的计划、指导、信息服务、监督调节及其他配套管理服务，如计划与统计、财务与会计、劳动与工资、信息支持、市场开发、行政管理、客户关系维护等部门。

物流运营的业务执行部门是物流组织结构的主体，它的规模和分工程度直接影响着其他部门的设计以及职能的划分。而物流运营的职能管理部门则不直接参与物流作业，而是作为物流运营的参谋和保障部门。典型的直线职能式物流组织结构模式如图9-2所示。

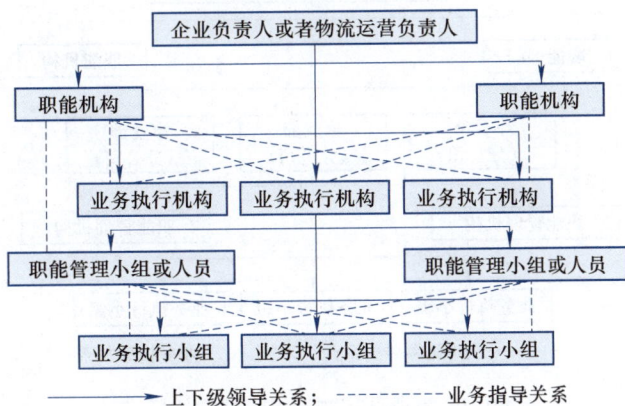

图9-2 直线职能式物流组织结构模式

直线职能式组织结构设计既能保证集中统一指挥管理，又能充分发挥专业人员的才能、智慧和积极性，比较适应现代企业生产经营管理的特点和要求，所以，国内外许多企业都采用这种类型的组织结构形式。基于物流运营的特点和物流管理发展的现状，我国大中型物流企业的运营组织结构设计也主要采用这种形式。

直线职能式组织结构模式的缺点是过于正规化，权力集中于高层，结构不够灵活，横向协调性较差，特别是物流运营的业务执行部门缺乏自主性，很难有效地调动业务执行部门的主观能动性。因此，这种形式在企业规模相对不大，物流服务业务范围相对稳定，以及市场不确定性相对较小的情况下，更加能够显示出其优点。随着企业规模的扩大、市场环境的变化日益加深和市场不确定性的增加，这种组织形式有时不能完全适应企业经营管理的需要。近年来，有些企业，包括一些物流企业，为了充分发挥职能部门的作用以及业务执行部门的主观能动性，已经适当地进行一定的集权和分权模式的调整，特别是对独立经营权、调度、质量检查等权力进行了一定的分权。但是，直线职能式组织结构仍然是我国企业（包括物流企业）的主要组织结构形式。

2. 事业部式组织结构

事业部组织结构又称为分权制或部门化结构。其特点是"集中政策，分散经营"。一般是按产品类别、地区或者经营部门分别成立若干个事业部。这些事业部具有相对独立的市场、相对独立的利益和相对独立的自主权。各事业部在公司的统一领导下实行独立经营、单独核算、自负盈亏。各事业部门具有相对独立的充分的自主权，高层管理部门则实行有限控制，以便摆脱行政管理事务，集中力量研究和制定经营方针，并通过规定的经营方针，控制绩效和统一调度资金，对各事业部进行协调管理。

事业部式组织结构是国内外许多大型企业采用的组织模式。国内一些大型的分销企业和物流企业也采用这种组织形式。其主要特点在于：在公司内部按地域或者产品类别（对于物流企业来说，就是指物流服务类别）设立相对独立的事业部或者分公司，各事业部或分公司拥有相对较大的自主权，有利于事业部或者分公司及时根据市场变化和业务环境做出相应的经营变化和调整。事业部式物流组织结构的模式如图9-3所示。

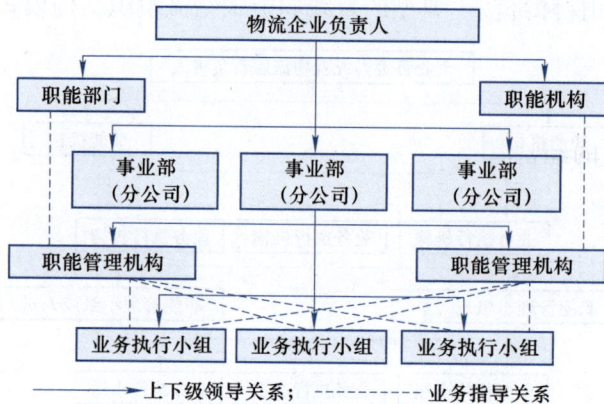

图9-3　事业部式物流组织结构的模式

事业部式组织结构设计是直线职能式组织结构中分权趋势的一种体现。实际上，随着企业规模的扩大，直线职能式组织结构过分集权的劣势就会体现出来。事业部式组织结构显然可以弥补这种缺陷，同时又有利于提高各个事业部（分公司）的主观能动性。因此，事业部式组织结构模式正被越来越多的大中型企业所采用。进一步看，事业部式组织模式与直线职能式组织模式并不是矛盾的。实际上，事业部式组织模式是对直线职能式组织模式中适当分权要求的具体体现，而这种要求也是随着企业运营规模的扩大必然要产生的。从图9-3中可以看出，事业部式组织结构的每一个事业部中，往往实施的也是直线职能式的组织管理模式。

事业部式组织模式的主要优点在于：各事业部或分公司职权分明，拥有相当的自主权，可以有权及时应对市场或内部环境的变化，积极灵活地开展物流经营管理业务。而公司总部也可以摆脱事务性的行政管理，专心致力于公司重大的经营方针和重大决策。但是，这种方式也存在一定的缺点，主要体现在当各个事业部或分公司是一个利益中心时，往往会只考虑到自己的利益而影响相互协作，同时，由于各事业部或分公司权力的加大，如果经理不适当地运用权力，有可能导致整个公司职能部门的作用有所削弱，不利于公司的统一决策和领导。在物流企业实行事业部式物流运营模式时，还有许多的基础工作需要完成，包括内部结算、业务交接、货损货差责任等。也就是说，对于需要一体化物流运作的物流企业或者分销企业而言，由于产品的特殊性，事业部的设立也具有一定的自身特点，只有在明确各事业部之间的业务合作和业务结算、业务责任等的前提下，才能很好地贯彻实施事业部管理模式。

3. 其他组织结构

除直线职能式和事业部式组织形式外，企业的组织结构设计模式还有很多种。这些模式在物流的运营管理中，也可以借鉴使用，如直线式组织结构、矩阵式组织结构和物流子公司结构。

（1）直线式组织结构。直线式组织结构又称为单线制或军队式结构，这是一种早期的组织结构形式，如图9-4所示。这种组织结构的特点是组织的各级行政单位是从上到下进行垂直领导，各级领导者直接行使对下级的统一指挥与管理职能，对所属单位的一切问题负责，一般由一人承担或者配备若干职能管理人员协助工作，不另设单独的职能管理部门。这种组织形式对各级管理者在管理知识、能力及专业技巧等方面都有较高的要求，其优点是简单灵活、职权明确、决策迅速、指挥统一。缺点是领导需要处理的事情太多，精力受牵制，不利于提高企业的经营管理水平。因此这种组织形式适用于经营物流管理部门，也适用于业务相对简单、规模相对较小或者新创建的小型货代企业、货运企业、仓储服务企业和小型物流企业。当前，这种组织形式在许多企业物流管理部门以及许多小型物流企业中也普遍存在。但是，这种结构比较脆弱，如果组织规模扩大，管理任务繁重复杂，这种模式显然不能适应。

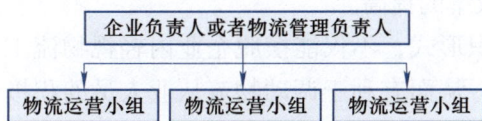

图9-4　直线式组织结构

（2）矩阵式组织结构。矩阵式组织结构又称为规划目标结构，它是在纵向职能系统的基础上增加一种横向的目标系统，构成管理网络，如图9-5所示。

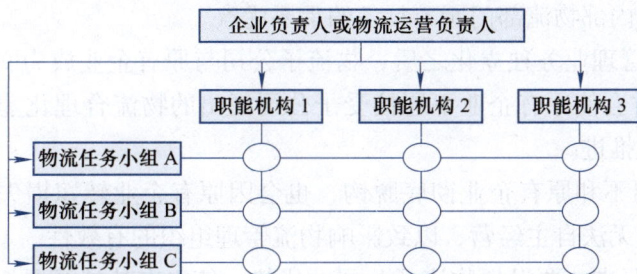

图9-5　矩阵式组织结构

这种结构一般是为了达到一定的目标或完成一个项目，在已有的直线职能结构中，从各个职能部门抽调专业人员，组成临时的或长期的专设部门，协同其他部门进行横向协调。专设部门领导人有权指挥部门内的成员，专设部门内的成员与自己原来的部门保持隶属关系，即各部门既与垂直的指挥系统保持联系，又与按产品或服务项目划分的小组保持横向联系，形成一个矩阵形式，称为矩阵式组织结构。这种结构的优点在于把不同部门、不同专业的人员汇集在一起，密切协作，互相配合，有利于解决问题。其缺点是如果纵、横向关系处理不当，就会产生意见分歧，如果工作上出现问题也难以分清责任，且人员不断流动使得管理上出现困难。

在物流运营中，这种组织结构形式往往适用于货代企业承接大宗货代服务业务，物流企业承接临时性重要物流业务，以及工商企业物流部门组织临时性的重大采购供应或销售物流业务。如果物流企业的业务受市场变化的影响变得很不确定，也可以采用这种组织结构形式。

（3）物流子公司结构。20世纪60年代后期出现了物流管理组织的一种新的形式——物流子公司。这种管理组织形式是把公司或企业的物流管理的一部分或全部分离出来，由一个具有法人资格的独立的企业实行社会化、专业化的经营。有人认为，物流子公司是物流发展道路上的商业企业，可称为物流管理公司。

对建立物流子公司的基本目的可以做如下表述："物流子公司是根据商业与物流分离的体制建立起来的，是以整个企业为基础，以物流管理效率化和降低费用作为第一目标的。"物流子公司作为代表企业专门负责物流管理业务的机构，作为物流管理组织的一种形式，和上述几种非独立化的属于企业内的物流管理组织相比，具有下述特点：

1）优点。物流子公司使物流费用明确化，从而改变了人们对物流的看法，提高了对物流成本核算的认识，有利于加强物流管理。

物流子公司作为独立于企业之外的物流管理组织，具有法人资格，能够进行以利润为中心的管理，有利于物流效率的提高。

采取物流子公司的组织形式，不仅能摆脱企业内轻视物流工作的陈腐观念，而且大大地改变了物流业务的地位，从而有利于调动物流从业人员的积极性。同时，物流业务的专门化和统一指挥也便于加强对物流从业人员的劳务管理。

建立物流子公司，能开拓物流业务新领域，如前所述，从属于一个公司或企业的物流管理部门，它的活动领域只限于本公司内部。而物流子公司是独立的物流企业，就不受这种限制，它实行社会化经营，可以承担许多企业、公司的物流业务，其业务领域是无限制的。而这一点是公司内部物流部门所不具备的重要优点。

2）缺点。物流管理业务独立化之后，物流子公司与原有企业成为交易关系，两者之间的抗衡、竞争和矛盾会使原有企业不愿接受子公司提出的物流合理化建议，从而不利于原有企业物流合理化的推进。

如果物流子公司不和原有企业彻底脱钩，也会因原有企业转嫁损失、物流不合理以及对原有企业的依赖而无法自主经营，以致影响物流管理组织的有效性。

3）发挥作用的要求。要发挥物流子公司的优势，使之有效地开展活动，最重要的是解决确保自主经营和扩大业务的问题。因此，物流子公司必须做到以下两点：

① 物流子公司必须实行独立核算、自负盈亏。如果物流子公司只是为了支援总公司的

生产、作为销售部门的物流职能而存在，而没有企业的独立核算性质，那就失去了子公司的意义。若建立子公司是总公司物流合理化的需要，就应该在提供廉价而优质服务的同时获得适当的利润，设立子公司的目的在于加强物流管理，降低物流费用，那么子公司只有获利才能成为企业的基础，而要有利润就必须拥有自主经营的权利。

②物流子公司作为独立的物流企业，要成长和发展，必须实行社会化经营，扩大业务领域。为此，一方面要满足总公司的需要；另一方面要面向社会开拓新的业务，谋求打进物流企业的现有市场，实现与其他企业物流共同化。还必须注重物流开发研究以及改进物流管理技术，同时应发展横向联合，实现共同繁荣。

以上介绍的几种组织结构形式是在实践中逐步形成和发展起来的，也是比较典型的形态。实际应用中它们也常常是相互交叉的。如一个物流系统中，可能同时存在事业部式和职能式，或职能式与矩阵式等组织结构。各种组织结构形式各有优缺点，不存在适应一切环境条件的最佳组织模式。为了适应复杂多变的企业内外部环境，企业应根据自身的需要，组织适当的物流运营组织体系，也可以在这些基本模式的基础上，创造出更好的适合自身需求的组织形式。当然，物流组织的形式一旦确定，也不是一成不变的。随着市场环境的变化以及内部运营的发展，需要对已有的组织结构进行适时的调整，这对于物流的运营管理来说，也是非常重要的。从国外物流管理组织的实践来看，把物流管理组织作为专业分权部门，实行以利润为中心的经济责任制，是物流结构的理想目标，发展物流子公司是物流管理组织的方向。

9.2.4 物流运营组织结构的管理层次

不管是直线职能式还是事业部式或其他形式的组织形式，物流运营的组织结构从纵向上看，都要划分一定的管理层次。所谓管理层次，是指从物流运营的最高层领导到基层作业人员之间体现隶属关系的管理环节和管理级次。物流运营组织结构管理层次的多少，与物流业务的复杂程度、管理人员的管理幅度以及所选择的组织结构形式有关。一般来说，业务复杂程度越高，管理的层次相对就越多。管理人员管理幅度的大小，是由管理者的管理能力、管理职能的复杂性和相似性、被管理人员之间相互协作的需要程度以及下属对指挥的要求程度所决定的。同时，减少管理层次可以加快管理指令的传递速度、提高管理工作的效率、降低管理费用。

物流运营组织结构的管理层次一般可以由决策和高级管理层、职能管理层、执行管理层和作业管理层四个层次组成，如图9-6所示。

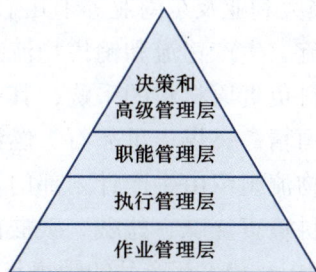

图9-6 物流运营组织结构的管理层次

决策和高级管理层是指以物流企业负责人或者物流运营负责人为首的物流运营领导班子，统一领导整个物流系统的运营工作。其主要任务在于制定物流运营的目标、方针及决策，修订重大物流管理规章制度，并且统一指挥和协调整个物流组织内的工作，确定每个执行部门和人员的职责权限。

职能管理层是物流运营过程中一个承上启下的管理层次，主要从事物流运营计划的制订、物流运营的信息支持、财务服务、人事和绩效管理以及行政后勤支持等的管理工作，是协助高级管理层完成物流运营目标，保证生产经营活动正常进行以及向决策者提出建议和对策的重要环节。

执行管理层是直接参与物流运作的执行管理部门。它要求按照高级管理层和职能管理层下达的目标，制订相应的执行计划，优化组织实施的具体方案，并进行细化和划分，分解给下属的各个具体作业部门及其人员，保证本部门物流运营目标的快速高效实现，并且要向上级高级管理层和职能管理层报告工作完成情况或提出建议。

作业管理层是物流运营的最基层管理层次，是物流运营各个环节的最终完成者。它要求按照执行管理层分解细化后的作业目标，按时按质地完成每一项作业。具体来说，它包括物流运营过程中各个作业环节的管理，如入库管理作业、质量检验作业、仓储管理作业、配货作业、配载作业、配送作业等。

当然，对于不同的物流运营管理来说，其管理层次的设计也是不同的。不管有多少个管理层次，只要结构设计合理，职责划分清楚，并且每个管理层次上的管理人员都能够按照相应的职责和权限范围认真完成自身的管理任务，就能够增强物流运营的效率，取得好的运营效果。

9.2.5 不同类型企业物流运营组织结构的设计

根据之前介绍的物流运营组织结构的基本形式和管理层次，下面通过分析不同行业物流运营组织结构设计的案例来进一步理解和掌握本节内容。

（一）制造企业物流运营组织结构的设计案例

1. 某大型化工企业专职物流部门的设计

某大型化工企业于1938年创立，现有员工一万余人，占地330万m^2，固定资产达20亿元。主要生产烧碱、聚氯乙烯、盐酸、液氯等多种产品，型号齐全、质量优良，产品行销全国各地，并出口美国、日本、澳大利亚及东南亚等十几个国家和地区。

该企业的物流主要有供应物流、生产物流和销售物流三个方面，原来这些物流业务分属于各个职能管理部门。由原料科负责原材料的采购，其中，原料一科负责电石和丙烯小料助剂的采购，而原料二科负责酒精、燃煤、重晶石、燃油的采购。原材料储存的管理由各材料仓库负责。生产过程中的物流组织由生产计划部门负责。而销售物流由销售部门的四个科室分别组织，其中销售一科负责烧碱、盐酸、碳酸锶产品的销售与物流组织，销售二科负责聚氯乙烯、糊树脂（PVC）、PVC新产品的销售与物流组织，销售三科负责氯油、氯仿、DDT、一氯化苯、氯乙烷、环氧氯丙烷产品的销售与物流组织，而销售四科负责水泥、熟料等产品的销售与物流组织。

现在，公司希望通过对这些业务进行重组，成立专门的物流管理部门，对物流过程实行系统管理。在新的物流运营方案中，新成立的物流部主要负责供应物流与销售物流的组织，而生产物流没有包括其中，这主要是因为生产物流与生产工艺流程、厂区布置，特别是生产作业计划和作业排序等有关，所以生产物流过程仍然由生产部门来组织管理。

（1）物流管理部门的职能。单独设计的制造企业物流部主要负责供应物流与销售物流的组织，具体来说，其职能主要包括：①原材料采购，包括原料与各种辅助材料的采购计划、采购订货以及与供应商之间的关系协调等。②采购运输的组织管理，包括组织原材料采购的运输、接收并组织入库。③原材料库存管理，包括各种原料和辅助材料的贮存管理、库存量控制、存货盘点等。④原材料配送，包括对生产所需要的主要原料的配料、下料，组织对制造车间的供应；而对于生产过程中所需要的各种辅助材料以及物料消耗，可以按照JIT供应的原则，按照每个生产工艺的实时需求，由原材料仓库对其实施及时的配送供应。⑤产成品库存管理，包括产成品入库的接收、产成品库存管理、存货盘点等。⑥销售运输的组织与管理。按照销售部门的销售合同或其他相关信息，组织对客户的产品运输，并进行发货后的追踪管理。

其中，前四项职能主要是与采购供应物流相关，而后两项职能与销售物流相关。

（2）组织结构的设计及职能划分。企业物流部门的组织结构设计如图9-7所示。

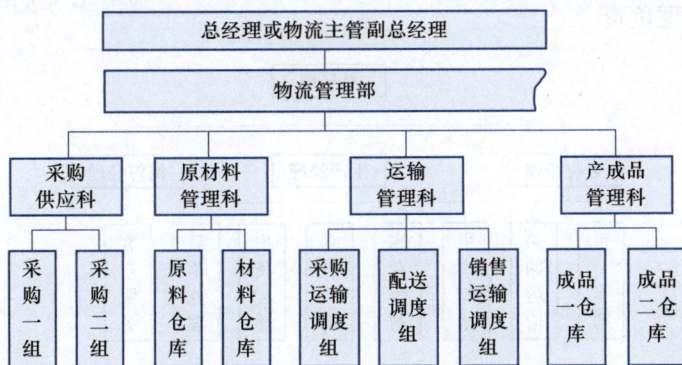

图9-7　企业物流部门的组织结构

采购供应科内设科长一人，分两个采购组，每个采购组各设采购主管一人，每组设采购员若干人。

原材料管理科下设若干个原材料仓库，仓库按原材料的品种分类。科室中设科长、库存管理员和配送管理员岗位，而在每个材料仓库，设仓库主管、信息协调员、仓库管理及配货员、搬运工等岗位。在供应物流的组织上，采用"集中采购、集中库存、统一配送"的管理模式，在各生产作业点和二级分厂内不留库存，由材料仓库根据每天的实时生产需求，实行对作业点的送料制度，通过仓库统一的JIT配送来降低原材料库存量，加强原材料的管理。

在产品销售上，实行商流（业务流）与物流的分离管理。销售部门组织客户的销售工作，而由物流部门配合销售部门做好销售物流的管理以及产成品库存的管理，这样有利于物流部门有效地实施对产成品库存的控制，避免销售部门片面追求销售而忽视库存管理。

运输管理科主要负责原材料采购、厂内配送和产成品销售的运输组织，主要岗位包括科长、采购运输管理员、配送信息管理员、销售运输管理员、车辆调度员、驾驶员等。

产成品管理科按产品的种类设计相应的几个产成品仓库。在岗位设计上，管理科设科长、信息管理员岗位，各个产成品仓库设仓库主管、库存管理及信息协调员、出入库管理员、搬运工等岗位。

2. 中型制造企业物流运营组织结构的设计

下面是两个中型制造企业物流运营组织结构的设计情况。

图9-8a表示的是一个中等规模制造企业的物流部门设计形式。这家企业是根据生产的需要进行订货，为客户提供大批量生产的定制产品。从图中可以看出，由于产品的大批量生产和定制化特点，生产经理在生产组织中就显得尤为重要，因此，该企业的许多物流职能都是由生产经理来负责的。

图9-8b反映的是制造企业的另一种物流组织部门设计形式。从图中可以看出，该企业专门配备了一名物流经理，负责采购运输、库存控制、仓储以及出货运输等物流管理工作，并直接对总经理负责。

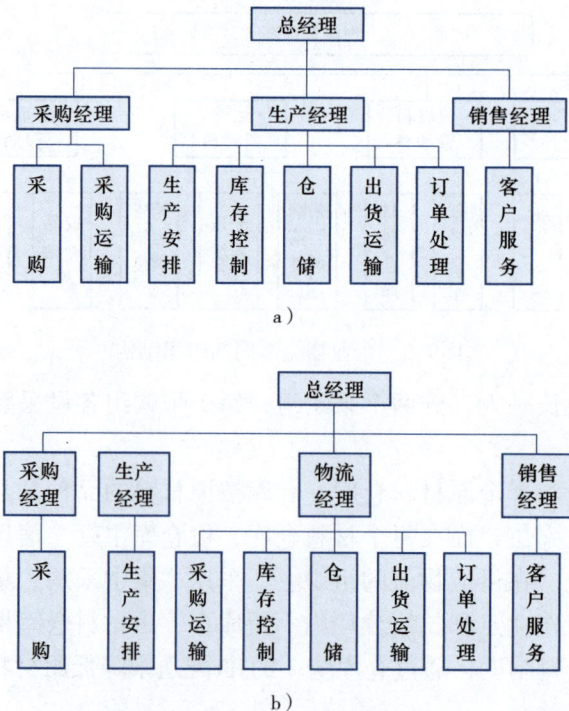

a）

b）

图9-8　制造企业物流部门设计形式

a）制造企业物流部门设计形式（一）　b）制造企业物流部门设计形式（二）

（二）大型物流企业分权式事业部运营组织结构的设计案例

1. XYZ物流有限公司简介

XYZ物流有限公司是一家大型的专业的第三方物流服务企业，客户分布在全国各地，服务范围遍及全国乃至全世界。它根据客户的业务要求在全国范围内提供服务，并最终建立全球性的物流服务网络，为客户提供整个供应链的物流服务。

XYZ物流有限公司定位于一个一体化物流解决方案提供商，专注于一些特定的行业，通过对行业知识的深入了解和行业物流服务经验的积累，运用先进的物流理念和技术手段，为客户提供定制的物流与供应链解决方案，实现优化的运输、仓储及其他增值服务。其业务运营的主要特点是致力于对大客户的开发，为大客户提供一体化的供应链物流服务，由于每个大客户的物流运营相对比较独立，有时也可以称之为签约物流运营形式。

2. XYZ物流有限公司的分权式组织结构的设计

基于公司为大客户提供一体化物流服务且每个客户的物流运营相对独立的特点，公司针对每个大客户实行事业部管理体制，即以每个大客户成立一个事业部，实行相对独立的经营管理和独立核算。由于大客户分布于国内各个省市，因此，公司每开发一个大客户，就可以根据客户的地域或物流服务需要在当地成立一个相应的分公司，该分公司就是一个相对独立的事业部，主要为该客户提供物流服务。每个分公司是一个独立的利润中心，这是一个典型的按照客户设立的事业部管理模式。每个分公司执行客户的物流运营业务，而总公司则主要负责信息服务、客户开发和总公司的财务管理业务，不参与物流的具体执行业务。XYZ物流有限公司事业部式组织结构设计如图9-9所示。

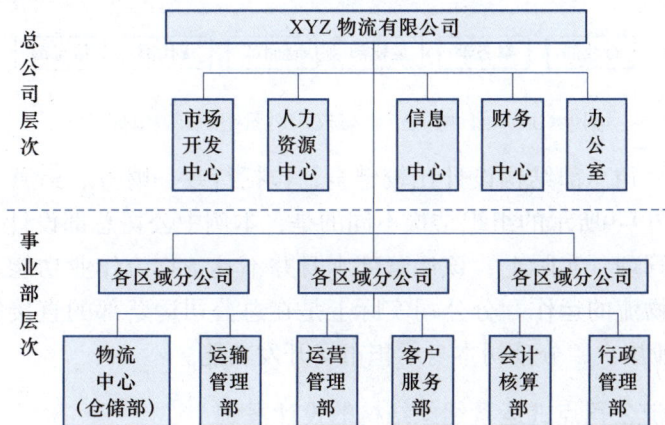

图9-9   XYZ物流有限公司事业部式组织结构设计

XYZ物流有限公司总部主要负责大客户物流市场开发和签约、提供物流管理信息系统及其相关技术支持、总公司的财务核算和财务管理以及各区域分公司之间的物流运营协调管理等。总公司与大客户签约之后，成立区域分公司（事业部），具体的物流运作和客户服务由各分公司完成，总公司各个部门并不过多地参与每个客户的物流运行。

各个分公司（事业部）一般设在客户所在地区，便于为客户提供服务，有利于与客户的沟通。它是公司为客户提供服务的业务执行部门，主要职责包括物流运作和管理监控、物流作业的协调、物流作业、客户管理、物流合作伙伴的选择与管理等。

（三）大型物流企业集权式运营组织结构的设计案例

上述案例中，XYZ物流有限公司的每个分公司都是一个独立经营的实体，每个分公司的组织结构都相当于一个独立的公司组织结构。而总公司只负责整个网络的规划、市场开发及指导和信息技术支持等工作，而不参与具体的物流运作。这种分权式运营模式中，各地分公司均是利润中心，总公司可以通过预算来控制各地的财务。

上例中XYZ物流有限公司采用分权式管理的主要原因在于各区域分公司服务于不同的大客户，业务上存在相对的独立性，所以可以有效地实施这种事业部管理模式。但是，对于许多大型物流企业而言，各地分公司之间的物流业务存在着很多的联系，这样就需要进行统一指挥、协调和管理，因此就不一定适合采用分权式管理模式，而要采用集权式的组织管理形式。在这种情况下，物流公司的总部将掌握物流管理和运作的大部分权利，各个分公司构成的网络节点只是物流运营的各个作业点，分公司一般就是一个成本中心，客户直接与总部进行财务结算。图9-10反映的是总部设在上海的某中外合资大型物流企业的集权式运营组织结构设计。

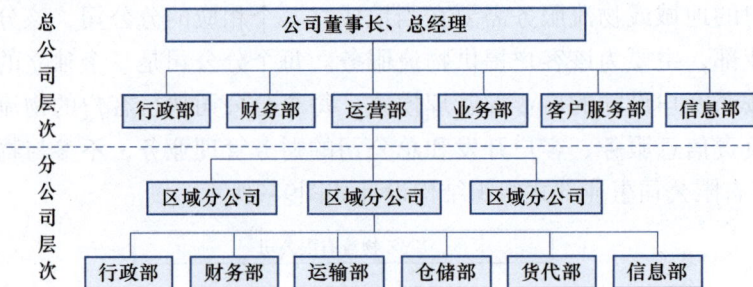

图9-10　大型物流企业集权式运营组织结构的设计

在图9-10中，公司总部结构设计比较健全，包括行政、财务、运营、业务、客户服务和信息等部门。与图9-9所示的组织结构不同的是，本例中公司总部设计了运营部，负责整个公司的物流运营管理，实际上，该运营部本身并不具备物流作业功能，而是通过它所领导的分公司来完成物流的运作。分公司实际上是在总公司运营部的直接领导下工作的，是公司物流运营的作业层次，分公司本身承担市场开发功能。

（四）区域性物流公司点式运营组织结构的设计案例

对于区域性物流公司来说，物流的运营一般集中在某一个区域内进行。在讲求物流的网络化、全球化运作的今天，这种区域性点式运营的物流公司还是大量存在的。尤其在我国，第三方物流的发展尚处在初级阶段，很多企业尚没有形成网络化经营的能力，因此，这些企业目前都在致力于区域范围内的物流服务业务，积累经验，然后再逐渐扩展自己的业务覆盖范围。图9-11反映的是某民营区域性物流企业的组织结构设计情况。

从图9-11中可以看出，该公司共设有八个部门，即市场营销部、客户服务部、物流运营部、信息服务部、企业发展部、行政管理部、财务会计部和对外关系部。其中，市场营销部、物流运营部、客户服务部和信息服务部是主要的物流市场开发、物流运营作业以及售后服务的部门；而企业发展部、行政管理部、财务会计部和对外关系部是企业的职能管理部门。

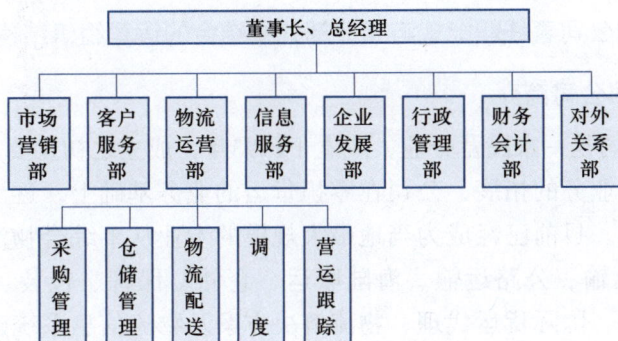

图9-11 区域性物流企业的组织结构设计

（1）市场营销部。市场营销部主要负责客户市场的开发和客户关系的维护。

（2）客户服务部。客户服务部是公司的售后服务部门，主要负责客户的投诉处理、运营的监控以及给予物流运营部一定的业务协助。客户的投诉处理可以对突发事件或意外情况与客户进行有效的沟通。

（3）物流运营部。物流运营部是公司的主要物流作业部门，包括采购管理、仓储管理、根据客户需求进行物流配送，以及物流作业的调度和物流营运的跟踪，实际上是完成了物流全过程的作业。

（4）信息服务部。信息服务部是公司的信息中心，主要负责信息系统的开发和维护，为整个物流的运作以及企业的管理提供保障。

（5）企业发展部。企业发展部和对外关系部的专门设计，显示出该公司对现代物流的认识是比较有特点的。现代物流要求为客户提供专业化的一体化物流解决方案，并且物流企业要想得到进一步的发展，必须对现代物流有充分的认识，随时注意物流业的发展和变化，及时对企业的发展方向进行调整。该公司的企业发展部主要执行两项职能：①为客户设计和制订物流解决方案，为市场开发和物流运作服务；②关注物流业发展动态，为企业的总体发展提出建议。

（6）行政管理部。行政管理部负责公司的会计核算及财务管理、行政后勤以及质量监控职能。需要指出的是，在许多中小型物流企业中，质量管理往往是由公司的行政管理部门（或办公室）来负责完成的，一般在行政管理部门内部设计专门的质量管理人员。但是，对于规模较大的公司，一般还是应该考虑设计专门的质量管理部门，以适应ISO质量认证的要求。物流企业要想得到进一步发展，应该考虑通过ISO质量认证。

（7）财务会计部。财务会计部负责公司的会计核算及财务管理工作，为物流运营与企业管理提供依据。

（8）对外关系部。对外关系部主要负责公司与媒体、地方政府以及重要客户之间的关系。物流企业想要取得快速的发展，离不开地方政府在资金、土地、税收减免以及在当地大客户开发等问题上的支持，因此，该公司专门成立了对外关系部，负责与政府关系的处理。另外，也与媒体多方接触，通过广告、新闻报道、专访等形式，提高企业的知名度和信誉度。

（五）跨区域物流公司直线职能式与事业部式相结合的运营组织结构的设计案例

1. ABC物流有限公司简介

ABC物流有限公司是一家民营企业，成立于1993年，成立之初主要从事铁路、公路零担货运服务业务。随着业务的拓展，公司在零担货运的业务基础上，逐渐开展了对大客户的一体化物流服务业务。目前已经成为当地最大规模的专业从事综合物流服务业务的公司，公司具体承办铁路运输、公路运输、海陆联运、仓储、保管、包装、装卸搬运、流通加工、配送、航空代理、国际货运代理、物流解决方案及物流信息系统建立咨询等业务。公司有各类专业技术人员近千人，有各类仓库6万m²、收发货场面积2万m²、各类自有运输车辆一百多辆、控制的社会车辆几百辆、装卸机械近三十辆，并在国内设有近百个分公司、办事处、操作网点。

2. ABC物流有限公司组织结构设计

ABC物流有限公司总部设在昆明，业务涉及的地域主要包括广东、四川、云南、上海、浙江等省市，在这些地区均设有分公司。设在昆明的公司总部承接云南省内的客户货运和物流业务，组织运送到广东、四川、上海、浙江等省市；而各地的分公司也从当地组织货源和物流业务，组织运送到昆明，并配送到云南省内各地州市。ABC物流有限公司的组织结构形式采用直线职能式和事业部式相结合的模式，如图9-12所示。

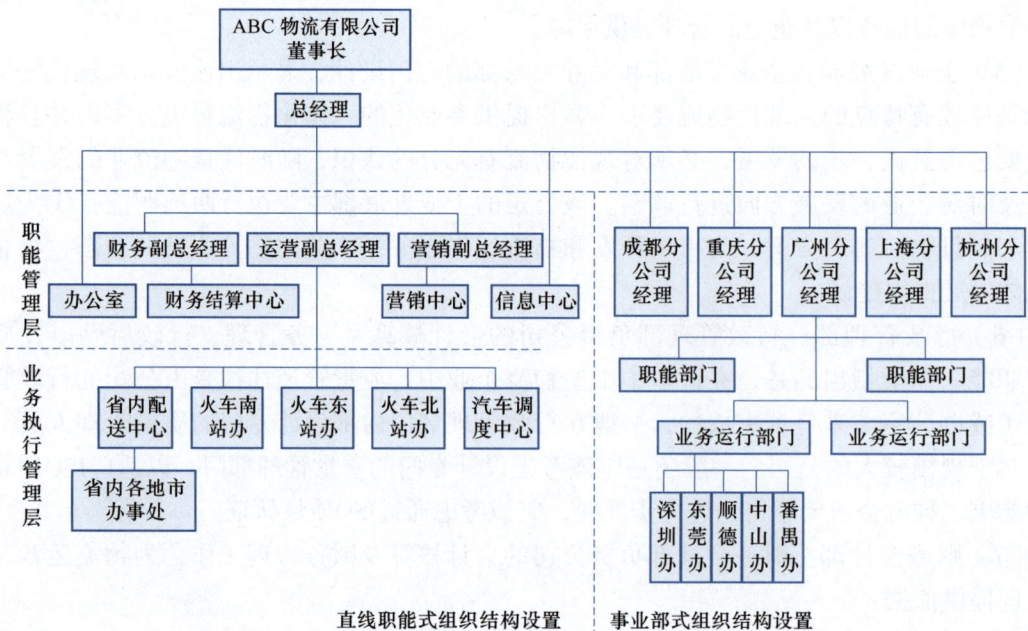

图9-12　ABC物流有限公司直线职能式和事业部式相结合的组织结构

　　设在昆明的公司总部实行直线职能式组织结构管理模式，在董事长和总经理的领导下，设营销副总经理、运营副总经理和财务副总经理各一名，组成公司决策与高级管理层。公司内设有信息中心、营销中心、财务结算中心和办公室四个职能和行政管理部门，各职能管理部门主要完成各自的专业管理工作，同时也要对各个业务执行部门的相关工作进行专业指导和监督。

　　公司总部的业务主要包括两个部分：①将从各地分公司通过铁路和公路运输来的各种货物，配送到昆明和云南省内各地州市收货人手中；②从省内组织零担货运和大客户物流业务，并通过铁路和公路运送到各地分公司，再由分公司组织配送。因此，公司总部的物流业务执行部门主要包括在昆明各个火车站设立的火车南站办、火车东站办和火车北站办。除此之外，在昆明市内设立省内配送中心，负责三个站点货物的汇集，并进行配货配载，向省内和市内进行配送。另外，单独设立了一个汽车调度中心，负责物流业务运营过程中的车辆调度与安排。具体来说，各业务执行部门的职能可以分别描述如下：

　　（1）火车南站业务部。火车南站业务部负责上海、杭州分公司通过铁路发运过来的货物查收、管理并将其运输到省内配送中心或者直接送货到客户手中；同时接收向上海、杭州分公司的发货，组织装车发运等。

　　（2）火车东站业务部。火车东站业务部负责广州公司通过铁路发运过来的货物查收、管理并将其运输到省内配送中心或者直接送货到客户手中；同时接收向广州分公司的发货，组织装车发运等。

　　（3）火车北站业务部。火车北站业务部负责四川分公司通过铁路发运过来的货物查收、管理并将其运输到省内配送中心或者直接送货到客户手中；同时接收向四川分公司的发货，组织装车发运等。

　　（4）省内配送中心。省内配送中心接收南站、东站、北站发来的货物，并组织向市内以及省内各地州市客户的配送货；接收市内和各地州市的零担货物，发送到东站、北站和南站；负责公路发运货物的配载和运输管理；负责各地分公司通过公路发运来的货物的接收和配送等。配送中心在省内各主要地州市设有办事处，负责当地客户的货物接收管理、客户协调管理以及各地州市零担货物的接收工作等。

　　（5）汽车调度中心。汽车调度中心负责管理协调各站点所需的车辆，保证物流运营所需的车辆配备等。

　　ABC物流有限公司下设广州、成都、重庆、上海、杭州等地的分公司，在管理上实行事业部管理制，这是一种典型的按地域划分的事业部管理制度。它们的主要业务包括两个方面：①接收从公司总部发来的货物，并组织向当地的末端配送；②要从当地组织足够的货源，向公司总部发送。实际上，各地货源的组织也是可以解决从总部发来的火车或汽车的回程空车问题，因而其业务的开展也就显得十分重要。

　　ABC物流有限公司在分公司的管理上，给予了它们足够的经营权，在总公司的领导下，实行自主经营、自负盈亏，在管理模式上，实行事业部管理制度。这些分公司在内部管理上，一般也是按照直线职能式组织结构设计的，由于各地分公司的业务量、业务性质、业务范围等方面存在一定的区别，因此在部门设计时，分公司也设有一些职能部门，如信息部门、财务部门、办公室行政管理部门、市场开发部门等。如果业务规模不大，则就不成立专门的部门，而是设一两个专人负责这些职能管理。同时，分公司当然也要设立专门的物流业务执行部门，不同的分公司在业务执行部门的设计上也会有所区别。有的分公司在当地省内各地州市也设有办事处，分公司的职能部门与业务执行部门一起，完成分公司的物流与货运业务。

分公司与公司总部之间存在着业务交叉和业务合作关系。要对各分公司实行事业部管理模式，就要求各分公司和总部实行分别核算、分别管理。因而，在事业部管理模式上，首先需要解决各分公司与总公司之间发生业务合作时的结算方法与结算制度，在此基础上，才能有效地实施事业部管理模式。

9.3 物流运营组织结构的创新

传统的物流企业运营组织结构难以适应快速变化的市场环境。在经济全球化的今天，物流企业不仅要面对国内同类企业的竞争，而且要面对国际上具有更高管理和经营水平的物流企业的竞争，竞争的加剧使企业的生存环境变得更加不稳定。传统的企业组织结构显得过于机械，信息在各层传递中容易造成阻塞和失真，无法对客户和市场的变化做出快速反应。传统的物流企业组织结构难以满足多样化的市场需求。经济全球化和信息技术的应用使得全球性的买方市场正在形成，客户在交易中越来越有主动权，客户的多样化需求要求企业提供多元化的产品和服务，而传统的物流企业组织结构都是按照不同职能工作划分权力与责任的，组织结构与所要执行的工作紧密相连，执行同一项工作的所有人员被组成一个职能部门，各职能部门通常只考虑如何获得本部门的职能优势，从而造成职能分割，难以满足客户多样化的服务需求。

传统的物流企业组织结构运行效率低下，多元化的产品、渠道和客户需求导致管理流程的复杂化和维护费用的上升，传统的物流企业以细密复杂的职能分工适应了企业规模扩大和业务复杂的要求。但是过细的职能分工会造成企业机构臃肿、组织僵化和部门间的内耗，使企业整体运行效率低下。因此在物流运营组织规划时，必须对传统的运营组织结构不断地进行创新。

9.3.1 物流组织创新发展的策略

物流企业组织创新的途径主要是业务流程再造，业务流程再造是一个组织学概念。采纳流程观念的组织发现，在业务处理的过程中，有许多步骤与所需要的输出根本无关。取消这些不必要的步骤不仅可以节约成本，同时还能为客户提供更快的服务，这样做无疑很好，但必须打破职能部门的界限。传统组织结构建立在职能和等级的基础上，虽然这种模式在过去曾很好地服务于企业，但已不适应现代竞争的环境。业务流程再造对许多传统的组织结构原则提出了挑战，促使企业重新设计流程，以在绩效上取得迅速的提高。业务流程再造与传统职能分工的区别在于，不仅要求在物流企业组织结构中减少甚至消除那些降低工作效率、不产生附加值的中间环节，以使一个经营流程整体化、一体化，更要求以运营流程为企业组织的核心，彻底改造企业组织结构模式。基于业务流程再造的物流企业组织结构包括流程组织的整合作用、物流业务主管的统领作用、相应职能部门的激励作用、人力资源部门的控制作用、信息技术的支持作用。

在对组织设置进行创新时，应遵循组织机构的设置与作业流程相结合以及与信息技术相结合的两个原则。

由于物流作业包括运输、装卸搬运、库存与补充、信息处理等，单纯以一个客户为中心的作业流程设计并不复杂，而对多家客户的物流作业流程进行设计和改造，就是一个比较复杂的问题，因此作业流程将改变原有企业组织结构中的许多理念，影响物流企业的部门设置和职能的划分。

9.3.2 物流组织创新的形式

随着市场竞争的日益激烈、信息技术的快速发展以及经济全球化的到来，扁平化模式、多功能团队模式、虚拟化运营模式、战略联盟模式、集群化模式、网络组织模式等各种组织形式从不同角度阐述了新环境下组织的变革与创新。

1. 扁平化模式

组织结构扁平化是指组织决策层通过减少管理层次、压缩职能机构、裁减人员，最大可能地将决策权延至最底层，从而提高企业效率及群体协作的优势，赢得市场主导地位。扁平化模式的典型特征是：围绕工作流程而不是部门职能来建立组织结构，管理层次简化，分权，组织决策效率高。

信息技术的广泛应用要求企业组织进行变革。计算机和互联网技术的发展，使得企业内、外各层之间的信息传递更为方便，文件在网上的传输也更为快捷，传统的结构生产活动发生了革命性变化。这就使原有组织内大量富余的中间管理层不得不撤出，使企业组织结构扁平化。

市场经济的发展，改变了过去生产决定消费的形式，客户需求开始驱动生产，企业在产品设计、开发、生产、销售及售后服务等方面始终把握客户需求脉络。企业由过去刚性的大批量生产转化为弹性的多品种、小批量或单件的生产。企业单一经营发展到多样化经营，使企业内部生产经营管理难度加大，如不同品种的生产技术要求不同、工艺流程不同、面对的市场不同、各个产品的生产决策也不同，企业所有的部门及人员应充分了解、掌握各类信息，直接面对市场。这就需要各个生产组织单独决策，促成企业尽量减少中间层次，减少决策与行动之间的延迟。组织结构扁平化使组织能力变得柔性化，反应更加敏捷。

知识经济要求管理人本化。知识经济时代，企业组织中的员工成为特殊的、贡献越来越大的生产要素，最终体现为能够使企业价值增值的人力资源。因此要求企业在设计职务时，更应注重员工的知识分布、动机、绩效和满意度。组织的核心从加强职能管理、执行统一命令转向更多的团队合作、自我引导。事实证明，过去那种以层级制为中心进行遥控式命令指挥的官僚制度，已经阻碍了组织中信息流的交换以及团队整合能力的发挥，最终阻碍了个人智慧力、想象力、创造力和协作力的发挥。管理人本化要求将任务设计成一项完整的、有意义的工作。职务的粗化以及具有更多岗位决策权要求企业组织结构更趋于扁平化。进行物流运营组织结构扁平化方向改造，对于企业有很大的意义：①由于管理层次减少，相应的管理人员数量也就减少，人工费用降低，从而降低了企业的经营成本；②实行扁平化方向改造，管理幅度增大，每一个管理人员的下属人员大大增加，管理者不可能做到事必躬亲，这就要求下属有较强的工作能力和高度的责任感，这对于改善和提高员工的整体素质非常有好处；③管理幅度加大后，管理人员必须适当放权，这样才能很好地发挥下属的积极性和创造性，即上司的放权、放手、放心，换来下属的尽职、尽责、尽力；④人员精干后，加大了员工的责任，迫使员工自我加压，促使人员快速成长，有利于组织的长远发展；⑤削减了中间层次后，企业的层级减少，各个层级之间的信息传递速度大大提高，促进了上下级之间的沟通，管理层决策的效率也相应地得到提高。

2. 多功能团队模式

多功能团队模式是指在质量功能配置实施过程中必须由来自市场营销、产品设计、工艺设计、生产组织等部门的人员组成具有多种功能的团队来完成产品的开发，以保证在产品开发过程中上下游功能部门的信息交流，减少设计过程的反复。由于多功能团队的目的在于加强各团队成员间的沟通，提高过程的并行性，所以实施质量功能配置必须进行团队成员的选拔与培训，以提高团队的能力和交流技术，使得多功能团队能体现企业较高的技术水平，保证产品开发一次成功。

多功能团队的主要特征有：

（1）团队成员之间乐于合作，能专心于本职工作，能不断地接受项目研究中所面临的各种挑战。

（2）团队的目标明确，并征得每个团队成员的认同，使团队成员能一致地朝着相同的目标努力。

（3）每个成员相应地了解其他成员对被讨论问题的看法。

（4）团队成员带来的知识、技术各具特色，但每个成员都确信以其所具有的专长知识和经验，一定可以实现共同的目标。

（5）团队成员讨论问题时畅所欲言，相互尊重，自觉参与讨论，积极提建议，阐明观点。

（6）团队成员具有在不完备信息条件下进行工作的能力。

（7）团队成员具有发布不完备信息的意愿。

目前，越来越多的组织将多功能团队模式运用于新产品的研发、内部流程再造、客户关系改进等方面。而大多数多功能团队模式的拥护者认为，多功能团队模式不仅能实现甚至超出组织为其设定的目标，并且还为组织带来了高效产出、客户满意、员工成就感、减缓部门冲突等诸多优势。

3. 虚拟化运营模式

"虚拟"通常是指对现实的模仿实现，作为一种模拟现实的思想，很久以前就被人们应用于社会和经济活动中。但是，在没有找到高效、大容量的通信工具和有效的物流管理系统之前，虚拟思想一直未能和企业组织发展相结合。

网络经济的高速发展形成了以计算机技术、信息技术、通信技术为基础的现代网络通信工具。同时，20世纪90年代，新型物流管理模式——供应链管理的出现改变了过去"纵向一体化"的管理模式，强调企业抓住核心业务，在全球范围内与其他企业构筑"横向一体化"的管理思想。时下的企业虚拟化运营正是基于SCM环境，按照订单驱动原理在"电子数据交换""电子商务系统"技术支持下，利用Internet/Intranet的交互作用，将各相关企业连接起来，在短时间内迅速构成一种物流和信息流网络，各施所长，最终达到"共赢"的效果。

企业虚拟化运营以核心企业为中心，通过对信息流、物流和资金流的控制，将供应商、制造商、分销商、零售商和最终用户连接成一个整体功能链，以最终用户的需求为驱动力，高度集成供应链，迅速传递信息，根据用户的需求实现定制化服务。

企业虚拟化运营不是单个企业各生产环节生产能力的均衡，而是各节点企业核心生产能力的优势组合。传统企业的大多数业务均由其自身来承担，在统一生产计划指导下，经过生产能力与生产任务平衡，造成富余环节资源的浪费，决策只能保证生产负荷相对最优。随着需求不稳定性和信息多变性的影响，一个企业不可能在它所从事的各项业务中均做到最优，总会有一些薄弱环节，这就需要优势互补，将企业内部的智能和资源集中在那些有核心竞争力的活动上，剩余的业务活动外包给最好的专业公司，实施业务外包，开展企业虚拟化运营。这样，从根本上改变了传统企业一贯采用的"大而全""小而全""万事不求人"的经营方式，依靠先进的科学技术，使自身生产能力得以不断改善，为网络时代的资源配置提供了一条新的道路。

企业虚拟化运营以其独特的技术支持及以时间和机遇为导向的经营特点，使其运营速度、规模边界和组织要求等都与单一实体企业有很大差别，其运行模式有多种：①骨干中心型。这种企业虚拟化运营模式是以一家有核心技术的企业或组织为中心，由它协调虚拟整体的总体决策，形成虚拟整体的中心辐射，其他虚拟单元根据虚拟中心的辐射要求来设置自身的生产经营活动。②强强合作型。这种企业虚拟化运营的构成单元往往都拥有某种核心技术或兼具其他某些优势，实力强大，且互相之间的互补性强，通过密切合作可以发挥最优的竞争力。③联生网络型。这种企业虚拟化运营的虚拟构成单元比较多，相对来说也更松散，因而虚拟整体的动态特征也更明显，是一种网络型的虚拟整体。这种企业虚拟化运营模式不会轻易地受单个构成单元的影响，一个构成单元的加入或退出，既不会使虚拟整体效益大增，也不会使虚拟整体变得无法生存。在实际运行过程中，企业虚拟化运营究竟会形成哪一种模式，主要取决于形成企业虚拟化运营的外在环境和内在条件。如有的会因某个虚拟构成单元形成了新的核心技术或其他优势，使原来骨干中心型模式变成了强强合作型模式；有的会因虚拟构成单元的增多和技术市场化作用而使骨干中心型模式和强强合作型模式变为联生网络型模式；而联生网络型模式也会因某个或某些构成单元凸显技术或其他优势而演变为骨干中心型模式或强强合作型模式。

4. 战略联盟模式

物流企业战略联盟是两个或多个物流企业为了实现资源共享、开拓新市场等特定战略目标而达成的长期互利的协定关系。联盟企业分享约定的资源和能力。物流企业战略联盟可以通过整合成员企业的资源，建立竞争优势。由于在本书第八单元中对该模式做了详尽介绍，此处不再赘述。

5. 集群化模式

物流企业普遍存在规模小、服务水平不高等问题，如何获得进一步发展值得思考，集群式发展是其降低经营成本、提升服务水平的一个重要途径，必须采取有效措施加快物流企业集群式发展。

集群化模式将众多物流企业聚集在一起，通过集群内物流企业的专业化和整个集群的规模化经营，以及集群中提供的共享相关设施，达到降低运营成本、促进物流技术发展和提高服务水平、发挥集群整体优势的目的。

目前，我国物流企业集群式发展的载体主要是各地的物流园区，形态成熟、规模宏大的物流企业集群并不多见，大多数是初具集群特征且规模渐长的物流企业群，这些企业群正处于由地理空间的简单聚集集群向企业分工与合作这一具有集群效应的企业集群过渡时期。其发展中的主要特点有：

（1）物流企业集群的形成以政府推动为主，投资主体多元化。

（2）物流企业集群多以低成本为基础，区域发展不平衡。

（3）集群式发展中形成的区域品牌更直接、更具体。

（4）物流企业集群发展离不开政府和社会服务体系的支持。

6. 网络组织模式

网络组织是与信息经济时代相适应的企业组织结构的新模式。其本质特征为：网络是一种以契约为结合基础的动态连接体，网络组织的核心可视需要而与其他组织连接或中断。因此，它是一种几乎没有界限的组织形态。网络组织模式强调通过全方位的交流与合作实现创新和双赢。全方位的交流与合作既包括了企业之间超越市场交易关系的密切合作，也包括了企业内部各部门之间、员工之间广泛的交流与合作关系，而且这些交流与合作是以信息技术为支撑的，并将随着信息技术的发展而得到不断的强化。在实践过程中，企业组织结构的网络化主要体现在以下四个方面：

（1）以技术和资本为纽带形成的企业集团化，通过组成一种新的利益共同体使众多企业之间的联系日益紧密。

（2）以契约和资本为纽带形成的经营连锁化。通过发展连锁经营和商务代理等业务，形成一个庞大的销售网络体系，使得企业的营销组织网络化。

（3）以契约和共同利益形成的企业内部组织网状化。由于企业内部组织结构日趋扁平，管理幅度加大，执行层机构增多，每个执行机构都与决策层建立了直接联系，横向的联络也不断增多，使得企业内部组织机构网状化。

（4）以互联网为基础的信息传递网络化。网络技术的蓬勃发展和计算机技术的广泛应用，企业信息传递和人际沟通已逐渐数字化、网络化。企业组织网络化的不断发展同时又推动着企业的扁平化和无边界化。

9.3.3　物流企业组织结构创新的设计

在进行物流运营组织结构规划设计时，可以结合以上介绍的各种创新模式，对大型物流企业尝试设计网络化的新型事业部式组织结构，而对中小型物流企业则可以设计集群式扁平化直线职能式组织结构。无论采用何种组织结构形式，物流企业的运营组织规划设计都应该坚持以下设计方向：

1. 以扁平化组织结构取代"金字塔"式的垂直组织结构

扁平化组织结构对纵向上组织结构的层次进行压缩，增大管理人员的管理幅度。与传统的"金字塔"式组织结构相比，扁平化组织结构最显著的特点就是外形扁平、组织层次少、管理幅度大。传统理论认为，管理跨度以 3～6 人为好，而这样必然会形成较多的管理层级。扁平化组织则提倡拓宽管理跨度，管理幅度的增大带来管理层级减少，从而有利于信息的传递和快速地响应市场变化。

扁平化组织结构牵涉到的岗位人员和任务环节非常繁杂，实施扁平化的组织结构需要企业有一定的管理、人力资源、信息化等方面的基础。因此，我国中小型物流企业应该在清楚认识自身发展现状和市场环境的前提下，谨慎、逐步地进行组织结构的变革，而不是照搬经验，盲目扁平化。

2. 由机械化组织结构转变为弹性化组织结构

弹性化的组织结构是指物流公司在营运时，采用团队或项目组的形式取代原有的部门独立工作的方式。采用团队工作方式时，可使多个部门的工作人员按照一定规则组织起来，共同完成同一个工作项目，当项目完成时，团队可以解散，所有成员重新回到原工作部门，也可以继续保留。

在组织设计的权变理论中，首先应使部门结构富有弹性，即根据组织目的，定期审查企业内部任何一个组织是否具有存在的必要性，如果已不必要，就应该撤销或改组这个部门。此外，还可以设置临时工作小组，以适应组织环境和不同工作性质的需要。弹性组织结构原则还要求部门内工作职位的设置也应富有弹性，使之可以及时更换和调整。物流企业可根据各部门员工的专长，组建专门的具有特定作用的团队，如创新团队、市场调研团队、业务攻坚团队等，使组织结构具有弹性，既满足中小型物流企业对创新的要求，又可以实现知识管理和人本管理。

3. 由区域性组织结构转变为网络化组织结构

物流企业往往因地域性限制难以对区域外的客户提供全面、周到的服务，因此与合作伙伴之间共同建立跨越双方区域界限的团队组织结构就非常重要，这种新型团队组织结构不仅代表新伙伴关系的形成，更为双方挖掘潜在利润奠定了最坚实的基础。根据企业的实际需要，这种物流企业之间的合作网络组织结构可以设计成实体性的网络组织，还可以设计成虚拟化的组织结构。

单元小结

为了实现物流运营管理的目标，首先必须建立合理的物流组织结构。所谓组织结构，是指企业内部组织按分工协作关系和领导隶属关系有序结合的总体。它的基本内容包括明确组织结构的部门划分和层次划分，以及各个机构的职责、权限和相互关系，由此形成一个有机的整体。无论采用何种组织结构形式，物流企业的运营组织规划设计都应该坚持积极创新的设计方向。

案例分析

菜鸟在建立现代物流组织方面有哪些成功经验？

菜鸟物流组织创新

菜鸟物流利用先进的互联网、物联网技术、大数据技术等，建立开放、透明、共享的数据应用平台，为电子商务企业、物流公司、仓储企业、第三方物流服务商、供应链服务商等提供优质服务，支持物流行业向高附加值领域发展和升级，最终促使建立社会化资源高效协同机制，提升社会化物流服务品质，打造未来商业基础设施。

菜鸟物流的五大核心组成部分如下：

1. IT系统

菜鸟物流的IT系统是一个第四方的IT系统，这套IT系统整合和对接了众多的第三方IT系统，包括订单接入系统、智能仓储系统、分拣配送系统、路况天气系统、开放的接口管理系统等。

菜鸟物流的IT系统还是一个半开放、半封闭的社交网络系统，通过与支付宝平台的接入，如菜鸟裹裹，可以采集并分析社交网络及买家行为数据，这就为菜鸟网络支撑前置仓奠定了数据基础，通过系统引导提升物流、社区配送的时效性。

2. 第三方物流

一体化物流平台利用其高效的信息系统进行统筹，结合大数据分析等技术体系，可以大幅度提升合作物流企业的配送效率、降低成本，反馈到消费者头上就是用更少的钱、更短的时间拿到自己的货物。菜鸟物流通过大数据平台、综合信息系统、物流企业、落地配公司、菜鸟驿站等，可以实现菜鸟包裹2小时极速达、当日达、次日达、承诺达、夜间配、预约配送、大家电当日送装等服务。2020年"双十一"期间，第一单配送时间只有几十秒，这就是大数据支撑下的物流高效服务的结果。

3. 国家骨干物流节点

菜鸟物流在构建时就设计自建了一大批骨干物流节点。这些骨干节点都是按照国家级物流节点标准建设的。以菜鸟物流搭建的中国智能骨干网天津武清项目（华北物流中心）为例，该项目分三期建设，占地1 500亩（1亩=666.6m²），定位为"以仓聚货"，不仅要整合社会化物流资源，为电商零售企业提供物流基础设施及服务，还肩负着带动周边电商企业联动发展的重任，形成电商产业集群，将围绕阿里电商平台的第三方服务运营企业整体纳入统一的物流发展规划，并带动当地传统产业电商化。菜鸟物流先后在上海、广州、武汉、重庆、成都、郑州等中国主流城市建成了智能骨干物流中心。

4. 菜鸟驿站

在消费者层面，消费者在网上购买商品之后，可以选择离自己最近的菜鸟驿站网点，快件送达之后，会收到一个提货短信提醒。取件时，消费者凭手机短信即可提货，也可以直接在支付宝中通过一键取货直接提取或是发起预约提取。此外，通过使用菜鸟驿站，还可以避免快递单泄露个人信息情况的出现。

在快递员层面，如果收件人不在家，投递员把快件送到菜鸟驿站的网点即可。对于相应的快递公司来说，快递效率大幅度提升，快递员每天配送完成的包裹数量可以提升几十个百分点，快递员的妥投率得到大幅提升。

5. 阿里体系内资源配置

阿里巴巴拥有四大核心业务，分别是：电子商务（淘宝、天猫、1688、聚划算以及投资的相关电商企业）、物流（菜鸟物流）、金融（支付宝、余额宝、网商银行等）、大数据（阿里云等）。没有阿里巴巴其他三大业务的支持，菜鸟物流很难实现高效的信息化智慧物流。这也是菜鸟物流模式的特点，也是其他物流业巨头很难复制的原因所在。

课后习题

A. 理论训练题

一、判断题

1. 商业零售业在生产供应链过程中处于上游地位，是连接制造商与最终消费者之间的一个关键纽带。　　　　　　　　　　　　　　　　　　　　　　　（　　）

2. 可以把制造企业与商业流通企业统称为货主企业。通常意义上所说的企业物流，实际上指的也是货主企业的物流。　　　　　　　　　　　　　　　　　（　　）

3. 增加管理层次，可以加快管理指令的传递速度、提高管理工作的效率、降低管理费用。　　　　　　　　　　　　　　　　　　　　　　　　　　　　　（　　）

4. 直线式组织结构目前仍然是我国物流企业的主要组织结构形式。　（　　）

5. 物流执行管理层是物流运营的最基层管理层次，是物流运营各个环节的最终完成者。　　　　　　　　　　　　　　　　　　　　　　　　　　　　　　（　　）

二、单项选择题

1. 事业部式组织结构的每一个事业部中，通常实施的是（　　）组织管理模式。

A. 直线式　　　　B. 直线职能式　　　C. 矩阵式　　　D. 子公司式

2. 从发展方向上看，大型物流企业应采用（　　）组织模式。

    A. 无限公司式　　B. 事业部式　　C. 分公司式　　D. 子公司式

3. 企业虚拟化运营是（　　）企业核心生产能力的优势组合。

    A. 一个节点　　B. 两个节点　　C. 三个节点　　D. 多个节点

4. 扁平化方向改造后，使每一个管理人员管理的下属人员数量（　　）。

    A. 增加　　B. 减少　　C. 不变　　D. 无法判断

5. 物流企业往往因地域性限制难以对区域外的客户提供全面、周到的服务，因此与合作伙伴之间共同建立跨越双方区域界限的团队组织结构就非常重要。（　　）组织结构可以实现这种管理。

    A. 金字塔型　　B. 扁平化　　C. 弹性　　D. 网络化

三、多项选择题

1. 物流组织结构设计的内容包括（　　）。

    A. 物流决策组织系统的设计　　B. 物流组织规章制度的建立

    C. 职能参谋系统的设计　　D. 物流组织人力资源的配备

    E. 组织信息沟通方式的选择

2. 物流运营管理的主体主要包括（　　）。

    A. 制造企业　　B. 商业流通企业

    C. 物流服务企业　　D. 建筑企业

    E. 能源企业

3. 组织结构扁平化是指组织决策层通过（　　），最大可能地将决策权延至最底层，从而提高企业效率及群体协作的优势，赢得市场主导地位。

    A. 减少管理层次　　B. 压缩职能机构

    C. 裁减人员　　D. 压缩规模

4. 物流运营组织一般可以由（　　）四个层次组成。

    A. 决策与高级管理层　　B. 职能管理层

    C. 执行管理层　　D. 作业管理层

    E. 网络管理层

5. 事业部式组织结构又称为分权制或部门化结构。其特点是（　　）。

    A. 集中政策　　B. 分散政策　　C. 分散经营　　D. 集中经营

    E. 利益一致

四、简答题

1. 简述直线职能式组织结构的优缺点。

2. 分析物流系统组织结构设计创新的方向。

B. 技能训练题

分析一家事业部式组织结构的物流企业存在的管理问题及改进措施。

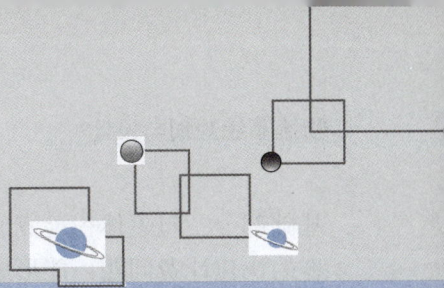

单元十

智能仓储系统规划与设计

10.1 智慧物流概述

物流业是国家经济支撑性产业，2009—2016年，全国社会物流总费用在GDP中的占比由18.1%下降至15.5%，但与发达国家物流费用占GDP约10%的比例相比还有很大差距，提高物流效率，降低物流成本成为政府、物流企业与其客户共同的目标。2016年7月，国务院常务会议部署推进"互联网+"高效物流，以现代信息技术为标志的智慧物流已成为物流业供给侧结构性改革的先行军。特别是电商物流的迅猛发展，不断刷新物流业的历史纪录，解决了一个又一个物流难题，催生出各种新的商业模式和业态，智慧物流从此进入了快速发展的新阶段。

根据中国物流与采购联合会数据，当前物流企业对智慧物流的需求主要包括物流数据、物流云、物流设备三大领域，我国智慧物流技术发展已处于世界领先行列。

由于AI、物联网和机器人技术趋于成熟，物流行业正在发生翻天覆地的变化，从仓储到运输再到配送，每一个环节都在智能化。物流公司早已行动。比如，智慧物流的一个最基础部分：包裹体积检测，就是刚性需求。它大大提升了整体的工作效率，解决了物流包裹的快速计费问题，能形成合理的快速分拣布局，提高装车配送的效率，还降低了包装盒等材料的成本。因此，智慧物流最终的应用还是无人化。

而技术驱动的电商巨头对于智慧物流更是兴致勃勃，纷纷将智慧物流上升到战略层面。2017年9月，阿里巴巴宣布用53亿元增持菜鸟网络，成为后者控股股东，并且计划在未来5年内进一步投入1 000亿元，推进智能仓库、智能配送、全球超级物流枢纽等核心领域建设。京东也宣布把智能化提高到战略高度，继无人仓、无人机、配送机器人等常态化运营后，京东物流的无人轻型货车、无人配送站点也将开始运营。

苏宁早在2016年就成立了物流S实验室，主要围绕精益生产和人工智能进行研究，如仓库自动作业技术、绿色包装技术、智能拣选机器人、智能配送机器人、无人机园区智能巡检、AR/VR技术、3D视觉传感技术等。

智慧物流的每一个环节都会被无人化、智能化和自动化掀起变革，机器人、无人车、无人机等行业都将受益，每一个领域都有望诞生独角兽公司，这一切都得益于传感器硬件、芯片和算法技术的不断提升，特别是3D传感技术，将成为智慧物流一个非常重要的核心和新的风口。

近年来，智慧物流成为物流行业快速发展的主要助力。智慧物流能大大降低制造业、物流业等各行业的成本，实打实地提高企业的利润，生产商、批发商、零售商三方通过智慧物流相互协作，信息共享，物流企业便能更节省成本。

智慧物流集多种服务功能于一体，体现了现代经济运作特点的需求，即强调信息流与物流快速、高效、通畅地运转，从而降低社会成本，提高生产效率，整合社会资源。随着物流业不断发展，智慧物流也从理念走向了实际应用。基于智慧物流理念而建的成都物流公共信息平台将"云计算"技术融入平台的搭建之中，统一管理和调度大量通过网络连接的计算资源，构成一个计算资源池向用户提供按需服务，具有超大规模、虚拟化、可靠、安全等特点。从政策层面来看，在"中国制造2025"及"互联网+"风口下，智慧物流将迎来发展机遇。

10.1.1 智慧物流的概念及发展历程

IBM公司于2009年提出，建立一个面向未来的具有先进、互联和智能三大特征的供应链，通过感应器、RFID标签、制动器、GPS和其他设备及系统生成实时信息的"智慧供应链"概念，紧接着"智慧物流"的概念由此延伸而出。与智能物流强调构建一个虚拟的物流动态信息化的互联网管理体系不同，"智慧物流"更重视将物联网、传感网与现有的互联网整合起来，通过精细、动态、科学的管理，实现物流的自动化、可视化、可控化、智能化、网络化，从而提高资源利用率和生产力水平，创造更丰富的社会价值。

从广义的理解上，智慧物流指的是基于物联网技术、大数据技术、人工智能技术等应用，实现互联网向物理世界延伸，以信息驱动为载体，互联网与物流实体网络融合创新，实现物流系统的状态感知、实时分析、科学决策与精准执行，进一步实现自主决策和学习提升，提高物流系统智能化分析决策和自动化操作执行能力，提

智慧物流系统数字
孪生仿真演示

升物流运作效率的现代化物流模式。

智慧物流的发展历程如下：

- 物流自动化1.0，即：被动感知，自动执行。
- 物流自动化2.0，即：状态感知、分析判断、自动执行。
- 物流自动化3.0，即：状态感知、联网互动、判断决策、自动执行。
- 物流智能化：状态感知、实时分析、科学决策、精准执行。
- 物流智慧化：状态感知、实时分析、科学决策、精准执行，并最终实现自主决策和学习提升。

10.1.2 智慧物流发展的时代定位

从社会发展的角度看，随着我国经济实力、技术实力的增强，经济发展与现代服务业的匹配度需求越来越高，产业技术迭代升级的速度越来越快，劳动者对技术技能的需求随着产业升级也在快速提升，社会成本消耗大幅下降，产业效率全面提升。因此，新技术与产业融合已成为新时代的必然选择，智慧物流也将引领未来物流产业的快速发展。

1. 社会资源的整合者

目前，物流资源配置还存在一定的不合理现象。我国货车在运输过程中，空驶率在30%左右。仓库空置率在15%左右。智慧物流贯彻协同共享理念，打破企业边界，解决企业信息不对称问题，实现闲置资源的充分利用。例如，近年来涌现的一批物流云仓、车货匹配资源对接平台、无车承运人等互联网平台，实现了供需信息的在线对接和闲置资源的实时共享，有效降低了社会物流成本，从根本上改变了传统物流的交付方式。

2. 分散市场的集中者

以公路货运市场为例，截至2017年，我国道路货物运输经营业户有718万户，其中个体运输户659万户，全国营运货车超过1 300万辆，平均每户拥有车辆不到2辆，分散经营是市场基本格局。智慧物流通过大数据赋能，实现分散资源的互联共享，促进了物流组织化和集约化，同时也激发了个体创业的积极性。例如，近年来涌现出福佑卡车、满帮、卡行天下等供应链平台型企业，将分散的公路货运市场加快向社会化平台集中。

3. 紧缺人工的替代者

物流业作为劳动密集型产业，人工紧缺已经成为行业普遍难题。中国物流与采购联合会2017年发布的《中国电商物流与快递从业人员调查报告》显示，49%的人认为工作强度提高不少。劳动力紧缺局面直接反映在劳动力工资持续上涨，近年来持续在10%～15%的上涨水平。越来越多的企业加大技术和装备升级力度，提升物流信息化、自动化和机械化水平，实现"机器替代人"战略，解决人工紧缺问题。

4. 个性需求的满足者

随着消费需求持续升级，消费体验成为价值驱动力。智慧物流借助分布式物流资源网络，能够以快速、便捷、低成本、个性化的方式满足消费者需求，极大地提升了消费者体验。例如，我国快递时效已经接近2天，高于美国等发达国家，继续缩短时效面临巨大的边际资本投入。智慧物流通过大数据分析实施"前置仓"模式，提前将所需货物布局到离消费者最近的仓库，实现即时物流需求满足，大大提升客户体验。例如：电商平台在缩短供应链过程中，前置仓就成为重中之重。菜鸟网络作为一个平台，整合的是各级经销商既有的物流资源，通过将这些分散、无序的仓储资源纳入菜鸟网络中，实现仓储资源的合理调配，在订单数据分析的基础上，提前进行各类货物的存储与配送的分配布局。如此一来，即可实现将商品按照属性不同归置在不同层级的仓库之中：前置仓中放畅销重货；城市仓放日化商品等；区域仓放长尾商品。

5. 绿色生态的创造者

当前，我国物流业能耗排在工业和建筑业之后，大量能耗浪费在无效的长距离运输、产成品库存、过度包装等物流环节。智慧物流通过智能规划、资源共享、高效运作减少无效物流的能耗排放，为绿色环保和可持续发展创造有利条件。例如，菜鸟网络通过使用电子面单，每年节约纸张消耗费用约12亿元。根据阿里云方面的测算，随着电商的快速发展，我们会进入日均10亿个包裹的时代。如果物流全行业一起践行绿色行动，整个"双11"可以节省近218万棵树，相当于11个北京玉渊潭公园的树量。

10.1.3 智慧物流系统的组成

智慧物流系统是软硬结合、虚实一体的系统，智慧物流的技术体系应该是人工智能、大数据、云计算、物联网、互联网、控制系统的集成。

从传统概念看，物流是物品在空间、时间上的动态变化。因此，很大程度上物流管理是对物品、资料的空间信息和属性信息的管理。在以大数据、物联网、人工智能等技术为基础的智慧物流技术流程中，智能终端利用射频识别RFID技术、红外感应、激光扫描等传感技术获取商品的各种属性信息，再通过通信手段传递到智能数据中心对数据进行集中统计、分析、管理、共享、利用，支配智能化设备完成相关物流作业活动，进而为物流管理甚至是整体商业经营提供决策支持。

基于这一认识，智慧物流系统应当具有大脑思维系统、感知信息采集系统、信息网络传输系统和自动执行系统四大系统。

（1）智慧物流大脑思维系统（见图10-1）应当具有对设备的运行数据、订单的需求数据、生产的运营数据等采集到的数据的分析处理能力；具备对设备运行、订单执行、生产运营等状况的监控能力；具备依据分析数据做出运营决策的支持能力；具备对决策的结果作用于现场进行实时调整的能力。

图10-1 智慧物流大脑思维系统

（2）感知信息采集系统在物流领域，依托信息网络，大量采用了红外、激光、无线、编码、认址、自动识别、定位、无接触供电、光纤、数据库、传感器、RFID、卫星定位等高新技术，对各种与物流活动相关的数据进行全面采集，实现数据对活动的牵引。

（3）信息网络传输系统是将感知信息采集系统收集到的各类物流相关数据通过网络技术传输至各类信息管理系统、数据分析系统等数据处理中心，对数据进行梳理、分析，形成不同的决策、指令，再通过网络传输系统向决策支持系统提供决策数据支持依据，或向终端、执行设备下发指令，进而完成物流作业活动。

（4）自动执行系统是全自动接受指令，自动完成相应活动的设备体系。

智慧物流系统类人化结构如图10-2所示。

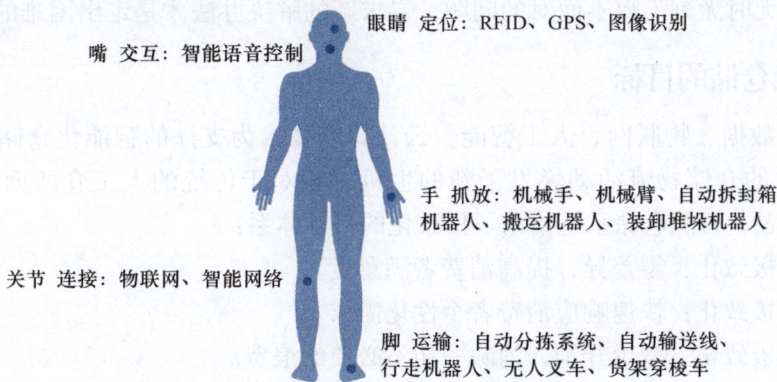

图10-2　智慧物流系统类人化结构

10.2　智能仓储设备构成

10.2.1　传统仓储面临的问题

以电商仓为例分析传统仓储面临的问题。电商仓是为电子商务购物平台提供货品收货、存放、分拣、打包、出库、质检、退换货等服务的第三方仓储服务系统。由于电商仓的服务对象是在电商平台下订单的客户，因此电商仓受平台订单的影响较大，一般呈现出订单的未知性、不均衡性，订单量时多时少，货品供应的需求波动性大，作业人员的流动性大，服务区域广等特点，因此在传统电商仓操作过程中，面临很多需要解决的问题。

传统模式下电商仓作业过程中容易产生的问题：

（1）需求与供给之间的差异化。

（2）库存信息与实物不匹配。

（3）商品有效期、服务时效性等效期问题。

（4）作业过程中的扣单。

（5）作业环节中的资源浪费。

（6）客户的相关投诉。

电商仓的管理者所面临的仓内自身问题：

（1）随着电商行业的快速发展，仓内SKU快速增长。

（2）与日俱增的订单所带来的拣选面积增大。

（3）分拣工作人员等的作业行走距离增加。

（4）劳动者的劳动强度增大。

（5）拣选效率下降。

（6）出错率升高。

这些问题随着电商行业的高速发展日益凸显，作为电商产业后台部分的物流体系面临日趋严峻的压力。社会的需求、行业的发展、劳动力的短缺、成本的升高、效率的下降似乎成为电商仓无时无刻不得不面对的问题，寻求新的解决办法才是走出困难的必由之路。

10.2.2　智能仓储的目标

随着以大数据、物联网、人工智能、云计算等技术为支撑的智能化仓储体系的搭建，运用数据牵引的仓储物流活动焕发了新的生机，相对于传统的人工仓所面临的差错、效率、成本等问题，智能仓储系统给出了极致化的目标体系：

（1）质量极致化：零差异，提高消费者满意度。

（2）效率极致化：快速响应消费者个性化需求。

（3）成本极致化：减少开销，消除一切不必要的浪费。

通过这些极致化的目标，智能仓实现对传统仓的革命，如图10-3所示。

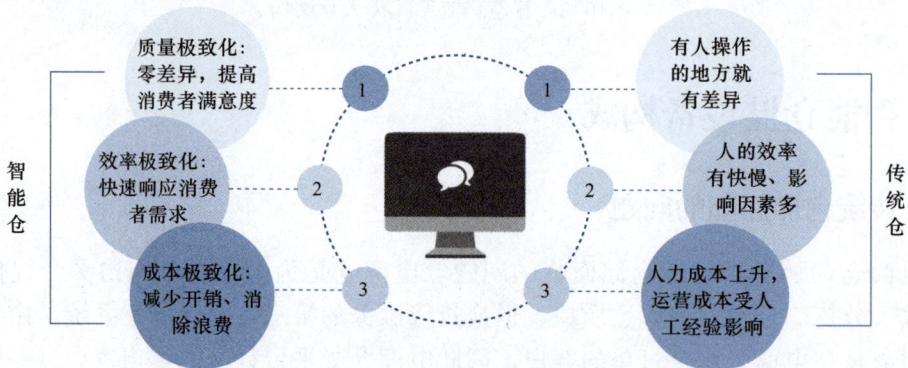

图10-3　智能仓与传统仓的对比

10.2.3　智能仓中智能设备匹配

（一）智能仓硬件——存储

1. 自动化立体仓库

自动化立体仓库是利用立体仓库设备可实现仓库层高合理化、存取自动化、操作简便化的立体仓库；自动化立体仓库是当前技术水平较高的仓库形式。自动化立体仓库的主体由货架、巷道式堆垛起重机、入（出）库工作台和自动运进（出）及操作控制系统组成。

货架是钢结构为主的结构体，货架内是标准尺寸的货位空间，巷道堆垛起重机穿行于货架之间的巷道中，完成存、取货的工作。管理上采用计算机及条码技术、RFID技术等。自动化立体仓库与巷道式堆垛起重机如图10-4所示。

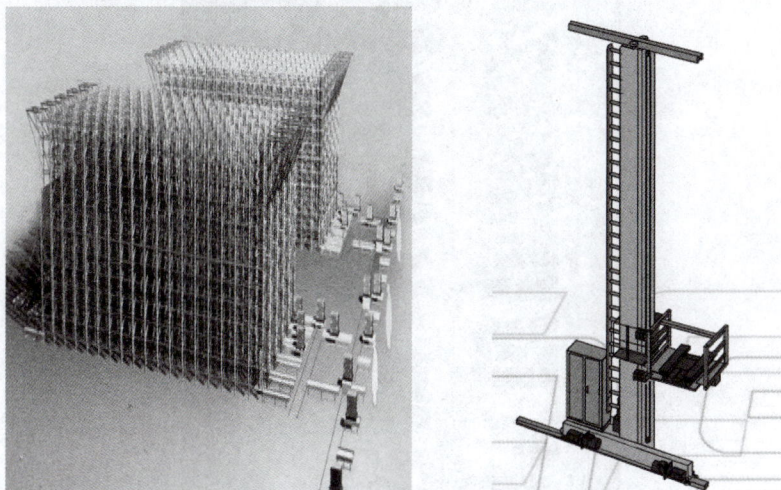

图10-4　自动化立体仓库与巷道式堆垛起重机

2. 多层穿梭车

多层穿梭车系统是由小车、行走机构、存取机构、轨道系统组成的，适用于小尺寸、多规格物料的高速缓存系统，具有柔性化、集成化、网络化、高精度、高速高效、稳定可靠以及节能环保等特点。目前多层穿梭车广泛应用于电商、冷链物流、医药、烟草等行业。

图10-5为南京音飞多层穿梭车。

图10-5　南京音飞多层穿梭车

3. 自动旋转柜

自动旋转柜主要以链条传动为主、以货格为存储单元，通过电动机转动带动链条循环转动，实现"由货到人"的物流存储方式。货柜管理人员只需要输入相应物品所在的货格号码，货物便自动地送到操作者面前，而不用寻找货物，因而可节省时间，提高工作效率。图10-6为自动旋转柜剖面图。

图10-6 自动旋转柜剖面图

（二）智能仓硬件——拣选

1. 电子标签辅助拣选系统

电子标签辅助拣选系统（见图10-7）是一组安装在货架储位上的电子设备，通过计算机与软件的控制，由信号灯与数字显示屏作为辅助工具，引导拣货工人正确、快速、轻松地完成拣货工作。该系统具有拣货速度快、效率高、差错率低、无纸化、标准化的作业特点。

图10-7 电子标签辅助拣选系统

2. AGV搬运机器人系统

AGV搬运机器人（见图10-8）或AGV小车，主要功用集中在自动物流搬转运。AGV搬运机器人通过特殊地标导航自动将物品运输至指定地点，最常见的引导方式为磁条引导、激光引导。

图10-8 AGV搬运机器人

3. 语音辅助拣选系统

语音辅助拣选系统是利用计算机技术和语音交互识别技术，通过自动语音播放系统将指令或拣选辅助内容播放给操作员收听，同时，操作人员按照相应语音指令完成对应作业的系统。目前该系统广泛应用于电商物流行业，与电商播种墙等设备结合使用较多。

4. 取回和运送机器人

取回与运送（Fetch & Freight）机器人系统通过机器人Fetch从仓库的货架上选择商品，而机器人Freight作为一个自主的货物运输车。Fetch不断选择商品，Freight就将货物不断地运输到指定的区域。Freight也可单独使用。当仓库操作员取下商品时，Freight就充当搬运助手。这就使得工作人员不用推着车到处走，也不用来回运送商品。相反，他们也可以依靠多个Freight来回送货。取回和运送机器人如图10-9所示。

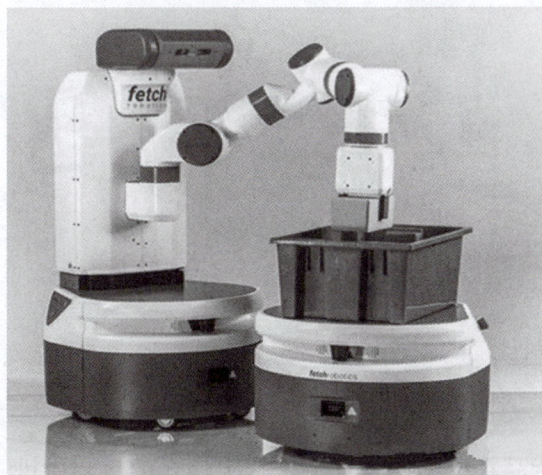

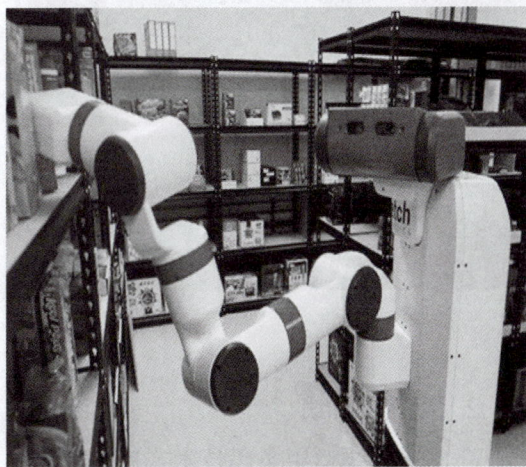

图10-9 取回与运送机器人

5. 拣选机器人

拣选机器人（见图10-10）是一种具备传感器、物镜和电子光学系统的智能化机器人，可以快速识别货物并进行货物分拣。

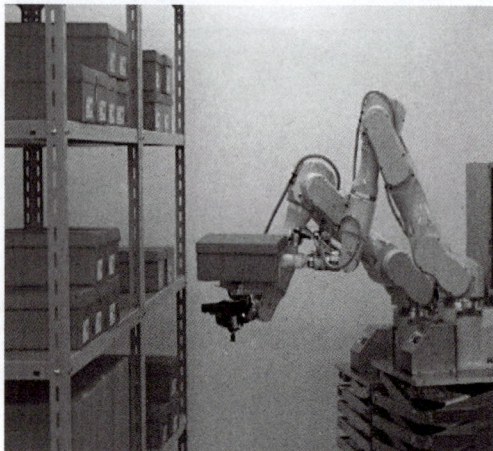

图10-10　拣选机器人

（三）智能仓硬件——打包、码垛、分拣

1. 码垛机器人

码垛机器人（见图10-11）是机械与计算机程序有机结合的设备，可实现对标准化货品进行自动化、规则化码垛，为现代生产提供了更高的生产效率。码垛机器人节省劳动力，节省空间。其运作具有灵活精准、快速高效、稳定性高、作业效率高等特点。

图10-11　码垛机器人

2. 高速分拣线

高速分拣线运用条码技术或RFID技术，对货品在链板或带式输送机上输送的过程中进行标签识别，依据系统给出的分拣执行指令，将货物输送到指定的地点或出库口，实施快

速输送过程中的准确高效的分拣。高速分拣线如图10-12所示。

图10-12　高速分拣线

3. 智能包装机器人

智能包装机器人（见图10-13）主要是根据不同的货品对象，以自动填充、自动封口、自动打码等全自动程序化操作，实现对货品包装的作业，从而达到降低人力劳动投入的目的。同时结合大数据分析技术，优化智能切箱选择，达到节约包装耗材的目的。

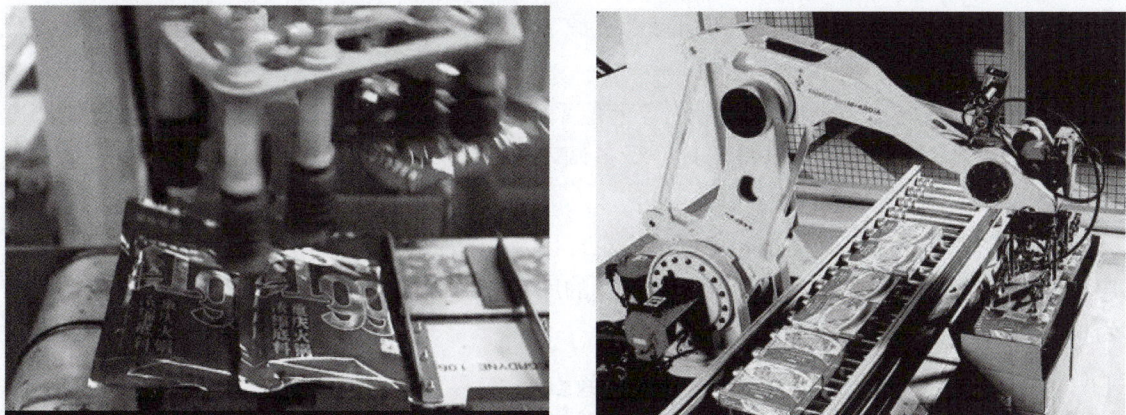

图10-13　智能包装机器人

10.3　智能仓储系统设计

人工成本、作业流程、作业绩效、作业差错率等因素已成为仓储业发展面临的主要问题。人工智能技术、大数据技术、物联网技术的快速发展，已为智能仓储发展奠定了技术基础，通过对智能仓储进行规划设计，合理选择智能化设备，可达到提升仓储作业效率、控制仓储作业差错率，以及优化并提升仓储功能的目的。

智能仓储系统规划设计主要从智能化系统设计、智能仓储算法优化、智能硬件控制三个方面进行规划设计，实现智能仓储对传统仓储的优化升级。

10.3.1 仓储智能化系统概述

智能化系统指的是由现代通信与信息技术、大数据技术、行业专业技术、智能控制技术、云计算技术等汇集而成的针对某一个方面的应用的智能集合，随着信息技术的不断发展，其技术含量及复杂程度也越来越高，逐渐在各行各业进行应用。

仓储智能化系统依据仓储体系中所对应的人、机、物、料的全方位管理，实现通过智能化技术手段对仓储中所有资源进行匹配与管理。仓储智能化系统包含：物料管理系统（Material Management System，MMS）、人员管理系统（Personnel Management System，PMS）、仓储管理系统（Warehouse Management System，WMS）、仓储控制系统（Warehouse Control System，WCS）、订单管理系统（Order Management System，OMS）。如图10-14所示。

物料管理系统：集成物料需求计划、采购、存货仓储等有关物料管理的所有任务。具体涉及需求计划、采购管理、供应商管理、价格管理、合同管理、招投标管理、质量管理、库存管理、销售管理等各类相关业务。

人员管理系统：通过将企业需求、目标与员工个人发展相结合，提高内部员工的满意度、忠诚度，从而提高员工贡献度，即绩效，实现管理者通过有效组织管理降低成本和加速增长来创造价值链利润。

仓储管理系统：是一个针对仓储库存及相关业务活动的实时计算机软件系统，它能够按照运作的业务规则和运算法则，对信息、资源、行为、存货和分销运作进行管理，依托系统完成仓储业务的执行。

仓储控制系统：与仓储管理系统等上位系统对接，实现对仓储作业中的设备智能调度与控制管理，主要功能包括任务管理、设备调度、设备监控、物流监控、故障提示、运行记录等。

订单管理系统：完成接收客户订单信息，以及仓储管理系统发来的库存信息，然后按客户和紧要程度给订单归类，对不同仓储地点的库存进行配置，并确定交付日期的以订单驱动为核心，以订单处理为管理主体的作业系统。

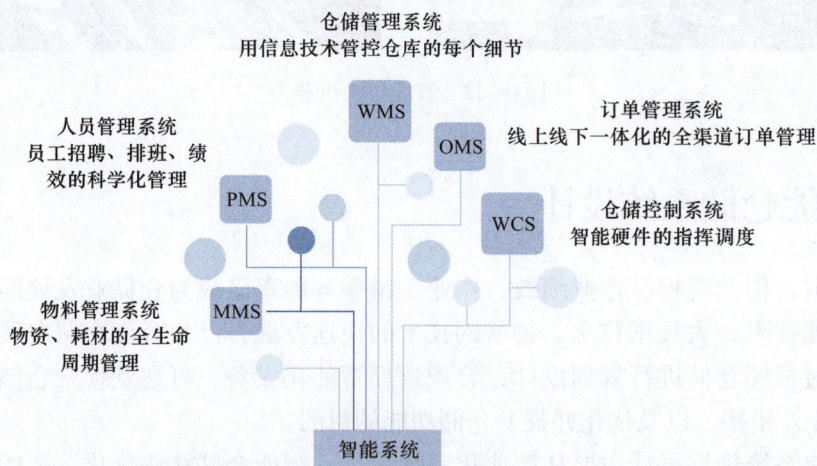

图10-14　智能仓储人、机、物、料的全方位管理系统

10.3.2　仓储智能系统设计中涉及的智能算法

1. 基于机器学习的商品销量预测

依据供应链思维，系统考虑促销、竞争对手、价格、季节等因素的影响，精准预测商品销量，对采购、生产、运输、仓储、配送等其他供应链场景提供决策支持。

2. 基于数据挖掘的消费者行为习惯分析

根据人群属性、特征、购买习惯等信息分析消费者行为，帮货主制定个性化推荐策略。

3. 基于大数据理论的商品相关性分析

计算商品间的相关性，制定库存摆放策略，规划仓库布局，节约作业时间，提升作业效率。

4. 基于机器学习的订单预处理

预测订单结构，将订单前置处理，使商品能快速地送到消费者手中。建立协同计划预测与补货系统。

5. 仓库选址决策

基于地域、经济、人口、产业、交通、环境、社会需求等多方面因素建立选址模型为仓库选址，实现最大化系统收益。

6. 基于JIT的库存控制策略

根据销量预测，结合JIT方法，制定商品需求模型、商品库存深度、补货逻辑、商家送货策略，消除多余的积压库存。

7. 集群调度算法

多任务并发处理下，协调多个机器人运作，保证机器人有序作业，预防死锁，合理避障，避免交通拥堵。

8. 订单库位选择与订单组批规划

对于一品多位的情形选择合理的拣选方式；根据订单相关性进行订单分批，源头上缩短拣选路径。

9. 拣选路径规划

针对不同仓库类型，建立合适的路径模型，考虑库区交通状况，计算最优拣选路径，提高订单时效性。

10. 三维切箱策略

决策各种商品成箱；根据商品重量、体积、摆放要求等属性，计算包装环节所需最小箱型，减少耗材成本，消除浪费。

基于以上算法，智能仓储系统可全面实现算法引导的精准作业实施。

10.3.3　智能仓储系统搭建

智能仓储系统搭建分为以下四个步骤：

第一步，数据智能化。

分析仓储中的各类基础数据和仓储内各种商品数据，打通仓储中数据关系，理清数据之间的关联，将客户订单、商品信息、供应商信息、供应信息等进行关联贯通，构建与实体仓储相对应的数据库。在此基础上开发数据监控系统，对于实时动态数据进行监控，随时掌握数据的变化情况，并关注相关衍生关联数据体系的动态变化，及时调整仓储内作业状态。同时深度挖掘数据价值，从表层数据中分析深层次的数据关联，提高数据利用率和数据价值。

第二步，搭配或开发智能化硬件。

围绕仓储作业活动和仓储智能化系统的整体设计需要，对仓储中涉及的存储设备、输送设备、分拣设备、包装设备等进行智能化硬件的搭配或开发，对各仓储作业环节进行智能化设备应用设计，如自动化立体仓库、高速分拣线、智能化分拣机、货到人系统、AGV搬运机器人、码垛机器人等。

第三步，搭建算法平台。

运用云计算、大数据技术，将数据与设备进行结合，实现数据驱动下的智能化运营，借助销量预测、商品关联性分析、订单库位选择与订单波次整合、拆单播种、三维切箱、AGV集群调度等算法，贯通订单、货品、设备的关联，形成高效智能化的仓储运作模式。

第四步，完善系统功能。

对现有WMS、WCS、OMS、MMS等系统进行升级开发，结合智能算法与智能硬件，将货到人系统、AGV智能搬运机器人等设备与仓储管理系统等进行匹配，完成系统与设备的对接，实现传统仓储向智能化仓储的转型。

图10-15为智能仓储构建实施工程图。

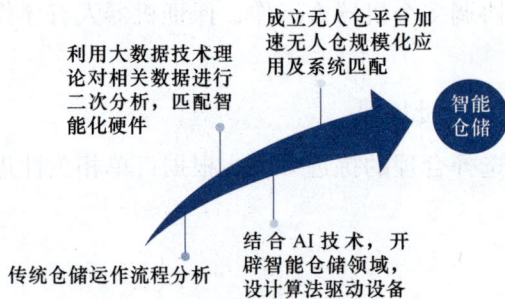

利用大数据技术理论对相关数据进行二次分析，匹配智能化硬件

成立无人仓平台加速无人仓规模化应用及系统匹配

智能仓储

传统仓储运作流程分析

结合AI技术，开辟智能仓储领域，设计算法驱动设备

图10-15　智能仓储构建实施工程图

单元小结

本单元从智慧物流系统的组成讲起，首先为相关人员解决关于智慧物流的认识问题，

然后对目前所应用的智能化设备进行讲解。智能化系统指的是由现代通信与信息技术、大数据技术、行业专业技术、智能控制技术、云计算技术等汇集而成的针对某一个方面的智能集合。智能仓储系统搭建围绕数据智能化、搭配或开发智能化软件、搭建算法平台、完善系统功能等方面实施。

案例分析

哪些技术支撑了智慧物流的核心功能？

自动化仓库：机器人物联网+大数据

HH物流园区专门为电商平台提供仓储和分拣服务，与其他仓库最大的不同是自动化程度高，从收到订单到包裹出库，除了条码复核等环节均实现了自动化。用户在天猫超市下单之后，订单经过波次整合，然后自动分配到货到人系统中，由搬运机器人带着料箱到达指定位置取相应的订单货物；再由机器人带着货架到达播种墙拣选区，将货物播种分拆到每一个订单中；根据订单中货物的品种、数量、体积，智能系统运用智能切箱算法将合适的打包箱推给自动包装机器人；抓取机器人完成播种墙取货，放入包装箱内，RFID扫描器对货品进行自动扫描与订单实时匹配；检查无误后，由封箱机器人封箱，贴面单送入自动分拣线，自动分拨到不同出库口，完成货物出库。通过自动化技术，从收到订单到包裹出库，平均每个包裹的作业时间只要几分钟，时间远远短于传统仓库。

仓库自动化体现在何处？

1. 自动搬运机器人实现货找人

自动搬运机器人带着货架和周转箱，按照系统分配的订单和指定的路线，将货架和周转箱带到指定拣货区域，完成货物的收取。传统仓库则需要分拣员拿着纸箱去不同货架前找商品。自动化方案大幅降低了分拣员劳动强度，提高了包裹生产的时效性和准确率（100%）。时效性是物流当日达、次日达服务的基础，准确率意味着更好的用户体验和更低的纠错成本。

2. 自动封箱机等自动机器人实现打包自动化

自动化仓库通过自动封箱机实现了纸箱打开、贴码、封装等步骤的自动化，节省了大量人力，缩短了商品打包时间。

3. 大数据实现智能切箱

一个订单对应的商品数量和种类不同，意味着它需要不同大小的纸箱，一般仓库是由工作人员根据经验来选择，效率低且很可能会造成纸箱的浪费。仓库在不同商品入库之前就知道其尺寸和特性，基于此自动为订单分配最适合的纸箱，可节省包装成本且更环保。

4. 大数据仓储智能控制系统实现自动调度

结合大数据，自动化仓库可预测哪些商品即将畅销和不再畅销，进而对其存放的仓库和货架进行智能调度，最大化减少商品物流节点、缩短商品传送路径，提升仓储和物流效率。

无人化将是物流业的未来。不难发现，智能自动化仓库的亮点分别对应当前流行的技术：堆垛机器人、搬运机器人是物联网技术和人工智能技术，自动封箱机是工业机器人技术，智能选择纸箱和调度商品则是大数据技术。这正好代表了未来仓储和物流的三大关键技术：物联网、人工智能和大数据。物联网让每个包裹乃至其中的商品拥有自己的身份信息，且可被互联网实时识别，基于此可实现存储、打包和物流三大环节的智能化。

机器人可实现包裹传送、商品分拣、商品包装，以及仓库商品搬运、上架等过程的自动化。菜鸟天津京滨园区已在使用自主研发的仓内分拣机器人（托举机器人），不过机器人与云端智能调度算法、自动化设备磨合还需要时间，未来更多环节将使用机器人。

通过物联网、大数据、人工智能、云计算这些技术，仓库最终可实现无人化。智慧物流技术改变了很多传统物流企业的操作环节和运作模式，提升了物流时效、降低了出错概率并节约了物流成本。

我国首个微型
挖掘机产线AGV
柔性物流系统规划应用成功

课后习题

A. 理论训练题

一、判断题

1. 智慧物流的发展历程包括：状态感知、实时分析、科学决策、精准执行。（　　）

2. 智慧物流系统是软硬结合、虚实一体的系统，智慧物流的技术体系应该是人工智能、大数据、云计算、物联网、互联网、控制系统的集成。（　　）

3. 人工智能将促进物联网、机器人和大数据三大技术的进步，而通过这三大技术，仓库最终可实现无人化。（　　）

4. 订单管理系统是完成接收客户订单信息，以及仓储管理系统发来的库存信息，然后按客户和紧要程度给订单归类，对不同仓储地点的库存进行配置，并确定交付日期的以订单驱动为核心，以订单处理为管理主体的作业系统。（　　）

5. 智慧物流指的是基于物联网技术、大数据技术、人工智能技术等应用，实现互联网向物理世界延伸，以信息驱动为载体，互联网与物流实体网络融合创新，实现物流系统的状态感知、实时分析、科学决策与精准执行，进一步达到自主决策和学习提升，构成提高物流系统智能化分析决策和自动化操作执行能力，提升物流运作效率的现代化物流模式。（　　）

二、单项选择题

1. WCS是（　　）。
   A. 仓储管理系统　　　　　　　　　　B. 仓储控制系统
   C. 订单管理系统　　　　　　　　　　D. 物料管理系统

2. 基于地域、经济、人口、产业、交通、环境、社会需求等多方面因素建立选址模型为仓库选址，实现最大化系统收益的是（　　）。

  A．仓库选址决策　　　　　　　　B．货物储位与拣选决策

  C．商品预测分析决策　　　　　　D．拣选路径规划

3．智慧物流中的智能系统包括（　　）。

  A．WMS　　　　B．WCS　　　　C．PMS　　　　D．OMS

4．（　　）应当具有对设备的运行数据、订单的需求数据、生产的运营数据等采集到的数据的分析处理能力。

  A．大脑思维系统　　　　　　　　B．感知信息采集系统

  C．信息网络传输系统　　　　　　D．自动执行系统

5．（　　）根据销量预测，结合JIT方法，制定商品需求模型、商品库存深度、补货逻辑、商家送货策略，消除多余的积压库存。

  A．基于需求预测的库存控制　　　　B．基于产品关联的库存控制策略

  C．基于多级库存的控制策略　　　　D．基于JIT的库存控制策略

三、多项选择题

1．仓储物流作业分区具体包括（　　）等内容。

  A．收货区　　　B．存储区　　　C．拣选区　　　D．包装作业区

  E．出库区

2．智能仓储的目标包括（　　）。

  A．效率极致化　　B．质量极致化　　C．成本极致化　　D．人员极致化

  E．过程极致化

3．智慧物流系统应当具有的系统包括（　　）。

  A．大脑思维系统　　　　　　　　B．感知信息采集系统

  C．信息网络传输系统　　　　　　D．自动执行系统

  E．自主学习系统

4．智能仓储系统搭建的规范步骤包括（　　）。

  A．数据智能化　　　　　　　　　B．搭配或开发智能化硬件

  C．搭建算法平台　　　　　　　　D．完善系统功能

5．下列属于智能化物流设备的有（　　）。

  A．自动化立体仓库　　　　　　　B．货到人系统

  C．码垛机器人　　　　　　　　　D．高速分拣线

  E．叉车

B. 技能训练题

结合对智能仓储所学内容的认识，谈谈医药物流中心进行智能化升级可以从哪些作业方向入手。

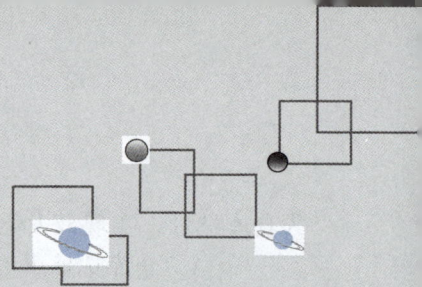

物流系统规划与设计实践工作手册

学习情境　智能储配中心优化与设计

　　某三方物流公司租赁了一个3200平方米的库，平面规格为：库长80米，库宽40米，库高7.6米，库内无立柱。计划用于满足某汽车散热器厂成品存储与配送和某电动自行车零件厂物料存储与配送，预计库存全年周转次数为36次，送货车辆以13米飞翼车带板运输为主，配送车以4.2米厢式货车为主。

任务书

行动一　了解背景

　　请你从背景资料中寻找仓储相关的关键信息，填写表1，并说明该任务的要求（其中包含仓库基础数据、货物量数据、运输车辆数据等）。

表1　仓库基础数据表

指　标	参　数

　　说明：_____

_____

_____

行动二　数据分析

通过对仓库计划存放的货物基础信息整理和分析，明确储存需求，可为仓库设计提供依据。

1. 汽车散热器厂成品基本信息，如表2所示。

表2　汽车散热器厂成品信息表

序　号	产 品 编 码	包装尺寸（长×宽×高）	畅 销 程 度	规格（个）
1	E2SX1632085	885mm×130mm×520mm	畅销	10
2	M2SX1632094	885mm×130mm×520mm	畅销	10
3	M2SX1621016	755mm×110mm×540mm	畅销	10
4	M2SX1615173	645mm×120mm×550mm	畅销	10
5	M2SX1623163	740mm×110mm×545mm	一般	10
6	M2SX1623168	740mm×130mm×510mm	一般	10
7	M2SX26121013	655mm×190mm×510mm	一般	10
8	E2SX1615171	640mm×125mm×540mm	一般	10
9	E2SX1615236	815mm×120mm×500mm	一般	10
10	E2SX1632011	740mm×130mm×510mm	一般	10
11	E2SX1617221	805mm×140mm×540mm	一般	10
12	E2SX1616082	775mm×130mm×570mm	一般	10
13	M2SX1632012	740mm×130mm×510mm	一般	10
14	A2SX1612361	800mm×140mm×570mm	一般	10
15	A2SX1612362	805mm×140mm×540mm	一般	10
16	E2SX2632263	865mm×130mm×545mm	一般	10
17	A2SX1617066	750mm×110mm×540mm	一般	10
18	M2SX1614305	815mm×120mm×500mm	一般	10
19	M2SX1614307	685mm×145mm×570mm	一般	10
20	M2SX2241039	805mm×100mm×425mm	一般	10
合　　计				200

库存量信息分析：_____

_____

_____

_____

_____

_____

_____

_____

_____

_____

储存单元分析：_____

_____

_____

_____

_____

_____

_____

_____

_____

综上，得到仓库总体能力需求和设计指标，如表3所示。

表3　仓库总体能力统计表（PCB分析）

分　区	储 存 单 位	出 货 单 位	功 能 定 位	货 位 数 量
合　计				

注：P—托盘；C—箱；B—件。

表4为汽车散热器厂成品储存单元分析表。

表4 汽车散热器厂成品储存单元分析

序号	产品编码	包装尺寸（长×宽×高）	畅销程度	每层存储量（件）	码放层数（层）	单托储存量（件）	平均单托储存量（件）	平均在库存储量（件）	折合托盘数（托）
1	E2SX1632085	885mm×130mm×520mm	畅销						
2	M2SX1632094	885mm×130mm×520mm	畅销						
3	M2SX1621016	755mm×110mm×540mm	畅销						
4	M2SX1615173	645mm×120mm×550mm	畅销						
5	M2SX1623163	740mm×110mm×545mm	一般						
6	M2SX1623168	740mm×130mm×510mm	一般						
7	M2SX26121013	655mm×190mm×510mm	一般						
8	E2SX1615171	640mm×125mm×540mm	一般						
9	E2SX1615236	815mm×120mm×500mm	一般						
10	E2SX1632011	740mm×130mm×510mm	一般						
11	E2SX1617221	805mm×140mm×540mm	一般						
12	E2SX1616082	775mm×130mm×570mm	一般						
13	M2SX1632012	740mm×130mm×510mm	一般						
14	A2SX1612361	800mm×140mm×570mm	一般						
15	A2SX1612362	805mm×140mm×540mm	一般						
16	E2SX2632263	865mm×130mm×545mm	一般						
17	A2SX1617066	750mm×110mm×540mm	一般						
18	M2SX1614305	815mm×120mm×500mm	一般						
19	M2SX1614307	685mm×145mm×570mm	一般						
20	M2SX2241039	805mm×100mm×425mm	一般						
合 计									

托盘货位数分析：＿＿＿＿＿＿＿＿＿＿＿＿＿＿＿＿＿

＿＿＿＿＿＿＿＿＿＿＿＿＿＿＿＿＿＿＿＿＿＿＿＿＿

＿＿＿＿＿＿＿＿＿＿＿＿＿＿＿＿＿＿＿＿＿＿＿＿＿

＿＿＿＿＿＿＿＿＿＿＿＿＿＿＿＿＿＿＿＿＿＿＿＿＿

练货需求分析：＿＿＿＿＿＿＿＿＿＿＿＿＿＿＿＿＿＿

＿＿＿＿＿＿＿＿＿＿＿＿＿＿＿＿＿＿＿＿＿＿＿＿＿

＿＿＿＿＿＿＿＿＿＿＿＿＿＿＿＿＿＿＿＿＿＿＿＿＿

＿＿＿＿＿＿＿＿＿＿＿＿＿＿＿＿＿＿＿＿＿＿＿＿＿

通过分析电动自行车零件厂产品的包装尺寸、产品编码、畅销程度、规格、在库存储量等信息，可以明确仓库能力需求和设计指标。

2. 电动自行车零件厂产品基本信息，如表5所示。

表5 电动自行车零件厂产品信息表

序号	产品编码	产品包装尺寸（长×宽×高）	运输包装尺寸（长×宽×高）	内包装个数（件）	畅销程度	规格（个）
1	KBC36LU6210	110mm×45mm×38mm	360mm×200mm×200mm	60	畅销	8
2	KBC36LU6211	190mm×175mm×120mm	400mm×360mm×500mm	16	畅销	8
3	KBC36LU6212	190mm×145mm×98mm	400mm×300mm×200mm	8	畅销	8
4	KBC36LU6213	192mm×130mm×120mm	600mm×400mm×500mm	36	一般	8
5	KBC36LU6214	70mm×95mm×85mm	500mm×400mm×450mm	140	一般	8
6	KBC36LU6227	110mm×45mm×38mm	360mm×200mm×200mm	60	一般	8
7	KBC36LU6215	110mm×80mm×70mm	460mm×260mm×300mm	48	一般	8
8	KBC36LU6216	185mm×155mm×130mm	380mm×320mm×400mm	12	一般	8
9	KBC36LU6217	120mm×145mm×195mm	500mm×300mm×400mm	16	一般	8
10	KBC36LU6218	100mm×68mm×245mm	320mm×280mm×500mm	24	一般	8
11	KBC36LU6219	138mm×92mm×130mm	420mm×380mm×400mm	36	一般	8
12	KBC36LU6220	190mm×175mm×120mm	400mm×360mm×500mm	16	一般	8
13	KBC36LU6221	190mm×145mm×98mm	400mm×300mm×200mm	8	一般	8
14	KBC36LU6222	192mm×130mm×120mm	600mm×400mm×500mm	36	一般	8
15	KBC36LU6228	100mm×68mm×245mm	320mm×280mm×500mm	24	一般	8
16	KBC36LU6223	70mm×95mm×85mm	500mm×400mm×450mm	140	一般	8
17	KBC36LU6224	185mm×155mm×130mm	380mm×320mm×400mm	12	一般	8
18	KBC36LU6229	100mm×68mm×245mm	320mm×280mm×500mm	24	一般	8
19	KBC36LU6225	120mm×145mm×195mm	500mm×300mm×400mm	16	一般	8
20	KBC36LU6226	100mm×68mm×245mm	320mm×280mm×500mm	24	一般	8
合　计						160

库存量信息分析：_____

_____

_____

_____

_____

_____

_____

储存需求分析：_____

_____

_____

_____

_____

_____

_____

_____

拣货需求分析：_____

_____

_____

_____

_____

_____

_____

_____

_____

_____

行动三　制定方案

1. 仓库动线设计

根据已知条件，该仓库用于满足某汽车散热器厂成品存储与配送和某电动自行车零件厂物料存储与配送，送货车辆以13米飞翼车带板运输为主，配送车以4.2米厢式货车为主。入库为_____作业。有三种动线可供选择，如表6所示。

表6 三种动线的特点及动线示意图

类 型	描 述	特 点	动线示意图
U形动线			
I形动线			
L形动线			

结论：

_____
_____
_____
_____
_____

2．物流功能区布置

_____
_____
_____
_____

3．辅助功能区布置

_____
_____
_____
_____

行动四　规划仿真

规划仿真如图所示。

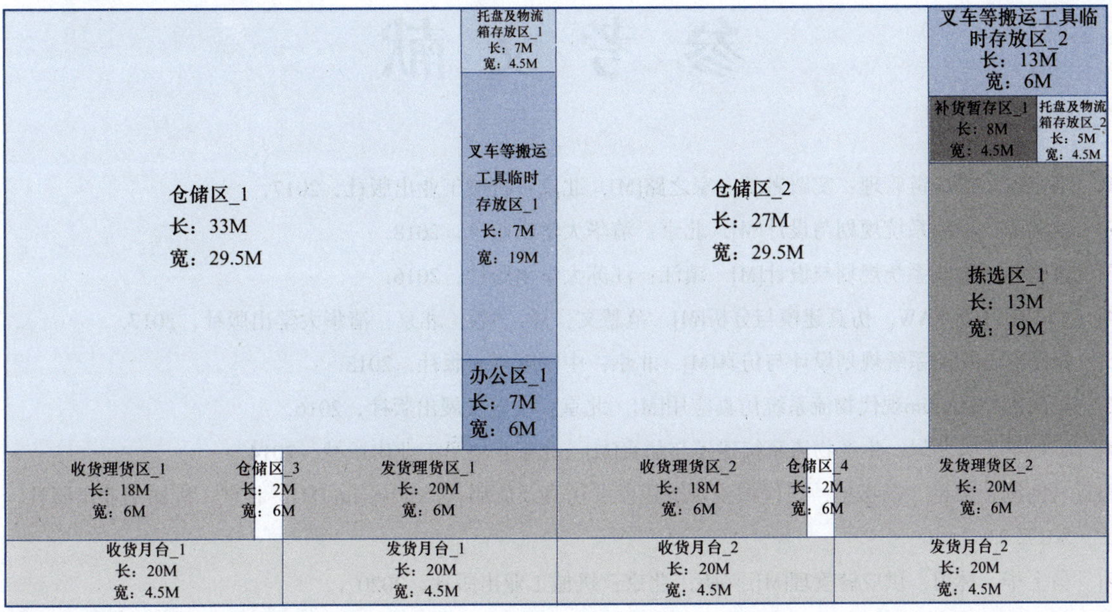

	托盘及物流 箱存放区_1 长：7M 宽：4.5M	叉车等搬运工具临 时存放区_2 长：13M 宽：6M

补货暂存区_1　托盘及物流箱存放区_2

仓储区_1
长：33M
宽：29.5M

叉车等搬运工具临时存放区_1
长：7M
宽：19M

仓储区_2
长：27M
宽：29.5M

补货暂存区_1
长：8M
宽：4.5M

托盘及物流箱存放区_2
长：5M
宽：4.5M

拣选区_1
长：13M
宽：19M

办公区_1
长：7M
宽：6M

收货理货区_1 长：18M 宽：6M	仓储区_3 长：2M 宽：6M	发货理货区_1 长：20M 宽：6M	收货理货区_2 长：18M 宽：6M	仓储区_4 长：2M 宽：6M	发货理货区_2 长：20M 宽：6M

收货月台_1 长：20M 宽：4.5M	发货月台_1 长：20M 宽：4.5M	收货月台_2 长：20M 宽：4.5M	发货月台_2 长：20M 宽：4.5M

图　规划仿真

行动五　评价

请你根据以上打分情况，对本活动当中的工作和学习状态进行总体评述（从素养的自我提升方面、职业能力的提升方面进行评述，分析自己的不足之处，描述对不足之处的改进措施）。

教师指导意见：

参 考 文 献

[1] 刘宝红. 供应链管理：实践者的专家之路[M]. 北京：机械工业出版社，2017.

[2] 傅莉萍. 物流系统规划与设计[M]. 北京：清华大学出版社，2018.

[3] 姚冠新. 物流系统规划与设计[M]. 镇江：江苏大学出版社，2016.

[4] AVERILL M LAW. 仿真建模与分析[M]. 范慧文，译. 5版. 北京：清华大学出版社，2017.

[5] 张曙红. 物流系统规划设计与仿真[M]. 北京：中国财富出版社，2013.

[6] 马向国. Flexsim现代物流系统仿真应用[M]. 北京：中国发展出版社，2016.

[7] 王建华，黄坚凤. 生产物流系统建模与仿真[M]. 北京：电子工业出版社，2014.

[8] 马向国，梁艳，杨惠惠. 现代物流系统建模、仿真及应用 基于Flexsim [M]. 北京：机械工业出版社，2017.

[9] 马士华，林勇. 供应链管理[M]. 6版. 北京：机械工业出版社，2020.

[10] 张庆英. 物流系统工程：理论、方法与案例分析[M]. 2版. 北京：电子工业出版社，2015.

[11] 汝宜红，田源. 物流学[M]. 3版. 北京：高等教育出版社，2019.

[12] 崔介何. 物流学概论[M]. 5版. 北京：北京大学出版社，2015.

[13] 李联卫. 物流管理案例及解析[M]. 北京：化学工业出版社，2015.

[14] 赵林度. 物流系统控制论[M]. 北京：科学出版社，2014.

[15] 黄滨. 透明数字化供应链[M]. 北京：人民邮电出版社，2019.

[16] 赵兴峰. 数字蝶变：企业数字化转型之道[M]. 北京：电子工业出版社，2019.

[17] 伊俊敏. 物流工程[M]. 4版. 北京：电子工业出版社，2017.